高等职业教育质量工程系列教材·旅游大类

MOOC版

旅游电子商务（第二版）

LVYOU DIANZI SHANGWU

主　编　朱松节

副主编　刘　丹　周　南

编　者　叶　业　薛宸哲

南京大学出版社

图书在版编目(CIP)数据

旅游电子商务 / 朱松节主编. — 2 版. — 南京 ：
南京大学出版社，2018.7(2022.2 重印)
ISBN 978 - 7 - 305 - 20562 - 0

Ⅰ．①旅… Ⅱ．①朱… Ⅲ．①旅游业—电子商务
Ⅳ．①F590.6 - 39

中国版本图书馆 CIP 数据核字(2018)第 162445 号

出版发行　南京大学出版社
社　　址　南京市汉口路 22 号　　　　邮　编　210093
出 版 人　金鑫荣

书　　名　旅游电子商务(第二版)
主　　编　朱松节
责任编辑　牛永梅　沈　洁　　　　编辑热线　025 - 83592123
照　　排　南京南琳图文制作有限公司
印　　刷　广东虎彩云印刷有限公司
开　　本　787×1092　1/16　印张 12.25　字数 280 千
版　　次　2018 年 7 月第 2 版　2022 年 2 月第 3 次印刷
ISBN 978 - 7 - 305 - 20562 - 0
定　　价　35.00 元

网址：http://www.njupco.com
官方微博：http://weibo.com/njupco
微信服务号：njuyuexue
销售咨询热线：(025) 83594756

前　言

近年来,我国旅游电子商务市场异军突起,发展飞快。旅游电子商务将旅游娱乐与电子商务完美融合,在更高层面上得以升华,同时也为消费者旅行提供方便。根据现有资料,我国旅游电子商务市场规模多年来一直保持着较高的增长速度。随着人们生活水平的提高,对于精神娱乐文化的热忱高涨,我们预计,我国的旅游电子商务市场将会更加火爆。

随着旅游电子商务的持续不断发展及其对旅游企业、旅游市场和消费者的冲击或影响不断扩大,对于旅游管理及相关专业不同层次的所有学生来说,无论其专业背景如何,都要了解旅游电子商务发展的现状和未来。要想在今后十年里成为一个成功的专业人员或管理者,就必须打下旅游电子商务的扎实基础。

这本《旅游电子商务》教材,融入了我国高等教育最新的实践教学理念,具有知识系统、内容翔实、重点突出、注重创新、强调结合行业和企业应用等特点,且采取统一的体例设计。既可作为高职高专旅游管理专业及相关专业的首选教材,同时可以兼顾高等自学考试和成人教育旅游专业课程教材,对于旅游企业从业者也是一本非常适用的岗位培训用书。

本教材由苏州经贸职业技术学院主持编写,苏州经贸职业技术学院朱松节老师担任主编,负责全书体例的设计、章节的组织和最终统稿,苏州农业职业技术学院周南老师和江苏农林职业技术学院刘丹老师担任副主编,无锡职业技术学院叶业、薛宸哲老师参与编写部分章节。编写过程中,我们也参考了大量现有的旅游电子商务方面的教材和专著,以及部分论文,在此向他们的编者和作者一并表示感谢。

编　者

2018 年 7 月

目　录

第一章　旅游电子商务概述

开篇案例

电商大咖探讨旅游电子商务新趋势

前几天，阿里巴巴集团高调宣布独立分拆淘宝旅游业，启用独立品牌"去啊"，结果引发了一场在线旅游商之间的海报营销大战。携程、去哪儿、去啊、驴妈妈、同程等国内一线的旅游电商几乎全部卷入其中。

巧合的是，作为2014中国（杭州）国际电子商务博览会的重要内容之一——2014中国（杭州）旅游电子商务发展论坛上，这些旅游电商大咖们又坐在了一起，探讨旅游电商的现状和未来发展新模式、新趋势，观点间同样不乏针锋相对。

移动在线旅游时代到来

对于许多旅游业者来说，近几年，从互联网的崛起到移动互联网发展，旅游圈内不断涌现新的商业模式，旅游生态秩序一次又一次被打乱改变，新生力量抓住爆发点，不断撼动着旅游市场旧格局。

去哪儿网副总裁谌振宇认为，移动互联网发展让人们发现，"用无线出行是更便捷的，过去PC端需要提前全部安排好，但是无线却随时随地都可以改变自己的选择。"

山东省旅游局信息中心主任闫向军举例说，9月15日，当地两个面向游客的目的地系统同时上线，一个是PC端，一个是移动端，上线第一天移动端的访问量就持续增长，半个月之后是PC端的两倍，到了黄金周，已经达到了PC端的5倍。"根据我们的数据分析，60%到70%的旅游者是通过移动互联网来了解目的地信息的。"

"国庆期间，驴妈妈的业务量在PC端基本上是没有什么增长的，但是在无线端有5倍以上的增长。"驴妈妈无线事业部总监陈宏进带来的数据说明，移动互联网正在快速地改变PC互联网时代的在线旅游格局。

用户体验比廉价门票更重要

在这个移动在线旅游的"新蓝海"中，各大在线旅游电商都已经开始了在移动端的布局，并且已经展开了竞争。同程旅游CEO吴剑介绍，在10月份刚刚结束的同程"一元门票"的活动中，同程大约积累了近千万的用户；"驴妈妈"也在尝试"199自驾游"等产品；阿里巴巴"去啊旅行"总经理李少华也透露，"去啊"可能也很快会推出类似"一元门票"、"一元机票"的产品。

不过,去哪儿网副总裁谌振宇认为,还是应该更关注用户体验。"我们之前投资了东南亚移动打车应用公司 GrabTaxi,实际上也是为用户解决出境游坐车的问题。"谌振宇说,"体验好了,用户自然会帮我们进行口碑传播。"

携程目的地营销公司总经理蓝美玲透露,携程的预订业务方面,无线端的比重已经超过了40%,其中机票预订已经超过30%,火车票、汽车票在无线端的预订几乎已经接近了90%。因此,携程也提出了一个新的概念"指尖上的旅行社",包括高端饮食、旅行金融,并且即将推出全球旅行购物平台,帮助游客买到价廉物美的东西。

大数据时代旅游可以无缝对接

百度大客户高级行政总监陈明月在讲到大数据的旅游融合时介绍,在区域方面,境外游的搜索请求占30%,国内游的搜索请求占70%。在搜索中,用户更关注自然景观,这一部分占到48%份额。在各省市旅游资产的排行榜上,第一位是北京,第二位是浙江;在城市方面,北京是第一位,杭州是第二位,三亚是第三位;而在经典的排行榜中,西湖是第一位,黄山是第二位。

陈明月认为,大数据首先可以精准地找到目标受众,而在移动生态下,消费者的行为也发生了变化,例如需求的即时化、决策的碎片化、消费的场景化以及交互的多媒体化,因此在移动时代,应该做到品牌体验前置,加速消费者决策。例如在选择酒店的时候,29%的游客关注房型的图片,所以应该提供360度的全景选房功能。基于无线端的技术创新,现在有很多的技术创新,包括语音、摄像头等等都会来支撑旅游业。

"移动互联网链接的是人与服务,可以在信息、购买、决策以及体验服务上实现游客和景区的无缝连接。从游客的需求激发,到他的查询决策,到预订支付,一直到他的刷票进场,以及游客在景区内的导览,提供解决服务。"陈明月说。

不过,李少华认为,目前移动端的渗透率还太低,更多的应该是做好数据、系统,帮消费者与合作伙伴,解决特定场景下的支付和信用等基础设施问题,"当这些基础的东西能让越来越多的消费者忘记自己在线上还是线下的时候,整个行业的效率、消费者得到服务的成本效率会更高。"

把权力还给用户突破信息不对称

在论坛上,有观众提问说,旅游业内"宰客"的问题该如何解决,谌振宇认为,很大一个原因就是信息还不够透明。"这个情况不可能一下子就解决,每个人如果愿意把信息放到网上,才有可能在以后的时间里避免这个问题。"谌振宇说。也正因此,信息不够透明这个"痛点",也成为许多创业的主攻点。"在路上"联席总裁李鑫说,未来给用户提供的信息和导购是很重要的,因为随着信息的爆炸,游客到一个地方旅游,还是存在信息的障碍。"我们会把内容商品结合起来推荐给用户,未来可以形成一个很好的价值。"

"信息透明意味着权力的下放,这个权力其实是逐渐给到了用户。"蚂蜂窝大客户经理阮娟认为,蚂蜂窝从最初游客的游记内容,到筛选出旅游攻略,再到翻译软件和旅行社交软件,这些都是以用户的需求来展开,通过高质量的用户生成内容,使其他用户可以快速地索取使用。

(案例来源:杭州日报2014年11月3日)

案例思考

1. 案例中提到的携程、去哪儿、去啊、驴妈妈、同程网分别是做什么的？
2. 综合案例，谈谈旅游电子商务的发展趋势。

第一节　认识旅游电子商务

旅游电子商务作为旅游企业的一种经营手段，成为旅游业最热门的词汇，近年来发展迅速。尤其是 1994 年互联网引入中国以来，电子商务发展迅速，并已涉及旅游各环节的产业领域，如机票预订、住宿预订、旅游线路预订、租车游船预订、导游预订以及用餐预订等，都与电子商务有关联，由此产生了一些新的概念和名词，如网络旅游、自由行、个性化旅游、旅游博客、云旅游等。那么，什么是旅游电子商务呢？下面我们从电子商务开始，系统地介绍电子商务和旅游电子商务的一些基本概念和内容。

一、电子商务概述

20 世纪 90 年代以来，随着计算机网络、通信技术的迅速发展，特别是互联网的普及应用，电子商务以前所未有的速度向各个社会领域渗透，并迅速演变为一场全球性的发展浪潮，在世界经济生活中出现了广泛的技术应用革命。

电子商务源于英文 Electronic Commerce，简写为 EC。从广义方面讲，电子商务是指应用电子及信息技术而进行的经济贸易活动；狭义的电子商务是指利用电子信息网络设施来实现的商品和服务交易活动的总称，是一种以现代信息网络为载体的新的商务活动形式。

总的来看，电子商务发展经历了三个阶段：

第一阶段：使用电报、电话传递商务信息。这一代的电子商务，是指由以前的手工填写文件和单据，改为用电子机械设备打印，由车船邮寄纸面文书改用电子通信设备传递。这些电子信息设别的应用缩短了信息处理时间，减轻了劳动强度，方便了交易过程。

第二阶段：电子数据交换 EDI（Electronic Data Interchange）的应用。这一代电子商务的特点是：数据处理过程中大大减少了人工干预，原始数据不再重复输入。

第三阶段：互联网电子商务的普及。1993 年，WWW（World Wide Web）技术在因特网上出现，使因特网具备了支持电子邮件接收与发送、信息浏览查询及多媒体应用的功能，也使得网上的商业贸易活动异常活跃。

随着经济全球化和信息通讯技术的迅速发展，各个行业的电子商务应用也日趋成熟。中国电子商务虽然起步较晚，且面临着体制、管理等诸多问题，但以阿里巴巴为代表的中国电子商务行业，已成为全球电子商务市场中的重要新生力量。

二、旅游电子商务概述

(一) 旅游电子商务的定义

自从互联网（Internet）诞生以来，人们出门旅游前寻找和搜索旅游信息更加方便，减少了旅游中的信息搜寻成本和中介成本,也减少了人们在旅游中的许多不确定性,尤其对旅游中需要的旅行票务(如机票)、住宿预订、目的地交通等都可以通过互联网一并解决,由此形成了旅游电子商务的学科体系。因此,旅游电子商务是随着互联网的出现以及电子商务的浪潮而产生的,解决了旅游商务中的电子化处理及管理与服务问题,实现旅游商务的电子化流通,提高了旅游商务的处理效率。根据电子商务所处的环境及应用的技术,下面对旅游电子商务的概念定义进行阐述。

定义:旅游电子商务(Tourism Electronic Commerce,TEC)是指通过信息通信技术手段实现旅游商务活动各环节管理的电子化,包括电子化信息发布、电子化市场营销、电子化销售、电子采购以及电子化的客户关怀服务。其运行平台是网络,商务形式是电子数据。

简单的理解:

旅游电子商务＝信息通信技术＋旅游商务

更直接的理解:互联网加旅游商务就是旅游电子商务。

定义中的电子化信息发布主要是指信息网站的信息展示,因此信息网站是旅游电子商务的重要组成部分;电子化市场营销就是网络营销,即通过互联网、专用网、移动网络开展各种形式的营销;电子化销售就是在线销售,或通过专用网络系统的销售或分销;电子采购就是网络采购或在线采购,如采购中的洽谈、订单、合同、支付都在网络环境下实现;电子化的客户关怀就是通过网络对关系客户提供信息服务以及差异化的关怀服务,如电子问候、电子报纸、生日电子祝福等,并形成电子化的客户关系管理,实现对客户的自动服务。

(二) 旅游电子商务的作用

旅游服务是一种跨企业的协作服务,在没有出现电子商务的时候,这种服务的协调基本依靠人工。人工协调不但效率低,而且容易产生差错,由此影响对客户的服务质量。电子商务出现以后,无处不在的网络可以增进企业之间以及企业与上下游之间的沟通,如旅行社与饭店之间的沟通、旅行社与景区景点之间的沟通,网络化的电子通道增进了旅游企业相互之间的业务协作,实现了对客户敏捷的协同服务。

电子商务的另一个重要作用就是企业内部的高效率沟通,因为旅游服务并不是企业中任一部门能够独立完成的,需要企业内部各部门之间的协作,电子商务可以改进内部业务处理流程,提高客户服务的敏捷度,增进企业内部的协调和配合。因此,电子商务也提高了旅游企业内部的运作效率和效益,更重要的是可以降低旅游企业的经营成本,包括管理成本和服务成本,最终为旅游企业增加收益。

最后一个作用就是旅游电子商务给旅游消费者提供了便利,也让旅游消费者得到了实惠。旅游消费者通过各种旅游网站可以获取旅游信息,使旅游消费者几乎不费成本、足不出户就可以获取信息,实现了旅游者在家里就可以了解旅游目的地的旅游信息以及风土人情和文化,也可以在家中预订出门机票、预订住宿,极大地节省了旅游者商务处理的时间,提高了商务处理的效率,节省了许多中介费用。

（三）旅游电子商务对社会发展的影响

随着经济的发展,旅游已成为每个人生活中不可或缺的部分,人人都会利用闲暇的时间出门旅游,因此旅游已成为一种大众化的消费活动。旅游电子商务的出现不但推动了大众化的旅游活动,而且推动了社会信息化的发展。如人们随时随地可上网,到处可见的电子信息屏幕,随时可见的手机短信信息报,所有这些都是社会信息化的一种表现,也方便了人们旅游出门的信息获取和沟通。

著名的未来学大师约翰·奈斯比特在其鸿篇巨制《大趋势》中曾预言:"电子通信、信息技术和旅游业将成为 21 世纪服务行业中经济发展的原动力。"从国外发达地区的情况来看,这个预言已经变成了现实。这三者的紧密结合促成了旅游电子商务的发展,形成一种巨大的经济发展驱动力,赋予了旅游业无限的生机和活力。我国近几年的旅游发展也足以说明,旅游电子商务不但促进了旅游业的健康发展,更对社会的发展做出了巨大贡献。目前旅游业的经济收入已保持 8% 的增长率多年,预计进入"十二五"期间旅游业将成为我国国民经济的支柱产业之一。据测算,旅游收入每增加 1 元,第三产业产值就增加 10.2 元;旅游业每增加 1 个直接就业人员,社会间接就业人数可增加 5 个以上。因此,旅游电子商务不但推动了旅游经济的发展,还对社会经济发展产生间接影响,主要表现在以下几方面:

◇ 旅游电子商务将促进旅游经济和社会经济增长;

◇ 旅游电子商务可促进社会进步并使社会更加和谐;

◇ 旅游电子商务将提升社会信息化和人类文明进步;

◇ 旅游电子商务有利于人们沟通了解;

◇ 旅游电子商务推动社会科技进步。

（四）旅游电子商务研究的问题

旅游电子商务是旅游发展中的新鲜事物,许多理论体系还没完善。首先它属于旅游管理学科范畴,旅游电子商务的应用扩展了旅游管理理论,是结合信息通信技术对旅游管理学科的完善。它所研究的问题首先是商务问题,旅游商务大多数是预约型商务,然后提供需要的服务,探索的是商务的电子化管理问题。其次是技术的应用问题,研究旅游电子商务中哪些技术能提升服务、改善服务,并不断改进旅游电子商务系统。再次是交易问题,探索旅游业中各实体企业间以及实体企业与旅游消费者间的电子交易问题,当然包括交流和沟通问题。另外,还涉及旅游电子商务中的安全问题以及道德伦理等问题的研究。

三、旅游电子商务的系统组成

旅游电子商务的快速发展,有技术的原因,也有应用需求的原因。技术的原因主要是网络技术的进步,互联网的普及以及网络编程语言(如 XML)的变革,使得电子商务能在不同的应用系统之间交换数据。应用需求的原因主要是供给方企业有利用互联网开展营销和宣传的需求,进而发展为有利用互联网开展销售的需求;同时,旅游消费者有利用互联网获取信息的需求,进而发展为有利用互联网预订旅游产品的需求。除此以外,旅游电子商务的发展还需要社会环境,如政策法规、法律以及技术标准等内容的支持,这些内容虽然是旅游电子商务组成的非实体部分,但也是旅游电子商务开展不可或缺的组成内容。因此,旅游电子商务的系统组成应包括环境及相关业态,图1－1表示的是旅游电子商务的系统组成,它由三个层面所组成。

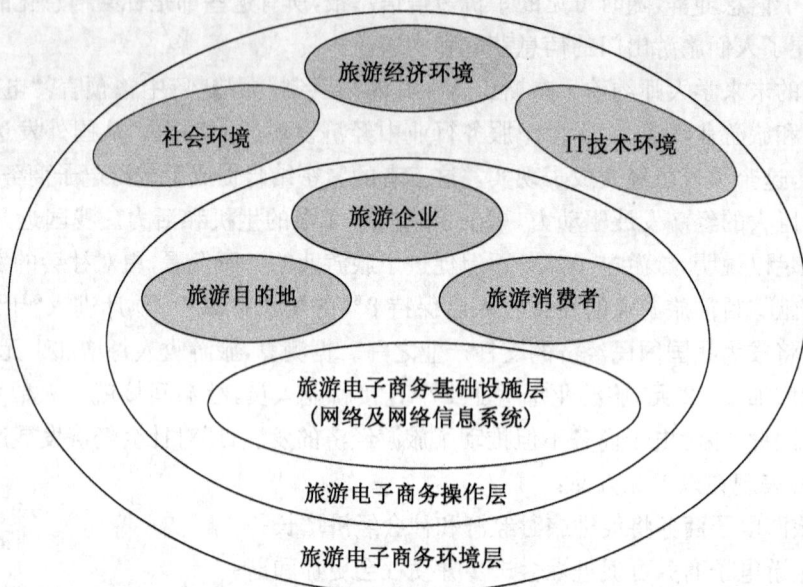

图1－1 旅游电子商务的系统组成框架

(一) 环境层

环境层包括社会环境、旅游经济环境和IT技术环境。社会环境包含政策、法规、法律、标准等内容,还包括银行业务,如网上支付、交易安全等环境内容;旅游经济环境包含旅游服务的一些规范、网上交易的规程以及网上预订、网上支付、网上服务的一些安全规范;IT技术环境主要包含提供系统技术服务的内容,如网络服务商、接口服务商,它们属于环境层中的技术服务,是电子商务环境中不可或缺的一种服务。

(二) 操作层

操作层反映了旅游电子商务的业务范围,包括应用软件的可用性,如旅游消费者与旅游企业之间业务的商务操作,旅游目的地与旅游消费者之间的商务操作,以及旅游目的地机构与旅游企业之间的商务操作,还包括旅游企业之间的业务操作。作为旅游电子商务,要求旅游目的地机构、旅游企业、旅游消费者三者之间能实时地交换数据,开展业务交易,实现商务的在线处理、操作和管理。

(三) 基础设施层

基础设施层主要指网络基础设施和信息技术基础设施,这是旅游电子商务系统运作的平台。网络基础设施包括通信网络、网际网络、无线网络等设施;信息技术基础设施包括计算机网络、服务器、网络设备、工作PC机、宽带等设施,这些设施反映了电子商务中的服务器接受访问的能力、系统软件的承载能力、交易中的安全防范能力等。基础设施层反映了电子商务系统硬件能力,是电子商务系统组成中最基本也是最核心的系统组成内容。

四、旅游电子商务解决的问题

旅游电子商务是一种商业行为,主要解决旅游企业中的商务管理与服务问题。在介绍旅游电子商务的管理与服务问题以前,我们需要先了解旅游电子商务涉及的企业实体范围。

(一) 旅游电子商务涉及的企业实体

旅游电子商务主要涉及实体服务企业、旅游目的地以及旅游中介服务商和分销商等。

1. 实体企业

实体企业指有自己的服务产品,包括资源型产品和服务型产品。旅游业中包括旅游酒店、旅行社、景区、交通、餐饮等服务企业都是实体企业,其中旅行社为中介型实体企业,它们提供的服务产品都需要采购;其他为资源型实体企业,因为它们提供的服务产品都是自己生产的。括号内内容表示实体企业开展电子商务的网站域名。

这些实体企业的电子商务系统一般通过企业内部网(Intranet)、外部网(Extranet)和互联网(Internet)构建,不但能够实现不同网络之间、不同企业之间的业务数据交换,而且能够实现旅游服务产品的电子化交易和处理。

2. 旅游目的地

大多数旅游目的地都有一定的管理机构,有些是开展经营管理的,还有些是负责资源管理,经营有专门的经营公司,因此这里把旅游目的地也划入企业实体介绍,因为它们和旅游电子商务相关。旅游目的地机构主要职能是市场营销,因此有专门的营销机构(Destination Marketing Organization,DMO)负责开展电子商务(DMO.com)。由于目的地机构多数不是具体的实体企业,因此其电子商务以营销和促销为主,辅以对旅游产品的代理预订,如预订门票、预订客房、预订行程机票等。

3. 旅游中介服务商和分销商

旅游中介服务商和分销商也是企业实体,但不是资源型实体企业,提供的是一种中介服务。中介服务商主要包括旅游代理商、批发商、订房中心等。这些服务商有些是传统中介的转型,利用网络开展电子商务,也有些是新型的电子中介商,如携程旅行网(ctrip.com)、艺龙旅行网(elong.com),他们没有传统业务,主要是电子商务业务。这些中介服务商主要以商务网站为窗口,并有完整的电子商务系统,开展旅游产品的预订和代理业务。

旅游分销商是连接旅游供应商(实体企业)和旅游中介商的分销网络,供应商和中介商加入该网络须得到专门许可,通过该网络可以实现预订、交易和支付,是国际旅游电子商务的主要形式。目前主要有计算机预订系统、中央预订系统、全球分销系统等网络型的分销商。这些分销商的电子商务系统都有标准接入接口,旅游企业申请许可后就可以通过这些分销系统开展电子商务或网络业务。

(二) 旅游电子商务解决的问题

旅游电子商务的实质就是通过电子手段解决旅游商务的问题,商务是最终目的,电子仅是手段。旅游电子商务除了基本的业务交易外,还需要处理业务交易过程中的沟通问题以及信息的收集和发布问题,具体包括以下几方面。

1. 解决产品信息的发布问题

信息发布问题其实属于营销问题。传统旅游产品信息的发布是通过产品促销会和媒体广告,以及通过宣传小册子来实现的。电子商务中主要通过信息网站以及电子分销系统的网络来发布旅游产品信息。电子商务的信息发布其特点就是速度快、受众面广、费用低廉、信息修改灵活。因此,电子商务中的网站代替了传统的宣传小册子,也节省了许多人力,成为电子商务的窗口。

2. 解决旅游需求的收集问题

电子商务的网络环境可以随时收集游客的旅游需求,也可以通过客户的访问行为分析其旅游需求,以及可以通过客户消费记录分析其消费需求。通过电子商务系统中的数据,联机分析客户需要怎样的旅游产品,在什么时候需要旅游产品,这样便于旅游企业的产品规划和产品设计,使企业提供的产品符合大多数旅游群体的需要。目前,客户的消费需求可以通过信息网站来收集,这要求网站设计时需要设计这方面的功能,如需求分析、需求挖掘等。

3. 解决旅游服务商与旅游消费者的沟通问题

旅游商务的沟通便利性会影响旅游业务的开展,良好的沟通环境可以开拓业务范围。传统的沟通主要是电话或面对面,而旅游电子商务可以通过网站实现互动沟通或在线沟通,如文本沟通、语音沟通、电子邮件沟通等,也可以通过移动网络(如 3G)实现即时沟通。这些电子沟通方式不但可以拉住老客户,也有利于培养忠诚客户,是了解客户需求、实施客户关怀、实现差异化服务的最佳方式。

4. 解决旅游供应商的销售问题

销售问题就是交易中的管理问题。旅游产品是一种服务产品,这种服务具有异地性,交易中很少有物流的产生,大多数交易其实就是产品的预订。因此,旅游产品销售主要是服务预订,如票务预订、客房预订等。旅游电子商务可以通过网络实现在线销售(预订),如:

◇ 网络订房(饭店企业)及管理;
◇ 网络订票(航空企业)及管理;
◇ 网络预订线路(旅行社包价产品)及管理;
◇ 网络组团(旅行社)的在线预订管理;
◇ 网络预订景区门票(旅游景区)及管理。

5. 解决旅游企业之间的协作问题

旅游产品的销售完成需要企业之间的协作,尤其是团队旅游或自助游等,因为旅游消费者的旅游行程涉及多家旅游企业的服务,电子商务能实现企业之间业务的无缝协作。下面所述为旅游企业之间存在的各种各样的业务协作。

◇ 旅行社的团队需要饭店安排住宿；

◇ 旅行社的团队需要旅游景区安排观光、游览；

◇ 饭店的住店游客需要通过航空公司或代理订票；

◇ 旅行社需要通过航空公司或代理为团队成员订票；

◇ 旅行社需要通过旅游交通企业安排往返行程车辆；

◇ 旅行社安排团队去旅游购物点购物；

◇ 饭店与饭店之间的业务协作；

◇ 旅行社与旅行社之间的业务协作(组团与接团等)。

以上企业之间的业务协作通过电子商务系统可以完满解决，其技术点就是企业间电子商务系统的数据交换。目前主要通过 Web 技术、Web 服务等实现系统间的连接，从而实现旅游服务的无缝连接，由此旅游消费者能获得无缝服务。

思考与练习

1. 电子商务的发展经历了哪几个阶段？

2. 什么是旅游电子商务？

3. 旅游电子商务有哪些作用？

4. 旅游电子商务对社会发展有什么影响？

5. 旅游电子商务服务于哪些主体？

6. 旅游电子商务能够解决哪些实际问题？

课后实践

找一家旅游企业，探讨旅游电子商务能够给旅游企业带来什么帮助。

第二节 国际旅游电子商务

出境旅游是大多数公民的愿望，随着经济的发展，人们有能力走出去看看。因此，旅游不仅仅限于自己国内，而是一个国际化商务活动，旅游业也成为全球化最早的一个产业。据世界旅游理事会(WTTC)统计，2003 年来全球每年有 6.6 亿居民出境旅游，旅游总产值年增长超过 8%，可见旅游市场相当巨大。处理国际出境游业务的信息系统，我们称之为国际旅游电子商务，近年来，国际旅游电子商务被公认为是最有发展前景的一个经济领域。

一、互联网用户发展与旅游电子商务

互联网(Internet)的发展，推动了旅游业的快速发展。据 IDC 市场研究公司宣称，截至 2008 年年初，全球互联网用户已达 14 亿，占全球人口的四分之一；到 2012 年，全球互联网用户为 19 亿,占全球人口的三分之一。互联网用户数的增加,将加快旅游电子商务的发展,不管是旅游前、旅游中还是旅游后,信息的获取首选就是互联网。目前,互联网用户(也称网民)具有以下一些特点:

◇ 网民的受教育程度比较高;

◇ 网民利用网络了解旅游目的地呈普遍情况;

◇ 网民中年轻人比例较大,喜欢通过网络预订机票、住宿等旅游产品;

◇ 网民具有在线交流和互动的习惯;

◇ 个性化的自助旅游成为年轻网民的偏好;

网民的这些特点,是推动旅游电子商务发展的主要需求和动力。许多旅游企业为了迎合网民的需求,通过网站推出在线预订的商务策略。此外,以下几点也是推动旅游电子商务发展的主要原因。

(一)电子商务技术的发展

电子商务技术如产品展示技术、内容管理技术、业务管道处理技术、安全技术以及在线互动技术等的发展,是助推旅游电子商务发展的主要原因。全球化电子商务的兴起,营造了利用信息化手段改造旅游业的大环境,使旅游业成为最早和最广泛应用电子商务的行业之一。国际电子商务的发展也为信息技术的进步提供了实践动力,如网络编程技术、数据交换技术、SaaS(软件即服务)技术等,加快了旅游电子商务的发展。

(二)新型旅游消费观念的形成

在互联网的影响下,人们的旅游消费观念产生了变化,获取旅游信息的主动性使旅游方式产生了改变。如个性化旅游、自由行等方式成为网民的时尚,在工作之余或休息日就回到郊外选择休闲式的旅游产品,休闲和旅游消费已成为理性的大众消费。尤其在网民和许多年轻人中间,下面一些新型旅游消费观念已经普遍存在:

◇ 旅游者参与旅游产品设计的意愿增强;

◇ 旅游电子商务者喜欢自己组团的情况在不断增加;

◇ 信息获取的低成本,使旅游动机决策的随意性增强;

◇ 旅游前,先查网络信息,游客更加关注旅游质量与性价比(需要网络比价);

◇ 自己选择线路,自己安排住宿的自由行将成为旅游消费的主流;

◇ 旅游电子商务和在线网络游戏的结合将成为新的休闲产品。

新的旅游观念和电子商务都是相辅相成的,这些新的旅游消费观念需要旅游电子商务的支持,相反,技术的发展也会促使新的旅游消费观念,如在线休闲、在线娱乐等在线服务也会不断涌现。网络无处不在,人们在线消费观念的普及一定会推动旅游电子商务的发展。

(三)互联网成为旅游者信息获取的主渠道

美国曾做过一次旅游生活方式调查,其中公民出游信息的获取调查显示,公民的旅游信息来源渠道有 56% 来自互联网,其中有 63% 来自旅游目的地系统;来自于旅行社的信息只有 22%,其他信息来自于旅游书籍、报纸和电视等媒介。这说明在美国等发达国家,互联网已成为旅游者获取信息的主渠道。我国情况也是一样,目的地信息系统的不断完善,许多旅游者都通过互联网从目的地信息系统获取信息,虽然没有做过全面的调查,相信我国旅游者获取的信息也有超过50%来自于互联网,互联网必然是人们获取信息的主渠道。

在我国杭州等地局部的抽样调查表明,在互联网上了解旅游信息的游客在逐年增加。

二、旅游电子商务市场不断增长

旅游电子商务(也称网络预订)市场是通过网络环境交易旅游产品的场所。近年来,旅游电子商务市场在美国和欧洲的带动下发展迅速,成为旅游电子商务应用的最大网络交易市场。旅游电话预订、旅行社预订、网络预订已呈现三足鼎立的格局。但从发展的趋势上看,网络预订市场份额还在不断上升,如美国的网络预订市场份额已占旅游预订市场的39%,超过了市场总额的三分之一。

(一) 专门的旅游电子商务服务商

专门的旅游电子商务服务商是旅游电子商务市场的主力,其优势是能提供非常多样的旅游产品,如机票、订房、旅游线路、包价产品等。如著名的 priceline. com、expedia. com、travelocity. com、tvtravelshop. de 都是专门的旅游电子商务服务商。美国的三大旅游电子商务服务商要占美国在线市场的40%,他们是旅游电子商务市场增长的主要力量。

(二) 专门的电子分销服务商

专门的电子分销服务商主推旅游产品的分销,如饭店客房、各种机票或票务、旅游线路等产品,尤其是饭店客房产品,其分销的市场份额在不断增长。目前最大的电子分销商系统是全球分销系统(GDS),第三章还将作介绍。目前许多高端饭店,几乎都加盟了 GDS 的电子分销渠道。而旅行社是最早使用 GDS 的,如100%的美国旅行社使用了 GDS,40%(部分国家85%)的欧洲旅行社使用 GDS,不足17%的中国旅行社使用GDS。GDS 的应用与发展是旅游电子商务市场增长的主要方面。

(三) 全球化旅游企业集团在线销售不断增长

大型旅游集团的在线销售,成为旅游电子商务市场的主要增长点。近年来,大型集团企业纷纷建立在线销售网络,其在线销售不但促进了旅游在线市场的不断增长,也增加了自己直销的市场份额。近年来,美国是旅游企业集团发展最快的,也是在线销售增长最快的,如美国的运通公司(americanexpress. com)所占市场份额非常大。其他在线销售主要是酒店集团,如希尔顿酒店集团(hilton. com)、法国雅高集团(accor. com)、洲际集团(ichotelsgroup. com)、凯悦酒店集团(hyatt. com)以及香格里拉集团(shangri-la. com)等。

(四) 在线查询旅游信息比例不断增加

旅游者足不出户就可以获取旅游信息,尤其是旅游目的地的各种旅游信息。旅游已成为个人生活的一部分,涉及每个公民。因此,近年来在线查询旅游信息的量非常之大,尤其集中在查询旅行机票、旅游线路、景点介绍、饭店住宿等信息。丰富的旅游信息激发了旅游者的出游欲望，方便的在线查询也增加了旅游电子商务市场的发展机会，使旅游者自己利用网络安排旅游行程成为可能，由此进一步促进了旅游电子商务的发展机会。

目前，在网络无处不在的今天，在线查询旅游信息已有许多渠道，大多数旅游者通过旅游目的地机构的门户网站获取信息，或者目的地旅游服务供应商网站以及旅行社网站等查询旅游信息，也可以直接通过旅游产品供应商的网站查询旅游产品信息。有些新闻网站或综合性网站也设置旅游频道，供消费者查询旅游信息。

三、美国旅游电子商务的发展

美国是互联网的发源地，其旅游电子商务走在世界的前列已是不争的事实。美国的旅游电子商务起步于 20 世纪 90 年代中期，总体上看，目前美国旅游市场总额超过 1/3 来自于旅游电子商务，有 6 000 多万人通过互联网购买旅游产品，2 500 多万人通过互联网预订旅游产品，在旅游业的各个层面形成了功能齐全、覆盖各个产业体系的旅游电子商务系统软件。美国在信息技术应用方面，如旅游资源数据库、旅游企业与门户网站结盟、个性化定制方面以及推行电子票务方面都走在世界前列。

（一）美国旅游电子商务的内容

美国旅游电子商务内容也分两方面，一方面是企业和旅游消费者相关的商务，主要是各种旅游产品的预订；另一方面是旅游企业之间的协作型电子商务，即企业与企业之间的电子商务，目前也非常完善。企业协作型电子商务是发展中的重点，主要涉及饭店与旅行社、旅行社与景区，这些主要涉及团队旅游的行程和观光，都需要企业间协作型电子商务的支持。在企业与旅游者之间，美国旅游电子商务主要包括机票预订、客房预订以及各种门票的预订，旅游消费者可以在线预订的主要旅游产品有以下几个方面（根据美国在线市场整理）。

◇ 预订机票：有 84% 的旅游电子商务者预订航班机票；

◇ 预订客房：有 78% 的旅游电子商务者预订酒店客房；

◇ 预订租车：有 59% 的旅游电子商务者预订租车；

◇ 预订博物馆：有 33% 的旅游电子商务者预订博物馆和体育比赛门票；

◇ 预订景区、公园门票：有 18% 的旅游电子商务者预订景区门票；

◇ 预订游轮：有 8% 的旅游电子商务者预订游轮旅行。

在美国，机票预订、客房预订、汽车出租预订每年增幅都相当大。2008 年虽然有金融危机影响，但由于各旅游电子商务服务商免收服务费的促销，在线预订服务的收入并没有减少。

（二）美国旅游电子商务的网站

美国的旅游电子商务网站几乎没有不盈利的，大多数旅游商务网站具有相当可观的年收入。由于商业盈利属于企业机密，我们无法得到这些商务网站的盈利情况，但通过分析其用户数就可以看出其盈利能力。美国超过 10 亿用户的预订网站有下面几个：

◇ digitalcity.com（城市旅行网），超过 22 亿用户；

◇ mapquest. com(旅行网),超过 18.8 亿用户;

◇ expedia. com(旅游网),超过 18.4 亿用户;

◇ priceline. com(旅游网),超过 16.7 亿用户;

◇ aoltravel. aol. com(旅行网),超过 14.8 亿用户;

◇ travelocity. com(城市旅游网),超过 12.9 亿用户;

◇ americanexpress. com(商务旅行网),超过 12 亿用户。

其他如 previewtravel. com 、travelscape. com 、lonelyplanet. com 都是人气很旺的旅游网站,这些商务网站近年来的发展是美国旅游电子商务发展的一个缩影。

(三) 美国旅游电子商务的运作机制

美国旅游电子商务的运作机制主要是预订型网站,网站作为服务窗口,提供各种旅游产品的预订服务。在美国,旅游电子商务的网站有很多类型,有旅游产品供应商的网站、航空公司的网站、中介服务商的网站以及大型综合性购物网站开辟的旅游频道网站。归纳起来,这些网站的运作机制主要有以下几种。

1. **供应商直接交易机制**

供应商直接交易机制是由旅游产品供应商直接进行交易的电子商务系统,对外也是通过网站窗口提供交易服务,如旅游饭店集团、大型旅行社、航空公司建立的网站等。如美国的万豪国际酒店集团、凯悦国际酒店集团、希尔顿集团等都有完善的预订系统开展电子商务。在旅行社方面,如美国环球旅行社、华人旅行社、西玛国际旅游公司等都具有直接交易的旅游电子商务系统供散客报名组团;在航空公司方面,美国的航空公司最早开展旅行商务的电子化,所有航空公司都有自己的网站实现电子票务的预订,有些航空公司的电子商务发展到饭店的客房预订,成为全球分销系统,如 Sabre。Sabre 被视为全球分销系统的先驱。

2. **交易佣金机制**

交易佣金机制主要是新型的旅游服务中介,他们没有自己的实体资源型企业,利用电子商务手段提供信息和交易服务,通过成交的业务获取交易佣金,为企业获取收益。美国许多的综合性购物网站中的旅游频道,城市门户网站中的旅游频道以及一些专业旅游服务型网站,都以交易佣金机制的方式为网站管理获取收益。这些网站的中介服务主要包括订票、订房、订租车、订旅游线路等,属于在线代理销售的方式。

3. **导航台分销机制**

在美国的旅游电子商务领域,网上旅游开展得如火如荼,不仅旅游专业网站数量惊人,而且已经形成了类型、功能齐全,涵盖旅游业各个方面的网上旅游产业体系。旅游商品及服务的在线销售正在影响着越来越多的家庭、商务旅游者、旅游服务提供商等,同时在这个领域,网站建设的投资规模并不亚于其他领域。究其原因,在于这个市场的潜力十分巨大。但大多数小规模的中介服务网站要想盈利,需要扩大知名度和提高访问流量,扩大网站的访问量是关键。提高访问量通常采用的方法就是让自己的网站与访问量大的网站合作,将访问者吸引到自己的网站上来,由此出现了导航台分销机制。这种分销机制是利用大型网站导航台的访问流量,实现旅游产品分销的一种旅游电子商务。如 PreviewTravel、Travelocity 等旅游网站投入上百万美元用以实现在著名导航台上的独家链接。

4. 门户网站的分销机制

在美国,一些大型的综合性门户网站已认识到旅游市场的价值,纷纷与一些旅游网站主动合作。目前,全美 10 个访问量最高的门户网站中的 9 个已经分别与 6 家旅游在线预订网站结盟。在这种合作协议中,旅游中介服务提供商大多都要求门户网站独家使用其预订服务平台,但是门户网站并不能约束中介服务商在其他门户网站上做广告或利用门户网站的广告实现商务。如 Travelocity 与 Yahoo 门户网站合作,Expedia.com 与 Microsoft 门户网站合作,Preview Travel 与 Lycos 门户网站合作,TheTrip.com 与 AltaVista 门户网站合作,Travelocity 与 Netscape 门户网站合作等。

5. 全球分销系统机制

利用全球分销系统实现旅游产品的分销是近年来旅游电子商务的又一种运作方式。美国的联号饭店预订系统和中小饭店的联合预订系统基本都与全球分销系统联网,通过各种方式的终端与全球分销系统连接,实现旅游产品的电子分销,由此成为规模最大的旅游分销系统。在美国,全球分销系统是从航空机票预订开始,然后发展到饭店的客房预订,最后到旅行社线路包价产品预订,形成各自企业预订系统到全球分销系统的巨大网络,体现了旅游产品在线市场的整合和全球化。

思考与练习

1. 互联网用户(也称网民)具有哪些特点?
2. 在网民和许多年轻人中间,形成了哪些新型旅游消费观念?
3. 美国消费者可以在线预订哪些旅游产品?相应的比率是什么样的?
4. 美国有哪些重要的旅游电子商务网站,分别是做什么的?
5. 美国旅游电子商务的运营有哪些机制?
6. 什么是旅游电子商务的交易佣金机制?

课后实践

上网浏览美国的主要旅游电子商务网站,了解他们的主营业务,思考他们的模式,在中国是否有和他们相对应的网站?

第三节　我国旅游电子商务的现状和未来

旅游业属于一个信息密集型的行业,旅游企业的经营对信息高度依赖。因此,当互联网出现以后,其信息的传播作用被旅游业所关注,旅游网站在互联网上一枝独秀。不管是发达国家,还是发展中国家,旅游网站是发展最快和数量最多的行业性网站。作为旅游产业中的旅游者,也是对信息服务高度依赖的一种消费者,不管是出门旅游前,还是旅游中,都需要旅游信息的支持。因此,近年来旅游业的发展,借助于网络和旅游电子商务,已形成一种个性化旅游和虚拟旅游的发展趋势,传统团队旅游的比例正在减少。

一、我国旅游电子商务的发展阶段

我国旅游电子商务起步较晚,虽然在这些年取得了一定发展,但是由于电子商务的基础薄弱,各项配套设施和相关法律制度还不健全,主要是在借鉴国外旅游电子商务发展的经验和模式,在摸索中前进,经历了萌芽、起步、发展、完善、新探索等阶段。

1. 萌芽阶段(1996—1998)

我国旅游网站的建设最早可以追溯到 1996 年。1997 年由国旅总社参与投资的华夏旅游网的创办是中国旅游电子商务预订网兴起的引人注目的先声。此后,各类旅游预订网站如雨后春笋纷纷建立,行业规模逐渐扩大。

2. 起步阶段(1999—2002)

1999 年 5 月,携程旅行网(简称携程)成立,可以说是这一阶段的一个标志。携程是一家吸纳海外风险投资组建的旅行服务公司,在当时被称为一个"没有门店的旅行社",它将信息技术、现代运作管理理念与传统旅游业相结合,打造了具有极强竞争力的服务价值链,形成了全新的服务和业务模式。这种全新的模式和理念,拓展了旅游电子商务的发展模式,适应了旅游业的发展要求,对旅游业的发展起了巨大的推动作用。

3. 发展阶段(2003—2004)

该阶段以 2003 年携程在美国纳斯达克成功上市为标志,当时也是互联网全面复苏的时期。在这个阶段中,中国旅游电子商务市场还处于探索和摸索的阶段,携程上市客观上加速了我国旅游电子商务市场服务水平的提升。

4. 完善阶段(2005—2008)

2005 年我国第三方支付平台——支付宝的出现,为解决网上支付这一瓶颈问题,提供了非常好的解决方案,更重要的是为消费者建立了网上支付的信心,旅游电子商务也开启在线交易的新纪元,特别是对于机票产品,越来越多地实现了在线支付。

5. 新探索阶段(2009 年至今)

2009 年 1 月,千橡互动以 1 850 万美元收购艺龙网 5 283 202 股流通股,占后者总流通股本的 23.7%。千橡互动收购艺龙网这一事件表明,在中国旅游电子商务市场日益发展的前提下,web 2.0 应用逐渐在探索与旅游业结合的有效模式,未来在盈利模式方面需要形成具有中国特色的突破点。

二、我国旅游电子商务快速发展的原因

我国旅游电子商务起步于 1996 年,在这十多年的发展过程中,前面 10 年发展缓慢,主要解决了旅游电子商务能不能实现的问题,许多企业还存在疑虑;而后面的接近10 年,旅游电子商务发展迅速,主要面临的是怎么开展的问题,怎么构建更有效系统的

问题，旅游电子商务可行已成为不容置疑的问题，所有的旅游企业都认同了旅游电子商务的作用。分析这几年旅游电子商务快速发展的原因，主要有以下几点。

（一）我国互联网用户的快速发展

互联网用户数量是开展电子商务的基础，旅游也是一样，网民是旅游电子商务的主体。旅游消费者通过网络可以实现旅游信息查询、旅游预订、自由行等旅行活动，尤其是便利的信息获取，成为人们纷纷上网的主要原因，鼠标一点，目的地信息应有尽有。

2013年，我国互联网用户目前已达5.3亿。前1亿用户的发展经历了10个年头，这段时间称为互联网的缓慢发展时期；中间1.5亿用户发展经历了不到5年；而最后1亿用户的发展经历了不到2年，这段时间称为互联网的快速发展时期。互联网用户数量的扩展推动了网络价值的提升，而网络价值的提升助推了电子商务的发展，网络价值和电子商务又增强了对网民的吸引力，形成最近几年电子商务的快速增长。

中国网民规模和互联网普及率

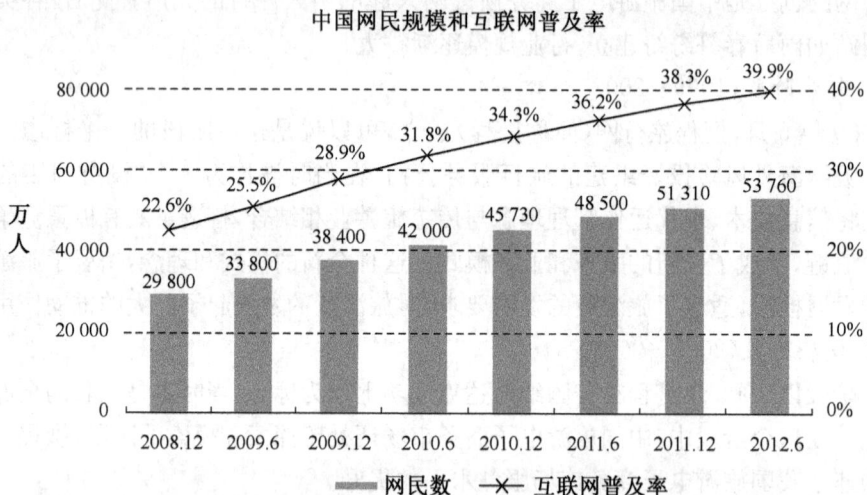

图 1-2　2008.12—2012.6 中国网民规模与普及率

虽然我国互联网用户数量已超过美国成为当前最大用户国，但从互联网普及率的角度来看，由于我国人口众多，平均的普及率并不高，也就是互联网的普及率仍低于美国。截至2012年6月底，我国互联网普及率为39.9%。因此，我国互联网普及的潜力还很大，尤其是网络市场还存在很大的潜力，这为我国旅游电子商务的发展奠定了基础。在未来的几年里，我国旅游电子商务发展还将保持良好的势头。

（二）我国国民经济 GDP 的上升

我国国民经济 GDP 的上升，也是旅游电子商务快速发展的一个原因。2010年，我国 GDP 达到近40万亿元人民币，已超过日本成为世界第二大经济体。GDP 值的上升以及国民收入的增加，旅游业的收入也显著增加，尤其是网络环境的改善，人们已习惯于利用网络处理旅游商务。世界旅游理事会（WTTC）于2008年3月6日在柏林国际旅游交易展上所介绍的一份研究报告中对中国旅游做出如下预测：2008年，中国人的旅游开支接近5900亿美元，GDP 提前两年上升至世界第二位，仅次于美国人（美国人的旅游开支为 1.75 万亿美元)。因此,随着人民生活的改善,旅游已成为中国人生活中的一部分,这给旅游电子商务的发展带来很大的机遇。

期间 WTTC 还预测中国在 2013 年旅游业可提供 6 580 万个工作岗位,预计出境旅游增长率可达到 22.4%,出境游的增长,对旅游电子商务的应用需求也将成倍增长。

(三)我国旅游者个性化旅游需求的不断增长

旅游是一种体验型产品,每个人对体验都有不同的感受和要求,网络的出现以及商务的电子化,为个性化旅游发展提供了技术支持。在信息化时代,得"个性"者得天下,旅游个性化的体现主要依赖信息通信技术,基于信息通信技术的电子商务,是获取个性化的主要技术手段。如个性化的旅游活动、个性化的行程安排、个性化的信息获取界面、个性化出游、个性化的餐饮、个性化的观光等,所有这些个性化的内容都与旅游电子商务有关。下图是我国近几年来旅游电子商务市场交易规模的增长情况及预测。

2009-2015年在线旅游市场交易规模
(单位:亿元)

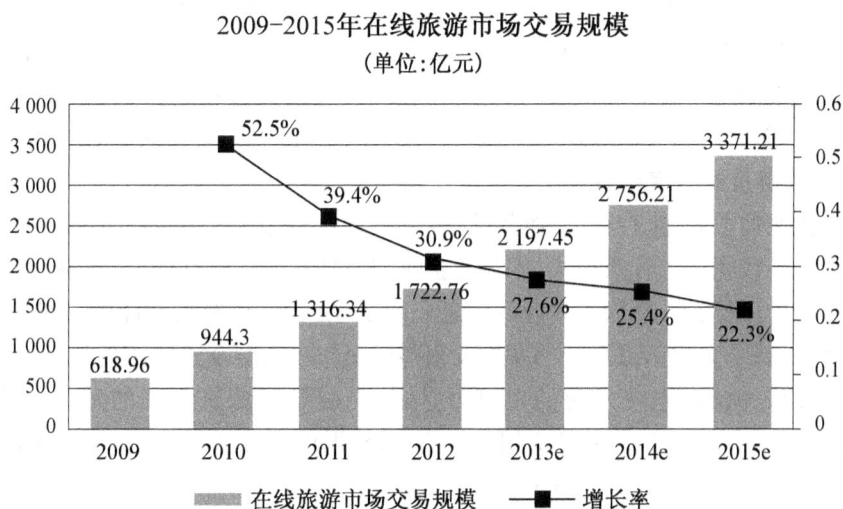

图 1-3 2009—2015 年旅游电子商务市场交易规模(数据来源:速途研究院)

旅游电子商务的增长情况也反映了个性化旅游的发展情况,因为许多个性化旅游的自由行都是以饭店预订、机票预订以及打包旅游的形式实现的,消费者并不需要与产品供应商见面,所有业务处理都是电子商务形式。因此,离开了电子商务手段,个性化旅游就无法实现。

三、我国旅游电子商务发展的发展现状

我国旅游电子商务发展是以网络中介服务商为主流,他们引领了电子商务,并旅游业加以应用。对于大多数的旅游企业,由于他们在网络技术、计算机技术、数据库技术等领域缺乏相关的人才,往往处于一种被动的应用状态。另外,电子商务所要求的安全技术,以及社会环境的政策法律和法规,总的来说在我国还不成熟,许多技术管理的内容和政策法规还在探索之中,这些工作的滞后也会影响旅游电子商务的快速发展。从近几年的发展来看,我国市场发展的潜力非常巨大,不管是旅游网站的发展还是应用软

件的发展，都已经形成了一定的规模。分析近几年旅游电子商务的发展，其特点可以归纳为以下几点。

（一）以旅游资源和旅游服务为特征的网站发展迅速

我国旅游网站从 1996 年出现以来，目前在近 2 500 家的 A 类景区中，几乎都已普及了网站，这些网站主要是介绍景区资源信息，部分景区已开始网上订票。另据不完全统计，我国已有 5 000 多家具有一定咨询能力的旅游网站，其中 300 多家是综合性的旅游网站。如果把旅游饭店和旅行社企业都统计进去，则旅游类网站至少有 3 万家以上，这些网站大多数是近 5 年内建成的，主要是为企业提供营销服务和咨询服务，大多数属于营销型网站，少数企业直接利用网站开展电子商务，真正开展商务的网站还是少数。

不管是资源型网站还是服务型网站，网站的服务模式创新势在必行。以介绍自然景点和民族文化特色为主要内容的电子商务网站，有可能受到市场的青睐和大量国内、外游客的欢迎。近年来，"网上选景，网上定线，网上组团"的网络自助游（或自由行）将继续获得快速发展。特别是大量的单语种网站已经不能适应和满足跨国游客的需求，双语和多语种的旅游电子商务网站必将很快崛起，成为境外游客了解中国旅游的主要方式。因此，旅游网站成为寻找旅游去处、休闲、娱乐最便捷、最受欢迎的网络空间。

（二）旅游企业的信息系统正在逐步完善

旅游企业如饭店、旅行社、旅游景区等，其内部信息系统正在逐步完善。饭店企业的信息系统已经完成了升级换代，旅行社企业的信息系统已初具规模，旅游景区的信息系统已经开始流行。一些旅游企业的信息系统从无到有，从有到功能的完善以及支持电子商务，反映了企业信息系统的发展及完善过程。在旅游企业的信息系统应用中，旅游集团企业成为信息系统发展的主要力量，他们引导了信息系统的发展和完善，如 ERP 应用、CRM 应用以及 GDS 应用等。目前，旅游电子商务应用，以及差异化服务等理念也已经在旅游集团企业全面开展。

（三）移动商务与电子商务整合的旅游创新服务成为增长点

手机是旅游消费者必带的移动设备，尤其是 3G 通信的应用，手机的信息传输和互动能力得到提升，成为移动商务的主要终端设备。如金手指信息科技（杭州）有限公司（简称"金手指"）就应用自主的手机短信搜索专利技术，开发和推出了杭州市旅游和城市公共信息的智能手机短信搜索平台和服务，向来杭的游客提供包括杭州市景区景点、饭店和公交乘车等旅游信息在内的二十几类的全天候短信查询服务，来杭游客可以使用手机随时随地、方便快捷地查询在杭州的游玩和住宿等信息。此项服务已经在杭州运行了近两年，受到了来杭游客的热烈欢迎和好评。因此，在未来几年里，移动商务与电子商务的整合，将成为旅游创新服务的新增长点，既方便了旅游消费者获取信息，又方便了旅游消费者的商务操作。

（四）旅游电子商务发展中的基础理论研究存在不足

当前，我国学者普遍热衷于旅游电子商务应用意义的探讨，而对基础理论的研究则不够重视，进行基本概念梳理或试图构建学科框架的文章难得一见，研究的重心顾此失彼。尤其在各高等学校的旅游管理专业，对旅游电子商务学科建设还不够重视，影响了旅游电子商务基础理论的研究。在许多旅游电子商务教材中,各种基本概念混淆的现象比较常见,如"旅游电子商务等同于旅游网站"、"信息技术等同于互联网"、"电子商务等同于电子交易"等。因此,旅游电子商务的有序发展,需要基础理论的支持。如对旅游电子商务参与主体的研究有待拓宽,当前的研究普遍关注旅游企业,而对旅游目的地营销机构和旅游者的研究则相对缺乏。另外,对旅游电子商务的支撑环境,如法律环境、经济环境、社会环境等研究需要加强。

（五）我国旅游电子商务服务提供方式存在不足

由于受我国社会信息化程度不高的影响,以及 GDS 应用的不普及,影响了旅游电子商务服务的多样性,因而影响了中小规模旅游企业开展电子商务。如美国、欧洲等国家的旅游电子商务发展迅猛,主要是其 GDS 应用的普及,以及成熟的电子分销系统,使许多小规模企业都能参与电子商务。如法国超过 88% 的饭店都加盟了 GDS 分销系统。但我国数量占旅游饭店总数 43% 的未评星饭店和占住宿设施总数 96% 的国内饭店和招待所在饭店综合信息化系统方面仍基本处于初级或空白状况。因此,利用电子商务来进行旅游提供方式几乎是空白。这些旅游企业其信息化建设基本局限在孤立的业务应用、单机数据处理或文字处理等。旅行社的情况与饭店大致相同,少数大型企业建立了信息管理系统和网络,且应用规模和深度发展较快;中小型企业仍处在信息化的起步阶段,发展较为迟缓。旅游景区电子商务服务提供方式可能更糟,大多数的非 A 景区都是人工服务,根本没有电子商务服务。

四、我国旅游电子商务的发展趋势

旅游电子商务的兴起是全球经济信息一体化的必然趋势,为旅游业带来一场真正的变革。从根本上改变了旅游业原有的运作模式,蕴含了无限机遇和挑战,提高了旅游服务产品的交易效率、降低交易过程中的成本和传递旅游信息资源,旅游电子商务的高度可进入性导致新的竞争者随时可能加入,使这一领域的竞争更加激烈。

（一）新的技术引入给整个市场格局带来变数

首先是直接服务于游客的技术。如自助语音导游服务、3G 无线网的应用,都给旅游业带来了新契机。3G 无线网络的出现将成为旅游业发展的催化剂,这项将无线通信与国际互联网等多媒体相结合的移动通信系统在壮大信息产业的同时,也为旅游业发展带来新契机。

其次是服务于旅游企业和旅游目的地的技术。如基于 SOA 构架的旅游网站和旅游信息管理系统、基于 SAAS 的旅游企业信息系统,这些技术的运用为企业（目的地）优化业务流程、提高业务效率,进而更好地为游客服务,为旅游企业规模不断扩大奠定一定的基础,客观上加剧了旅游企业（旅游目的地）之间的竞争。

（二）新的应用将引领旅游电子商务的深度发展

首先是移动商务引领旅游电子商务发展的新趋向。随着各种移动终端的普及、移动通信网络的完善、移动服务提供商的增多,移动商务将成为一个新的切入点,结合智能网络技术,真正实现以人为中心的旅游电子商务应用。移动支付、短信息服务、全球定位系统等移动商务技术的全面应用将给旅游业乃至旅游电子商务带来一场新的旅游革命。顾客无论在何时何地,通过移动电话等终端就能完成对企业或对个人的安全的资金支付,移动商务可以随时随地把顾客、旅游中间商和旅游服务企业联系在一起,预订的结果、航班的延迟等信息皆可随时通知旅游者。移动电子商务技术的应用将使旅游电子商务服务功能更加完善,应用更加普及。

其次是web2.0应用。我国旅游网络的建设在网络技术、配套设施、人员素质以及网站有效性和技术功能等方面存在很大差距,缺乏能满足不同需求层次的动态信息整合;难以完成个性化的定制服务;旅游产品重复、单一、缺乏创新和无针对性等弱点成为制约我国旅游网站发展的瓶颈。Web2.0网站以其独特的优势迅速崛起,成为未来旅游网站发展的方向,网站信息提供方式不再采用由网站编辑提供,而是让用户变成网站信息的提供者和使用者;直接获取用户的需求和习惯,征求用户的意见,加强用户的互动,用户在网站上的时间越久,参与的程度越高,就会有越多的朋友。这样网站的用户就不易流失。

(三)新的整合将推进旅游电子商务体系的演进

国内的旅游电子商务还处于发展初期,具有"中国特色"的旅游电子商务体系和业务模式逐步在一些企业获得成功。从国外发展的经验看,随着企业的发展壮大,规模扩张与效益最大化的矛盾也会逐渐显现,这时就会出现行业内部的并购与整合,产生若干个拥有资金和资源优势的大型企业。

未来几年内,由于信息技术的支撑,为旅游企业更好地整合奠定了良好的基础。旅游电子商务行业内将形成覆盖范围广、成本低廉的旅游业通讯交流平台,使旅游企业之间增进交流与合作,为游客创造一体化的旅游服务感受;来自众多旅游企业的动态旅游产品信息将更多地通过大型旅游电子商务平台、GDS、CRS等系统汇聚、共享、传播,企业建网形成"信息孤岛"的不成熟模式将得到改观;旅游分销渠道将更加多样化,会有众多的非旅游机构成为旅游产品的分销渠道。

(四)新的形势将推广旅游电子商务的规范化和标准化

旅游电子商务是一个新兴领域,我国在旅游电子商务规范与标准的制定和推进方面都非常薄弱,这应该是下一阶段发展的重点。

首先是规范化。建立健全的旅游电子商务规范体系,为旅游电子商务的实施和监管、企业和消费者的市场行为、信息内容和流程、技术产品和服务等提供指导与约束,预先防范那些对旅游电子商务活动可能产生不利影响的潜在因素,是推动旅游电子商务持续、稳定、健康、高效发展的关键。

其次是标准化。旅游电子商务的本质在于互联。食、住、行、游、购、娱等各类旅游企业之间,旅游企业内部信息系统与旅游电子商务平台之间,旅游业与银行、海关、公安的信息系统之间应能实现互联互通,以自动处理频繁的信息数据交换。在国外,通常由专门的组织制订出一套统一的数据格式和接口标准,旅游电子商务网站、管理信息系统在开发时都遵照这套标准,这样在一开始就保证了与其他单位的信息系统间做无缝链接的可能性。我国旅游电子商务的数据交换也应该尽快实现标准化,并与国际接轨。

（五）新的发展将需求旅游电子商务复合型人才

目前人才的短缺成为中国旅游电子商务发展的瓶颈。旅游电子商务是旅游和电子商务的整合，只有具有电子商务和旅游知识的复合型人才，才能将电子商务的技术手段、应用功能和模式密切联系旅游行业组织、管理、业务方式及其特点，优化其价值链。

旅游部门与旅游院校应该顺应时代要求，着力培养三个层次的旅游电子商务人才：善于提出满足商务需求的电子商务应用方式的商务型人才；精通电子商务技术，又具备足够的旅游业知识，能以最有效的电子商务技术手段予以实施和满足的技术型人才；通晓全局，具有前瞻性思维，熟知旅游业电子商务理论与应用，能够从战略上分析和把握其发展特点和趋势的战略型人才，使旅游电子商务从业人员完整的旅游电子商务观适应整个行业运作体系的变革。

思考与练习

1. 我国旅游电子商务的发展经历了哪几个阶段？
2. 我国旅游电子商务的快速发展有哪些原因？
3. 我国旅游电子商务的发展表现出哪些特点？
4. 我国旅游电子商务发展的趋势有哪些？

课后实践

在安卓市场下载旅游类的应用，了解他们的功能和业务，探讨移动互联网技术的发展对旅游电子商务的影响。

第二章 旅游电子商务平台

开篇案例

"去携大战"升级,在线旅游市场或将洗牌

互联网总是一个不缺乏恶斗的地方。之前当当与京东的口水仗还未平息,去哪儿又再次向携程发起挑衅,2012年5月11日,去哪儿与携程再次对簿公堂,去哪儿声称携程侵犯其名誉,但是没有拿出任何有力证据。

携程代理律师表示,去哪儿指责皆为无稽之谈,并称已掌握足够证据证明去哪儿侵犯携程著作权并已向法院提起诉讼。该律师还表示,去哪儿的诉讼主张没有任何事实依据,相反,去哪儿之前故意将携程CFO的邮件涂抹、篡改,断章取义并公开散播。

"生命不息战斗不止"

行业分析专家认为,携程旅行网是在线旅游业规模领先、最具品牌知名度的龙头企业,去哪儿多年来有意策划和挑起多个针对携程的争端,其意图不排除是利用携程的地位和声誉自我炒作,而打官司则是其达到炒作目的的手段之一。

事实上,去哪儿与携程的纠缠由来已久。据携程网相关负责人介绍,早在去年10月28日,携程12周年司庆当日,去哪儿CEO庄辰超潜入携程总部大楼,"逐个办公室挖人",随后还在微博上大肆宣扬,引发业界一片哗然。今年初,去哪儿公然宣称要征集携程负面信息,通过央视3·15进行曝光,此事一出,令业界震惊。

2011年6月,去哪儿大肆炒作携程"0元团购"事件,称呼携程为"邪程",挑起新一轮炒作。2007年,法院判处去哪儿利用互联网发布商业信息损害携程商业信誉,属不正当竞争。去哪儿在领取告诫书的同时,在工商局里当场摆出五六张大牌子,介绍网站的情况,有备而来炒作自己,被业界称为闹剧。

业内有关人士认为,去哪儿这几年发展迅猛,但携程在行业的龙头地位依旧让其感到发展前景不明朗,不惜通过各种手段试图撼动其地位。

行业爆发式增长

其实,"去携大战"背后反映出的是随着国民收入的提高和经济的快速增长,旅游产业迎来了爆发式增长。国家旅游局局长邵琪伟就表示,2011年,中国旅游业保持了持续、平稳、较快发展,实现了"十二五"旅游业发展良好开局,全国旅游业总收入2.25万亿元,增长20.8%。根据艺恩咨询统计数据显示,2010年中国在线旅游产业规模达

到 390 亿元,相比 2009 年的 275 亿元增长四成。

在线旅游的快速发展和竞争日趋白热化,让从业开始争相寻找新的利润增长点和盈利模式。就我国市场来看,在线旅游有两种经营模式,一是以去哪儿为代表的点击付费模式,一是以携程为代表的 OTA 佣金模式。老牌在线旅游网站携程、艺龙也都是 OTA 模式,其中携程在纳斯达克市值约 30 亿美元,属世界第三大的 OTA 业者。

事实上,去哪儿与携程之间,本质上属于两种模式之争。北京交通大学旅游系主任、北京市旅游学会副会长张辉就表示:"OTA 模式因提供一站式服务,仍将为今后在线旅游的主流模式,去哪儿这类以点击与广告为收入的旅游垂直搜索尽管在流量上有所突破,但从企业经营和长远看,没有大的发展空间,想成为规模化运营的企业是比较困难的。"

突破模式困局

为了寻找新的利润增长点以机票比价搜索起家的去哪儿网开始向酒店领域发力,罗全国特色酒店加盟。巧合的是,近日桔子酒店 CEO 吴海却连发微博,对去哪儿网业务模式发出质疑,称去哪儿网存在将桔子酒店网上客流导向竞争对手等情况。去哪儿网方面对此未予回应。

本来在搜索引擎市场一家独大的百度就因其在广告方面毫无节制,受到各方诟病,作为百度花 3.06 亿元投资的去哪儿,因百度在搜索结果中植入去哪儿页面,被业界称为"小百度"。让吴海非常不满的原因主要就是通过百度搜索桔子酒店,排在第一的结果来自去哪儿网,实质上用户无法在线预订,并在这个页面向用户推荐了诸多桔子酒店的竞争对手。"用户本来是找我们酒店的,被一个流氓在门口截住,最后给带到其他家去了。"吴海总结说。

张辉指出,随着佣金率与旅游商品价格趋向一致,而以低价商品搜寻为主要卖点的旅游垂直搜索将无必要,其商业模式将因缺乏有效的盈利机制而窒碍难行。

中国旅游在进入转型时期,产业融合进一步加速,在线旅游要成为旅游市场的主体,必须创造与之相适应的商业模式及运行方式。张辉表示:"近年来,以互联网技术为平台,出现了不同类型的在线旅游经营商,实践证明,如果一个新型的经营组织不能借助于现代信息技术,在旅游延伸服务方面创造新型的商业模式,其生命力是有限的。"

(资料来源:中华工商时报 2012 年 05 月 14 日)

案例思考

1. "去携大战"是哪两种模式之争,这两种模式有何差别?

2. 了解"去携大战"的最新情况,谈谈你对"去携大战"的未来走向的看法。

第一节　旅游电子商务平台概述

一、旅游供应链和核心企业

供应链是围绕核心企业，通过对信息流、物流、资金流的控制，从采购原材料开始，制成中间产品以及最终产品，最后由销售网络把产品送到消费者手中，从而将供应商、制造商、分销商、零售商直至最终用户连接成一体的连锁结构模式。著名旅游学者 Richard Tapper 和 Xavier Font 等人在 20 世纪 90 年代将供应链概念应用到旅游业，提出旅游供应链包括旅游产品供应体系中所有用来满足旅游者需求的商品和服务的提供者，这些企业直接或间接地与旅游经营商、旅游零售商或仅提供住宿的供应商合作，在旅游过程中旅游者直接向其购买商品或服务的目的地其他供应商，包括住宿、交通、酒吧、餐馆、纪念品、吸引物、手工艺品、食品生产和垃圾处理系统，以及其他对旅游业的发展起支持作用的目的地基础设施。进入 21 世纪，国内有些学者认识到旅游供应链概念的重要作用并引入供应链管理的理论来对旅游业和旅游企业的发展进行探索。刘连银指出，旅游业的发展应该从产业链的角度进行区域协同和联合营销，并指出产业链对中国旅游业纵深发展的重要作用；张辉提出，旅游业今后的竞争不仅仅是企业之间的竞争，更是企业所在的整个供应链之间的竞争，他认为下一步中国旅游企业的深度发展，不在于核心竞争力的构建，而在于链条式企业的构建，在于围绕核心企业建设产业链；李宏则对旅游供应链的构成体系进行了探讨。

传统旅游供应链是在信息网络化还比较落后的条件下存在的，其模式通常为：旅游产品供应商——批发商——零售商——客源地消费者。

与大多数有形产品的传递方式一样，从生产、批发、零售再到消费，供应链上的每个成员环节实行"一对一"的固定联系与配合。因此信息传递比较困难，成员之间不能灵活多向联系，更不能跳环节联系。一旦中间某一环节发生中断，就会导致链条运转效率下降，甚至整个供应链无法运行。此外，信息的不对称降低传统旅游供应链的经济性。传统供应链中，由于信息的不对称，成员之间的协作性比较差，供应链的运作成本高，效率低。僵化的供应链使得各成员只注重自身企业的价值与利益，而容易忽略整个供应链的价值与利益。同时，由于旅游消费者不了解旅游企业的情况，旅游企业也不知道旅游消费者的需求，传统供应链在满足顾客需求、实现顾客价值方面存在不足。

网络信息技术和电子商务技术的发展促进了旅游的飞速发展，这使得传统的旅游供应链受到了挑战。旅游供应链的模式发生了很大的变化，开始由"一对一"的模式向网状的模式转变，供应链开始演变为供应"网"。即通过互联网和电子商务手段将众多的旅游产品供应商、旅游产品中间商、客源地旅游者纵横交错地联系起来，从需求预测、产品设计、企业采购、生产组合、分销代理到客户服务，实现了整个过程的良好协作。透过供应"网"，可以看出价值链的成员之间实行的是"多对多模式"，旅游供应链成员之间不再是固定的联系，可以交叉联系，也可以跨环节联系，如旅游供应商不仅可以与多个旅游批发商协作,还可以跳过批发商与零售商协作或直接向旅游者销售。供应链成员在广泛的选择机会中进行有效的资源优化整合,从而提高供应链的效率。

按照现代供应链理论,供应链上核心企业必须在供应链上具有一定程度的影响力、吸引力和融合力,在供应链的运作和管理中处于信息交换中心、物流集散的调度中心、资金结算中心和统筹规划的协调中心,核心企业必须具有核心业务和核心竞争力。目前对于旅游供应链核心企业的研究普遍认为以旅行社作为核心企业;也有些研究认为旅游供应体系中的餐饮、住宿、购物、娱乐、参观、游览部门的任何企业都有可能成长为核心企业,究竟是哪一个企业成长为核心企业,归根结底是由企业掌握的资源决定的,有可能是饭店企业、交通企业,也有可能是旅行社或者是旅游景点,甚至是旅游产品中间商,特别是近几年兴起的旅游网络公司。

二、旅游中间商的变化

(一) 旅游中间商的概念

旅游产品与服务中间商处于旅游产品生产者与旅游者之间,是专门从事旅游产品交换的中介组织。由于旅游产品与服务中间商的存在,可以大大减少旅游产品流通过程中的交易次数,节省了旅游产品生产者在产品销售上所花费的时间与精力,便于把旅游产品分销到更远的空间,解决旅游产品生产和旅游产品消费空间上的矛盾;既有利于发挥生产企业在旅游产品生产方面的专长,也有利于发挥旅游产品与服务中间商在经销方面的特长,还有利于旅游者购买,节省交易成本,从而形成旅游产品生产者和经营者各得其所的"共赢"局面。

(二) 旅游产品与服务中间商的职能

1. 市场调研,加强供求双方的信息沟通

旅游产品与服务中间商利用自己直接面向旅游消费者的优势,真实、客观、全面地调查、掌握消费者的意见和需要,从而为旅游供应商提供准确、及时的信息,帮助供应商对市场的变化做出及时的反应,使旅游产品和服务的供应能不断适应旅游消费者的需求。

2. 组合加工,进行市场的开拓

旅游产品与服务中间商专门进行旅游产品的购销工作。他们集中来自各个旅游供应商的数量众多、品种特色各异的旅游产品,并能根据产品特点、市场需求特征组合出内容、线路、时间、价格、交通及旅游方式等各不相同的包价旅游产品,既能满足旅游者对一次旅游活动的整体需求,又能满足他们各不相同的需求倾向。同时,旅游产品与服务中间商可以通过自身对市场的变化及走向的强烈敏感性,把旅游供应商提供产品的生产优势与自己的市场开拓的营销优势结合起来,使旅游生产企业与旅游中间商都得以顺利成长。

3. 促进销售,激发顾客的潜在需求

旅游产品与服务中间商往往是旅游促销的专门人才,各自拥有自己的目标群体,与社会各方及市场中各部分有可能形成良好的公共关系,他们可以借助广告、宣传、咨询

服务和名目繁多的促销活动,促使潜在需求转化为现实的旅游需求。同时,他们还可以提供诸如代办旅游签证、旅游保险等其他相关服务,更好地为旅游者创造各种附加利益。

三、电子商务时代的旅游中间商——旅游电子商务平台

电子商务的发展带来了旅游中间商的变革。首先,传统的旅游中间商开始利用电子商务手段,在信息技术的支持下提高效率,拓展业务范围,获得了新的生命力;其次,信息技术的发展和应用使一些新型的电子商务旅游中间商应运而生。一般,这些以信息服务为核心的电子商务旅游中间商提供以下服务。

1. 信息服务

信息服务包括提供基础性旅游信息,提供目录服务、旅游产品列表等,以便于旅游者查询,提高了旅游信息的充分性和通达性。

2. 检索功能

它帮助旅游者按地区查询旅游服务、旅游景点,按关键词查询旅游企业、旅游产品。

3. 咨询功能

它帮助游客进行行程规划并推荐旅游产品,提供公开的产品与服务比较。这些功能通过数据库和应用系统的支持自动实现。

4. 促销功能

它为旅游供应商提供网络广告服务,或将供应商产品信息输入电子杂志,向旅游者会员发送。

5. 信誉评估

由于网上的旅游企业、旅游产品繁多,消费者在网上选择产品时,面对从未接触过的旅游企业和产品,往往无所适从。电子商务旅游中间商设立评估服务,展示以往旅游者对旅游企业或产品的评价意见,供后来者参考,或公布权威部门或第三方的评估结果。

6. 虚拟交易市场

只要符合条件的产品都可以在虚拟市场内展示和销售,消费者可以在站内任意选择,进行预订。电子商务旅游中间商负责客户管理、预订管理和支付服务等,并收取一定的费用。

四、旅游中间商电子商务平台的兴起

此类网络平台的使用对传统旅游企业来说可以不必自己建设网站,而通过此平台就能开展电子商务活动。同时还能与上下游企业进行合作,为游客提供全方位的服务。旅游电子商务平台按统一标准集合了旅游行业大量的信息资源,信息汇聚分类,能自动交流,大大提高了信息的使用价值。

同行业在同一个电子商务平台上开展商务活动也会提高市场的商业效率,降低交易成本,使企业获得更大的收益。这类网络平台一般分为两类:一类为旅游中介服务提

供商网站;另一类为垂直搜索网站。

1. 旅游中介服务提供商网站

这类网站为旅游企业提供中介服务,它通过向客户提供服务而不是提供产品来赢利。例如,为企业提供电子商务代理、出租空间并帮助建立附加于电子商务平台的企业网页等,使旅游企业实现电子商务的成本大大降低。这种类型的网站主要有携程旅游网、同程网、艺龙网、驴妈妈、信天游、台湾地区的易游网、欣欣旅游网等。

(1)携程旅行网

作为中国领先的在线旅行服务公司,携程旅行网成功整合了高科技产业与传统旅行业,向超过4 000万会员提供集酒店预订、机票预订、旅游度假、商旅管理、特约商户等全方位旅行服务,被誉为互联网和传统旅游无缝结合的典范,其主要赢利来源于酒店与机票的销售佣金。

(2)同程网

经过数年旅游在线市场的成功运作,同程网已成为国内最大的旅游电子商务平台,也是目前中国唯一拥有B2B旅游企业间平台和B2C大众旅游平台的旅游电子商务网站。

同程网共有三个旅游电子商务平台,即旅游企业间平台、旅游资讯平台和预订平台。

旅游企业间平台作为中国最大的旅游B2B交易平台,搭建包括旅行社、酒店、景区、交通、票务等在内的旅游企业间的交流交易平台,被誉为“永不落幕的旅游交易会”。其赢利来源主要有会员加盟后出租网络空间的费用、网络广告等。

旅游资讯平台为旅游企业和旅游者提供服务,为中国最大的网上旅游超市,拥有580万注册会员,面向大众提供酒店、机票、景点门票、演出门票、租车、旅游度假等服务,并形成了以旅游攻略、点评、问答、博客为特色的旅游社区。其中全球热门目的地旅游攻略及旅游博客数量和质量名列全国第一,网站连续三年名列中国旅游资讯类网站第一名,被媒体一致认为是未来中国的“旅游沃尔玛”。其赢利来源有网络广告、出租网络空间的服务费和旅游交易费用等。

预订平台提供旅游一站式预订服务,包括全国12 000余家酒店预订、有保障的低价机票预订、3 000余家景区门票预订、全国演出门票预订、一百多个城市租车预订和全球旅游度假预订。支持24小时电话预订和在线网上预订,网上预订更有“先行赔付”和“点评返奖金”等特色增值服务,被媒体评为“中国十大旅游预订网站”。其主要赢利来源有交易达成后的佣金以及网络广告收入。

2. 垂直搜索网站

垂直搜索引擎是针对某一个行业的专业搜索引擎,是搜索引擎的细分和延伸,是对网页库中的某类专门的信息进行一次整合,定向分字段抽取出需要的数据进行处理后再以某种形式返回给用户。垂直搜索是针对通用搜索引擎的信息量大、查询不准确、深度不够等提出来的新的搜索引擎服务模式,针对某一特定领域、某一特定人群或某一特定需求提供有一定价值的信息和相关服务。

其特点就是"专、精、深",且具有行业色彩,相比于通用搜索引擎的海量信息无序化,垂直搜索引擎则显得更加专注、具体和深入。

垂直搜索网站以提供搜索信息为主要服务内容,如去哪儿网、到到网、酷讯网等。目前,去哪儿网可以搜索超过700家机票和酒店供应商的网站,向消费者提供包括实时价格和产品信息在内的搜索结果,实时搜索12 000条国内、国际航线,80 000家酒店,20 000条度假线路。以机票比价搜索起家的去哪儿网站已涉足酒店领域。去哪儿网的赢利模式主要是点击收费,即向用户提供酒店信息的搜索,当用户点击某一家酒店的链接时,该酒店向去哪儿网支付一定的费用。

3. 技术特色

在互联网发展初期,也就是Web 1.0时代,诞生了一批旅游网络企业,其中有代表性的就是携程网、艺龙网、遨游网、芒果网等专业的在线旅游代理商网站,这些网站提供给用户的内容是网站编辑进行编辑处理后提供的。用户阅读网站提供的内容,从网站到用户这个过程是单向行为。这种技术的缺陷是面对海量的信息,网站所提供的内容是有限的,而且网站无法把所有精力都花费在为旅游者编辑各种信息上。

在这种情况下,一种新的网站建设指导思想出现了,这种思想主导以用户为中心,在功能设计中加入用户产生内容(UGC)的板块,应用了像博客、标签、图片视频共享、比价搜索、社区搜索等技术。在这种思想主导下的互联网发展就进入了Web 2.0时代,也诞生了一批旅游企业,其中有代表性的就是去哪儿旅游垂直搜索引擎、酷讯网、TripAdvisor旅游者点评网站、绿人旅游攻略网站、驴友俱乐部等一系列以比价搜索、UGC和社区为特色的网站。

经过了Web 1.0和Web 2.0时代,互联网继续发展,但是此时人们已经不再满足于使用个人电脑进行互联网的接入,因为它们笨重、携带不方便,无法满足人们随时随地上网的意愿,在这种情况下,移动互联网应运而生。在移动互联网下也产生了各种类型的移动旅游中介,如无线旅游代理商、移动旅游垂直搜索、移动旅游点评及攻略、移动旅游网络社区、移动网络交易平台等。

思考与练习

1. 什么是供应链,传统旅游的供应链是什么样子的?
2. 按照现代供应链理论,未来旅游业的供应链应该是什么样的?
3. 什么是旅游中间商,旅游中间商有哪些职能?
4. 旅游电子商务平台一般有哪些服务?
5. 我国目前比较有代表性的旅游中介服务提供商网站有哪些?
6. 我国旅游类的垂直搜索引擎有哪些?

课后实践

尝试在携程网、艺龙网、同程网等旅游电子商务平台上预订旅游产品,比较在不同平台上的体验。

第二节　我国旅游电子商务平台的发展

一、我国旅游电子商务平台的成长维度

成长维度指旅游电子商务平台在从无到有、从小到大的生长、发展过程中,那些对其具有基础性的支持或至关重要的影响的因素。旅游电子商务平台要在新经济的竞争中脱颖而出,必须在其最初核心资源的基础上,在综合利用多元融资、资本运作、合作网络拓展、消费者群体培育、技术与服务创新和品牌建设六个方面实现发展,这六个方面表示了旅游电子商务平台的一般成长维度。

在网站的不同发展阶段,各个具体维度的重要性可能有主有次,但一个旅游电子商务平台的成长从总体来说是六个维度共同成长的结果,任一维度如果长期处于欠缺状态,将产生"短边制约",影响网站的整体发展。

(一) 多元融资和资本运作推动超常规增长

在互联网企业的发展中,融资和资本运作推动的超常规增长是其典型特征。在融资方面,风险投资、股权融资和上市融资是大型旅游电子商务平台的主要资金来源。2003 年以来,得益于互联网的复苏和赢利模式的逐渐清晰,旅游电子商务平台融资重新开始活跃,并显现出一些新趋势。

(1) 国外公司纷纷注资,与中国主流旅游预订网站合作。

(2) 资本融合往往伴随着国内外同业的强强联合和业务网络的更深层次整合,增强了网络的国际化。例如 2004 年世界最大的在线旅游服务公司 IAC 注资 6 000 万美元与艺龙网合作,携程网不久前也得到了日本网络零售商乐天(Rakuten)1.09 亿美元的注资。美国的全球 500 强企业,拥有全球第四的全方位服务旅游电子商务平台的 Cendant TDS 与中青旅电子商务有限公司成立合资公司等。

3. 上市融资,继携程网在美国纳斯达克上市之后,艺龙网也正在将优质资产提炼、整合,以加快上市步伐。

在资本运作方面,经过"互联网的寒冬",能够维持并继续发展下来的旅游预订网站大都与传统企业实现了某种形式的整合,借助传统资源来支撑自身的网络业务。携程网和艺龙网通过收购传统的订房中心或旅行社企业实现业务的"落地",只用了两三年时间就发展成为目前行业的领先者。同时,旅游网站在转型过程中,也常常通过资产剥离和分立来使品牌和核心业务纯粹化,使赢利模式更加清晰。

（二）上下游合作：拓展网络，构造规模经济

研究机构 Forrester Research 调查表明，可交易产品信息的"广度"和"精度"这两个层面的搭配成为电子商务网站成功的第一大要素，这需要旅游预订网站强大的供应商网络来支撑。在供应商合作方面，旅游预订网站与旅游供应商逐一谈判的传统方式只是低效率的初级方式。

近一两年来新的趋势包括以下几项：

（1）整合被购并对象的供应商资源。

（2）随着我国出境旅游的迅速增长，旅游网站更加注重与国外大型旅游分销网站及 CRS、GDS 等合作，实现全球范围内的资源合作与共享。

（3）借助技术实现旅游产品采购的自动化。目前旅游网站通过 CRS 客户终端预订机票已经非常普遍；在酒店预订方面，一些网站研发了酒店实时预订系统和房态管理系统，实现了与目的地酒店之间交易信息与预订信息的实时沟通。

在分销渠道整合方面，旅游预订网站通常采取以下三方面的策略：

（1）与旅行社等传统资源整合，继承了传统企业原有的处于国内领先水平的分销渠道。

（2）建立在线分销联盟，借助合作网站的人流量扩大预订渠道。

（3）发展全国会员卡发行代理商。由此可见，一系列强有力的上下游合作网络建设正使旅游预订网站确立起其在旅游价值链中的地位，显现出强大的扩张力。

（三）消费者培育，网络社区渐受重视

稳定忠诚的客户群体是旅游预订网站的经营之本。我国不少大型旅游预订网站已开始重视培育自己的网络社区。通过提供网络论坛空间，鼓励网民交流信息、结伴同游、发表游记和组织俱乐部活动等，凝聚在线人群，挖掘网络社区的商业价值。今后的趋势是针对社区人群的消费特征开发专项产品，推动高附加值业务的增长。

（四）技术与服务，构筑人性化的服务空间

目前我国旅游预订网站对技术和服务的重视主要体现在建立内外部信息管理系统、建立实时预订系统、提供多渠道（电话、网络、短信息、代理店）服务、建立对客户的服务标准与服务程序，建立包括后台服务在内的完整的服务链等基础领域。许多网站建立了客户关系管理（CRM）系统，但个性化产品开发和针对性营销尚显不足。

信息技术对旅游业的贡献使得以规模经济的成本提供个性化的产品成为可能，特殊服务的开发和超细分产品的提供将是增值服务的主要途径。我国旅游消费已逐渐步入成熟期，旅游者对品质、个性和体验的追求将越来越强烈。在这种条件下，旅游预订网站应当更注重客户关系管理，通过数据挖掘技术，了解和追踪顾客浏览行为、社区行为和历史购买行为，估测其品位和需求特征，从而开展细分到个人的差异化营销。通过一些方法，网站可以找到促使消费者购买的关键因素，将浏览者变成预订者。同时，顾客信息也可以资本化，成为可售产品或企业资产。

从国际上看，新开发的信息通信技术在旅游行业的应用具有极大的潜力，这主要包括 3D 互动视觉、环境智能、地理信息系统、互动地图、人机互动、移动互联网、虚拟现实和 3G 移动技术等,但更重要的趋势是对旅游者的全方位关注。旅游网站针对用户的生活方式、文化、个人心理特征、旅游体验、消费者体验价值、度假决策、分销渠道选择等设计营销方式、电子服务内容并更合理地定价将是未来的发展方向。2004 年,国际旅游电子商务界的几次重要会议正反映出一个共识——旅游业即使引入再精尖的技术,其最终目标还是人本身,需要以人为本,必须关注人,关注文化。

二、我国旅游电子商务平台的商业模式

(一) 商业模式的概念

商业模式是企业进行价值创造的内在机制,它基于一种体系结构来进行商业运作,目的是通过给客户提供价值增加的产品而获取利润。

一个旅游网站的商业模式,具体来说,即旅游网站能为客户提供什么样的价值、为哪些客户提供价值、如何提供价值、如何为提供的价值定价,以及如何在提供价值的过程中保持竞争优势。

(二) 电子旅游中间商商业模式的组成要素

1. 客户价值

商业模式中谁拥有的客户价值越多,谁的赢利能力就越强。客户价值是商业模式中最重要的核心内容。电子商务能使旅游业为客户提供哪些差别性的产品或服务,这是旅游网站的商业模式最需要解决的问题。

艺龙旅行网市场副总裁王世忠指出:"从营销成本上讲,寻找新客户的成本是最高的,而留住客户,不仅可以有效地降低成本,更能为口碑营销带来机遇。"通过主动服务,将服务上升到关怀的高度,对改善用户的体验有显著的提升,这部分沉默用户,在问题得到解决后,忠诚度明显高于其他用户。

就目前而言,在旅游网站提供的产品和服务中,很多只是简单地介绍旅游景点的知识和一些常规的旅游路线,我国的旅游网站还没有真正地为各个消费层次的客户提供有价值、有特色的产品和服务。服务内容雷同的旅游网站很容易就会被互相替代,失去竞争优势。

个性游及深度游将会在未来 3—5 年间成为我国旅游者旅游的主导方式。随着国民收入的总体提高,会有越来越多的休闲散客,这也会成为在线旅游市场的主要收入来源。因此,旅游网站必须建立起以客户价值为本的经营理念,敏锐地细分市场,为不同层次的客户群提供他们所需要的服务。

2. 收入来源

赢利点是关系到旅游网站生存和发展的关键。要赢利,网站必须给旅游者提供比竞争者更好的服务或者更新的产品,赢得市场承认后,迅速增大销售额,才能获得收入。

目前,绝大多数商务网站尚未真正赢利。然而旅游网站由于其经营特点,开始显示出蓬勃的生命力,部分旅游网站营业收入已开始高速增长,其收入主要有以下三个来源:① 网络广告。广告收入将会成为访问量大的信息商务网站的重要收入来源。这些广告不仅仅限于传统旅游行业内,凡是跟旅游相关的,如旅游的户外用品、越野车,甚至

矿泉水、DV、帐篷等都可以包括在内。② 网上交易收益。通过提供产品和服务实现收益。③ 为旅游企业提供在线服务，收取服务费用。即帮助旅行社、酒店、航空公司建一个网站，通过互联网开展业务，国内有六千多家旅行社、五千多家涉外饭店、七千多个景点，这将是一个非常广阔的市场。

3. 系统资源

企业系统资源的构建主要是为了传递企业的核心价值，为了使企业提供的产品和服务更好地推广出去，从资源系统中可以了解到企业是如何选择和整合资源（依靠企业自身或是通过合作伙伴），从而为用户传递价值主张或价值组合中的利益。

旅游网站要想具有竞争优势，就应不断将提供的产品和服务的价值形成差别化，进而进行差别定价。像携程网、艺龙网这样的全国性旅游预订服务网站成功地运用 IT 技术，利用集中式 Call Center（呼叫中心）搭建起来的虚拟服务网络支撑着遍及全国的预订服务体系，提供标准化程度很高的星级酒店预订、机票预订等服务。一些小型的在线旅游网站由于技术和资金的缺乏，很多高星级的酒店和航空公司并不愿意与之合作，由此，大的旅游网站在定价方面才能具有一定的竞争优势。

4. 商业范围

商业范围主要是确定网站所提供的产品与服务，明确网站的核心业务不仅要能为企业带来价值，更重要的是要能为目标客户带来价值。

旅游电子商务正在改变旅游业原有的产品和范围。大量事实表明，信息技术使传统上行业界限很明显的企业可以相互配合产生出衍生的商业价值。旅游网站的商业范围受其影响也在进一步扩大，旅游网站也可以通过收购与兼并等手段与之融合，使旅游网站在市场竞争中发展壮大，携程网在这方面就是一个成功的典范。

三、发展我国旅游电子商务平台的对策

（一）政府积极扶持，搭建旅游电子商务平台

旅游业是政府主导型产业，政府主管部门应在宏观方面成为旅游业电子商务应用方面的组织者，从多方面对旅游电子商务的发展予以支持，完善旅游电子商务的软、硬件环境和法律环境。把降低上网费用作为突破口，并采用税收等价格杠杆来促进旅游电子商务的发展。

同时加强 Internet 的基础建设，尽快在全国实行宽带上网。要加快制定、完善和修正旅游电子商务的相关政策和法律，消除制约旅游电子商务发展的政策和制度瓶颈。2005 年 4 月 1 日起，我国首部《电子签名法》正式实施，电子签名法出台，较大程度解决"电子商务的瓶颈"问题，增强网上交易的安全性、有效性。让我国的电子商务活动从此有了法律保障。从 2002 年起开始实施的国家旅游信息化工程——"金旅工程"把建设"旅游目的地营销系统"作为电子商务部分的发展重点，计划将"旅游目的地营销系统"建设成为信息时代中国旅游目的地进行国内外宣传、促销和服务的重要手段。这一系统将按国家——省——市——旅游景区/企业的多层结构设计，各个层次的旅游目的地信息有序组织，并逐级向上汇总。

另外行业协会要发挥重要推动作用,建立有关操作规范,指导旅游企业搞好电子商务工作。

(二) 传统旅游企业转变观念,实现资源整合,开展个性化服务

传统旅游企业与新兴的旅游网站之间的整合与战略联盟是大势所趋,是中国传统旅游企业与旅游网站的共同出路与新的增长点。在旅游电子商务网站的发展中,最受制约的莫过于资源整合问题,旅游网必需依托传统旅游业丰富的资源、庞大的客源才有生机,因为旅游业涉及的范围太广,包括旅行社、风景区、餐饮业、交通部门以及其他服务业。不同业务领域或不同规模的旅游企业之间、旅游企业和相关网站之间、各种风格的旅游网站之间的重组,实现优势互补,增强旅游企业的竞争力。要加强旅游相关企业的信息化建设,现代的旅游网站只有以传统资源为依托才能稳固。

我国旅游电子商务平台发展的最终受益者是旅游企业,所以旅游企业应该在电子商务中发挥重要作用。旅游企业只有转变传统的营销观念,积极运用网络,建立自己内部的业务处理和管理信息系统,并和互联网高度融合,建设面向代理商的电子分销系统和面向旅游者的在线销售系统,创建、巩固和发展自己的品牌,才能实现规模化、网络化经营。

各旅游网站要相互链接并与各级政府网站链接,与国际、国内著名搜索引擎链接,与国内大型旅游电子商务网站合作,开展连锁经营,设计旅游精品线路,突出特色。旅游网络和主页的设计应图文并茂、生动、有吸引力,而且信息内容应尽量准确、详细、注意时尚文化,适应市场需求。

此外,个性化的旅游产品越来越受到人们的欢迎,个性化服务的最大好处在于商家可以进行针对性的促销,为客户提供比较满意的备选方案。这就需要全面地收集、提炼和整合不同消费者的需求特点,然后将这些信息加以细分,并提供相应的产品和服务,使消费者可以自由选择旅游目的地、饭店、交通工具、旅游方式等。

总之,旅游资源数据库是旅游电子商务发展的基础;信息质量和数量是旅游电子商务发展的关键;网络访问量是旅游电子商务发展的市场指针。

(三) 旅游企业加强与有关各方的协调与沟通

旅游企业电子商务离不开社会各方,尤其是 IT 业、金融服务业、交通部门以及行业协会等的参与和推动。

旅游企业应加强与旅游行业主管部门、行业协会的合作,规范中国旅游业的相关标准。尤其是管理软件设计单位应当为各企业量身定做 IT 产品和服务,开发涵盖现有旅游业大部分业务的信息发布系统、酒店预订系统、机票预订系统、出入境游销售系统、国内游销售系统、外联销售系统、结算系统和团队日程管理系统等平台。旅游网络公司要想实现真正的电子商务,必须与交通部门积极合作,推行电子票务(机票、车票、船票),抢占市场份额。我国应积极研究适合我国国情的电子票务,建立新的订票系统,并尽快与国际接轨。

旅游企业应积极与银行合作,借鉴发达国家的经验,普及信用卡、电子现金、电子支票等电子支付方式,使网上付款变得安全、方便、快捷、高效。国内各大银行也应充分认识到电子商务的巨大利益和发展趋势,尽早介入旅游电子商务以抢占先机,为旅游企业的网上营销提供信用担保。

(四)切实提高旅游商务网站的服务水平和服务质量

网站是电子商务的最重要最核心的部分,运作旅游电子商务成败的关键是要看网站是否有吸引力、能否充分显示自然资源和人文景观的特色个性。旅游网站建设应避免重复建设、各自为政,应充分利用网络的强大优势积极进行横纵向延伸,来实现规模化经营,突出旅游产品的整体竞争力。旅游资源数据库是旅游电子商务发展的基础,我们应该加强旅游数据库建设,使旅游资源更充分具体,旅游信息质量更高。

(五)加强品牌竞争

在互联网上的经营不做到一流就很难抢到更多的市场份额,目前,知名旅游网站之间的竞争已经跨越了资金实力、信息丰富程度、交互程度等竞争阶段,进入到品牌竞争的时期,如客户服务的质量、营销环节处理的好坏、广告宣传和形象的树立等,也就是要树立服务的信誉度和美誉度。从网络的考察研究中可以发现,很多交易是产生在回头客身上的,说明这些网络都具有较高的信誉度和美誉度,品牌的力量起着举足轻重的作用。

思考与练习

1. 近年来,旅游电子商务平台网站的成长维度可以表现在哪些方面?
2. 什么是商业模式,什么是旅游网站的商业模式?
3. 旅游电子商务平台网站主要有哪些收益来源?
4. 发展我国旅游电子商务平台的对策有哪些?

课后实践

搜集在美国上市的携程旅行网历年的财务报表,分析携程网的收入来源,进而探讨携程网以及旅游电子商务平台网站的商业模式。

第三节 旅游电子商务平台典型案例

一、携程网:新战略,建立"新一线"

"我们今年要加大对这15个城市的营销投入。"携程高级副总裁汤澜划出一列名单,其中成都、杭州、天津、重庆和苏州等,重要性仅次于北上广深。

这是携程为了更高效地进行营销资源配置,在2013年年底对中国城市进行的最新分级。对携程而言,值得投入最多广告的城市依然是北上广深。不过,紧跟其后的不再单单是以人口取胜的省会城市,而是包含了苏州、无锡、宁波等东部地级市。

为了做这次分级,携程主要考量了各城市的三项指标:一定收入以上的人口数量;已有携程客户数量;百度指数(意思是当地人通过百度搜索"携程"的次数)以及与竞争对手百度指数的比值。

某种意义上,这是携程第一次对中国城市按照"出发地"进行的分级。在此之前,携程在全国的开疆拓土都围绕"目的地"城市展开。它在10年时间里设立了17家分公司,目的地资源和辐射力是关键因素。"以南京为例,当地酒店资源很多,没有建分公司之前,我们要从上海派人过去,一家一家把酒店合作谈下来。"汤澜说。南京分公司成立后,在当地招聘业务员,整合当地酒店资源的效率加快。同样的逻辑,厦门、三亚、丽江、青岛等都有充裕的酒店、度假游等产品资源,这些目的地城市是理想的分公司选址。

从上海起步,然后是北京和广州。北京管华北,上海管华东,广州管华南。当目的地城市越来越细分,就在周边设立分公司。顺着产品所在地的线索,携程一步一步建立起了覆盖全国的分公司网络。

"有分公司就说明当地的酒店、机票资源很多,用我们产品的人很多,那我们的营销就要跟上。"汤澜说。一般而言,目的地大的城市,当地人也会比较富有。在一定意义上,出行的人也会多,二者基本重叠。只有极个别特殊,例如三亚。因为三亚的五星级酒店比跟它GDP等量的城市要多得多,是重要的目的地城市,但当地出发的人其实很少。"这种纯粹的目的地旅游城市,它的营销和产品需求就会不一样,产品需求会更重要。那么,如果要吸引当地有出行需求的人使用携程,在三亚做广告就不如选择海口,后者投入产出比更高,因为海口当地出来的人比三亚要多。"汤澜表示,"这样的城市不多,最多两三个。"丽江也属此类。

设立分公司首先要考量目的地资源,而区分营销投入,则需要重视出发的能力和意愿。这是携程进行此次城市分级的初衷。为此,"一定收入以上人口数量"指标被赋予了50%的权重。这意味着,携程当前更看重一个城市的消费潜力,而不是短期收益。"如果我们希望能快速获得收益,关注短期利益,那么,加大'已有携程客户数量'指标的权重就好。"汤澜说。

最让携程意外的入围城市是昆明。此前,它被所有人想当然地当做目的地城市,但分级结果出来,携程才发现,"它已成长为重要的出发地城市。"

此外,苏州、无锡以及宁波等城市脱颖而出,超过合肥、济南等省会城市,也超过大连、海口等旅游城市,这也让携程感到意外。以前,携程并没有在苏州、无锡、宁波等地设立分公司,也没有进行广告投放。但携程相信,在这些城市加入广告投放后,业务释放的速度会很快。"它们的城市感觉,尤其苏州,跟上海没有太多差别了。"汤澜多次到访苏州,他感觉与上海没什么不同,无论品牌进入数量还是城市规划,给人的感觉都非常接近。不过,"公司对它们的投入远远少于其应得的。"汤澜说,在家电、快消等行业,这些城市早已被纳入一线,但在线旅游行业才刚刚走出北上广深。

携程对将广告打入这些城市感到急迫,因为其他同行也发现了这些新兴市场,并迅速加入了竞争。进行城市分级时,携程就发现,已经有竞争对手在昆明有线下动作。这一点从百度指数上也得到了印证:对方的百度指数高出携程很多。这意味着,当地消费者通过百度搜索竞争对手的次数远多于搜索携程。

市场份额上,携程在北上广深一线城市占据绝对的领先地位。这些城市也贡献了携程最大比例的业绩。对于新兴市场,"越不投,品牌知名度越低,越不利于携程的长期发展。"汤澜说。携程期望在投入传统广告之后,这些新兴市场可以释放更多业务出来。

过去,在线旅游公司普遍认为,只要盯住机场和车站,就能将目标消费者收入囊中。但消费需求正变得多样化,使用机票、酒店服务的不再只是基于商务出行,还包括富裕起来的城市居民萌发的度假愿望。而且,不同城市的度假需求也有差异。例如,邮轮等产品在江浙热销,在成都则遇冷,表现出很强烈的地域性。

为快速释放新兴市场的消费潜力,携程对营销策略做了改变。在互联网搜索和视频营销的基础上,携程开始投放传统广告。2013年下半年开始,携程将传统广告铺到了北上广深的电视、报纸、楼宇和公交车,以更直接的方式深入潜在用户的聚集地,内容包括由邓超代言的形象广告和产品促销广告。具体的产品内容则根据城市特性有所不同。

它的竞争对手也在这么干了,北上广深的地铁站到处可见公司形象加促销的在线旅游公司广告。这推动着携程加快营销下沉的步伐。2014年开年,传统广告开始在二线阵营的城市投放。下半年,携程计划将准二线阵营的城市纳入进来,并逐步将北上广深等成熟市场的预算分拨给二线城市。同时,携程为此划拨的总的营销预算继续增加。

每年,携程都发布城市出行排名。10年间,变化最大的也是苏州、无锡等江浙城市,它们从20名开外跃入Top15,超过原先排在前面的多个省会城市。原先,携程并未给予它们足够的重视和资源投入。现在,它把这些城市划在与成都、杭州、南京同等重要的阵营,而不再仅仅将其作为被辐射对象。

在收购了香港永安和台湾易游网,完成大中华区旅游资源布局后,携程目前计划在韩国、新加坡开分公司,以开拓当地酒店资源、航空公司资源,将中国二线城市释放出来的旅游消费能力带到国际市场。

北上广深一直是携程最重要的业绩贡献城市,现在,它希望二线城市能成为新的增长点,更多地承载邮轮、度假、出境游等新兴业务。

访谈:梁建章眼里的"新一线"
C:CBNweekly

L:梁建章携程董事会主席兼首席执行官

C:携程做在线旅游业务这么多年,你觉得中国市场的消费能力和格局发生了哪些变化?

L:从城市及市场的角度出发,经过调研后携程发现,二线城市属于被忽略的消费力。随着家庭的消费能力上扬,其他如旅游等与生活品质相关的消费内容也会逐渐提升,二线城市的消费氛围已逐渐与一线城市接轨。

近期我们依照当地区域的发展程度、有消费能力的人口数、潜在市场规模、携程品牌在当地受重视的程度、旅游品牌的竞争态势等多个指标,将城市分为几个层次,在二三线城市进行品牌与业务的推广布局。

C:与其他国家城市居民的消费观念、能力相比,中国市场处于什么阶段,成长性如何?

L:有一个观点经济界早有共识,一个国家的竞争力,就像一个企业,最终取决于人才的数量和质量。

我在研究中发现,对于中等以上发达国家,一个国家的创新能力和一个国家年轻人口的比例是密切相关的。当一个国家的人口老化时,最适合创业和创新的年轻人不仅数量减少,其能力也会下降,这是因为这些年轻人在老化的社会和企业中得不到足够的晋升机会,缺少历练的机会和人脉关系。再从人口增长、教育渗透、城市人口结构变化角度看,中国二线城市的人口增长,也必将带动经济上的成长潜力。

C:那么,从人口增长、教育渗透、城市人口结构变化角度看,中国城市的成长潜力还将如何?

L:我是从创新、创业的角度,以经济学的方式切入,分析为什么现在多生小孩对中国二三十年以后是好的。中国不是人太多了,而是未来孩子太少了,人口结构的剧烈变化将对中国经济和社会的发展产生深远影响。

C:市场的变化将对携程的未来布局产生怎样的影响?

L:携程希望在未来能够获得客户长期、广泛的认可,这些布局将会成为携程未来成长的引擎。例如,随着移动概念的普及,消费者期待在移动平台获得更好的价格、更好的产品、更好的服务,旅行次数也更多。携程一方面加大在一站式上的投入,把几乎所有的产品都放在移动上面。另一方面,对于电子商务来说,用户要的是更好的体验。我们研究和改善我们移动客户端的用户体验。携程的客人通过"携程旅行"客户端,可以比通过我们的网站和呼叫中心更快地预订机票、酒店等各种旅行产品。再例如语音搜索及旅行计划日程,这都是我们追求的客户体验。

(案例来源:第一财经周刊 2014 年 6 月 27 日)

二、去哪儿网：凭什么值 150 亿元人民币？

去年 11 月在纳斯达克挂牌上市的去哪儿网(NASDAQ:QUNR)是一家争议颇多的公司，因为它还没有盈利，而且短期内没有实现盈利的希望，市值却高达 150 多亿元人民币——这还是今年股价大幅调整之后的市值。去哪儿并不是孤立个案，类似的现象在互联网行业很常见。比如最近上市的京东商城(NASDAQ:JD)也是一家亏损公司，短期内也没有盈利的希望，但是按照上市首日收盘价计算的市值竟然高达 275 亿美元。有趣的是，两家公司的创始人兼 CEO 都强调公司盈利不重要。那么投资人为什么仍然追捧它们呢？下面我会通过对去哪儿的分析，尝试理解互联网行业的投资逻辑。

在线旅游行业的"钱景"

先来看去哪儿所定位的在线旅游行业。

据中国国家旅游局数据，2012 年，中国旅游行业收入高达 2.57 万亿，比 2011 年增长了 14.2%。据艾瑞咨询估计，到 2016 年中国旅游行业收入将达 3.76 万亿。这意味着 2013 至 2016 这个行业的复合增长率将是 9.7%。尽管携程、去哪儿是媒体关注的焦点公司，但其实在线旅游占旅游行业市场份额不过 6.6%(2012 年)。据艾瑞咨询估计，在线旅游的收入 2016 年将达到 4 440 亿元，占旅游行业整体收入比例为 11.8%，2013 至 2016 年复合增长率为 26.7%。

相比美国，中国在线旅游市场也显得非常吸引人。2012 年，中国旅游行业占 GDP 的比例约为 5%，而美国旅游行业占 GDP 为 10%，是中国两倍。同时，美国在线旅游的市场份额已经达到 40%。世界旅游组织的研究表明，当人均 GDP 达到 3 000 美元，旅游需求会出现爆发性增长；而当人均 GDP 达到 5 000 美元时，步入成熟的度假旅游经济、休闲需求和消费能力日益增强并会出现多元化趋势。2012 年中国人均 GDP 为 6 000 美元，进入了多元化旅游发展时期。

美国市值最高的在线旅游公司 Priceline 市值高达 620 多亿美元，排名第二的在线旅游公司 Tripadvisor 市值也超过 130 亿美元。显然，中国庞大且快速增长的在线旅游行业给去哪儿网提供了足够的想象空间。事实上在线旅游行业已经成了兵家必争之地，BAT 都已经在积极布局：百度 2011 年将去哪儿收归麾下；阿里巴巴推出了淘宝旅游；腾讯则投资了艺龙网、同程网等。

既然在线旅游已经成了互联网巨头们觊觎的是非地，去哪儿凭什么吸引投资人呢？首先不得不提去哪儿本身就背靠着中国的搜索巨头百度。2005 年创立的去哪儿，一开始定位于旅游行业的元搜索服务。2009 年 10 月，艾瑞咨询的报告称去哪儿的季度总访问次数以 33.7% 的份额在同业排名第一。2011 年 6 月，去哪儿获百度战略投资 3.06 亿美元。百度成为去哪儿第一大机构股东，占比 62.01%。

美国旅游行业的垂直搜索引擎公司 Kayak2012 年以 18 亿美元被 Priceline 收购。被收购前，Kayak 已经实现持续盈利，而如前所述，美国在线旅游市场已经非常成熟，市场规模远大于中国。有人难免据此质疑在中国同样做旅游行业垂直搜索的去哪儿凭什么能获得比 Kayak 并购价更高的市值。确实,去哪儿起步时与 Kayak 一样是做垂直搜索的,但根据中国市场的特殊情况,去哪儿的商业模式有重大的改进。简单说,去哪儿是元搜索＋SaaS 的一站式旅游服务提供商。

美国的 OTA(在线旅行社)发展比较早,旅游行业的垂直搜索引擎发展则比较晚,但因为旅游行业属于目的性非常强的一种消费,以比价为卖点的垂直搜索引擎总有其存在的价值。这也是 Kayak 能够获得发展空间并最终成功将自己高价卖给 Priceline 的原因。对于旅游行业这个特点,去哪儿网 CEO 庄辰超早年在一次小型聚会上有过很精彩的分析:"我们发现,其实在线旅游的用户虽然从绝对数量上(很多),但同一个瞬间的绝对数量是很少的……很多门户很容易就达到数千万的 UV(独立访问量),甚至有一天数亿 UV 的,但我从来没有看到在线旅游网站可以达到这个规模的。在线旅游网站每天能够达到 300 万的用户量已经是比较大的数字,但是,在线旅游网站有一个特点,每个月的覆盖率和每个季度的覆盖率是非常非常高的。一般一个在线旅游网站一个季度可以覆盖互联网人群的 30％至 40％……绝大多数消费者有旅游计划都会上(旅游)网站。"

因此,即使只做垂直搜索服务,去哪儿也会有它生存的空间,而且如果只做垂直搜索,去哪儿应该早就实现盈利了(2010 年也确实曾经实现了非公认会计准则意义上的盈利)。

然而,去哪儿进入中国在线旅游市场之后,发现这个市场还处于非常初级的发展阶段,在线旅游在整个行业的占比还不到 10％。这种状况很可能激发了其管理层更大的野心或者说抱负,不再满足于仅仅提供比价信息,而是要深度介入到旅游产品的交易环节。因此,去哪儿从 2010 年开始推出了 SaaS 平台,给线下的旅行社或者旅游产品供应商免费提供 SaaS 服务。SaaS 是 Software-as-a-Service 的缩写,即把软件作为一种服务。去哪儿为线下旅游产品供应商免费提供 SaaS 平台软件,并免费为他们提供服务,然后根据给这些供应商带来的业绩表现收费(P4P 收费)。P4P 收费方式又分两种:一种是按点击(CPC),一种是按最终达成的交易(CPS)。

除了在线旅游在中国渗透率较低之外,中国碎片化的旅游市场也为去哪儿提供了发展一站式旅游服务的机会。据国家旅游局数据,2012 年中国旅行社有超过 2.4 万家,其中传统旅行社占据 61.6％的市场份额(艾瑞的数据)。中国酒店市场则更加碎片化,据 Euromonitor 的数据,截至 2012 年中国有 31 万家酒店,其中 2.7 万家连锁酒店,7.5 万家独立酒店,21 万家其他住宿单位。其中前五大酒店集团拥有 12.3％的市场份额,远低于美国的 54.3％。而且,中国超过 50％的酒店是独立的、非星级酒店。中国的旅游服务提供商(TSP)非常传统,其中的绝大多数都没有运用网络营销的能力。如果没有去哪儿网这种公司出现,随着消费者的生活场景日益网络化和移动化,OTA 公司将不断侵蚀这些传统旅游服务提供商的市场份额。去哪儿的出现,无疑是这些传统 TSP 的福音。据说使用去哪儿 Saas 平台的成本只有使用 OTA 的成本的

30%至50%。去哪儿上市之后,希望通过两年时间的努力,将中国三分之二的独立酒店都吸引到自己的 SaaS 平台上来。因为上述的价格优势,这似乎并不是不可能完成的任务。

不过,为了服务这些传统的 TSP,去哪儿必须投入大量的人力。现在它一定程度上是个技术服务提供商,工作量不小,比如为 TSP 提供 SaaS 平台的教育、培训和技术支持服务,因此不像做一个垂直搜索引擎只需要几百个技术人才就可以了。对比 Kayak 和去哪儿的员工数量,二者的区别就很明显了:2004 年成立的 Kayak 到 2012 年年中只有 185 个全职员工、61 个合同工;而去哪儿 2013 年年中员工数为 1 699 人,2014 年一季度更是达到 3 869 人。显然,上市后的去哪儿应该是增加了在线下推广 SaaS 平台的力度。

从以上分析可知,眼下去哪儿完全突破了垂直搜索引擎的商业模式,通过搜索+SaaS 为消费者提供一站式服务的同时,它也为 TPS 提供一站式服。用去哪儿的语言说即 TTS(Total Travel Solution),直译为"全面旅游解决方案"。更直接点讲,去哪儿实际上为线下 TSP 提供了一个绕过 OTA 做网上直销的渠道。

这种做法好的一面是:从消费者直观感受角度看,从去哪儿订旅游产品价格一般会比通过 OTA 便宜,确实给消费者带来了实惠。我对比过北京市区和郊区酒店在去哪儿和另一家中国主要 OTA 网站的价格,去哪儿总能比 OTA 便宜十几元或几元。因此,对在价格上敏感的旅游者,去哪儿的吸引力不言自明。坏的一面是,去哪儿将不得不面对中国主要 OTA 的激烈反击。2013 年二季度,两家主要 OTA 一度拒绝与去哪儿合作。虽然它们很快与去哪儿达成了妥协,但其实对去哪儿的戒备之心有增无减。迄今为止,在无线端,去哪儿也无法与这两家主要的 OTA 达成合作——这使得去哪儿必须自己去干 OTA 已经干过的脏活苦活,即一家家地与线下 TSP 签约。这种线下落地的工作去哪儿能否执行到位仍然是个问号。

承认也罢,否认也罢,去哪儿事实上已经成为中国最大 OTA 携程网的主要竞争对手。今年一度传出两家公司合并的传闻,最终不了了之。两家公司的 CEO 都郑重其事地在公司内部或向媒体发表了对合并传闻的看法。我推测两家公司合并的传闻并非空穴来风,事实上,它们有不少共同的投资人。对投资人而言,两家同一行业前沿的竞争对手合并无疑是他们非常乐意见到的局面——虽然成功的并购不多,但高盛不是已经指出,产生行业寡头的并购是最好的吗?

百度不仅是去哪儿的大股东,上市之后仍持有 54.1%的股份,同时也是最紧密的合作伙伴。上市前,去哪儿与百度达成了一项合作协议,名为"知心合作协议"(Zhixin Cooperation Agreement)。它直接导致去哪儿在 2016 年之前不可能实现 GAAP(公认会计准则)意义上的盈利。鉴于对知心协议的质疑颇多,我们且来看一下协议的主要内容。协议规定,合作期从 2014 年至 2016 年,具体包括:

——独家经营权:百度同意去哪儿对"合作平台"旅游相关搜索结果的独家经营权,包括链接到各种旅游产品如机票、酒店和其他旅游产品。根据协议,在合作收入达到基准金额(协议初始期限的基准为 19 亿元人民币)之后,对超过基准部分收入,百度将获得 76%。

——流量保证:百度同意保证 2014 年和 2015 年每年最小浏览量为 21.9 亿,2016 年浏览量不低于 21.96 亿。而如果去哪儿达不到基准收入,或者百度达不到所保证最低流量的 90%,则对授出的可转换 B 级普通股的认股权证进行相应调整。

——授予百度的认股权证:去哪儿网同意发行 B 类普通股给百度,百度通过认购认股权证获得它们,计算方式是将百度相当于 2.29 亿美元的广告费按照去哪儿 IPO 时每 ADS 15 美元的价格转换为去哪儿 1530 万的 ADS。百度在 2015 年 1 月 15 日可行使 25% 认股权证;在 2015 年 1 月 15 日可行使 35% 认股权证;在 2017 年 1 月 15 日可行使 40% 认股权证。所有认股权证将在 2019 年 12 月 31 日到期。

与百度的协议保证了去哪儿在 PC 端的流量。去哪儿上市之前,百度也曾给它导量流,但并没有收费。下图反映了去哪儿与百度合作前后访问量的变化:

China-online travel sites, average daily unique visitors(mn)

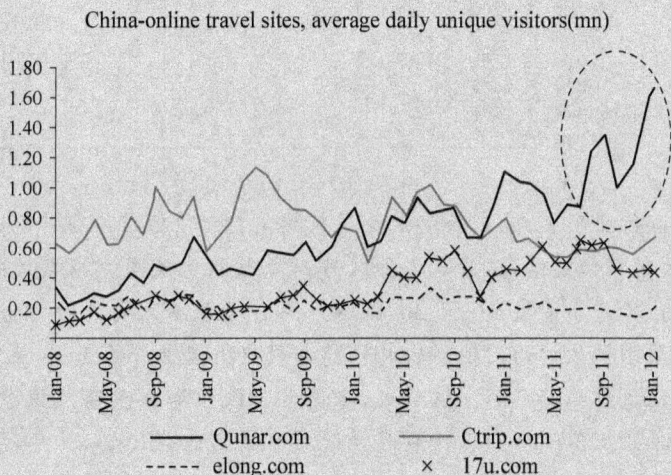

可以看到,与百度合作之前,去哪儿的访问量已经是行业内第一名。合作之后,进一步拉大了与竞争对手的差距。有人据此指责去哪儿就是靠着百度这棵大树才有今天的地位,去哪儿 CFO 孙含晖对此也进行了反驳。据孙透露,目前去哪儿 PC 端来自百度的流量不到 20%,而移动端都是去哪儿自有的流量,今年一季度来自移动端的收入已经占到公司整体收入的 30% 以上。

对去哪儿的股东来说,与百度的协议不好的一面是,如果去哪儿股价上涨,公司发给百度的认股权证的价值就会上升,导致这一块的费用上涨,最终会使得公司按公认会计准则计算的利润下降。今年一季度业绩会之后,孙含晖在投资者社区雪球上对此专门进行了解释,认为将这部分费用看作对公司股份稀释 12% 至 13% 比较合适。

争夺移动端

近两年来,移动互联网从以前的概念阶段,渐渐变成互联网巨头们越来越重要的实质性竞争领域。无论是腾讯、百度还是阿里,都对移动互联网保持高度关注,动作频频。去哪儿较早看到移动互联网对于在线旅游产业的重要价值,在移动端处于先发的优势地位。截至2014年一季度,去哪儿移动端用户已经达6030万,同比增长86.1％。而且去哪儿的移动端在今年一季度已经贡献了31.7％的收入。根据CNNIC 2012年9月的一份调查,去哪儿无线客户端的下载量居行业第一,下载比例达到54.8％;携程排名第二,下载比例为44.2％;淘宝旅游的下载量居第三,下载比例为25.0％。旅游APP下载比例如下图:

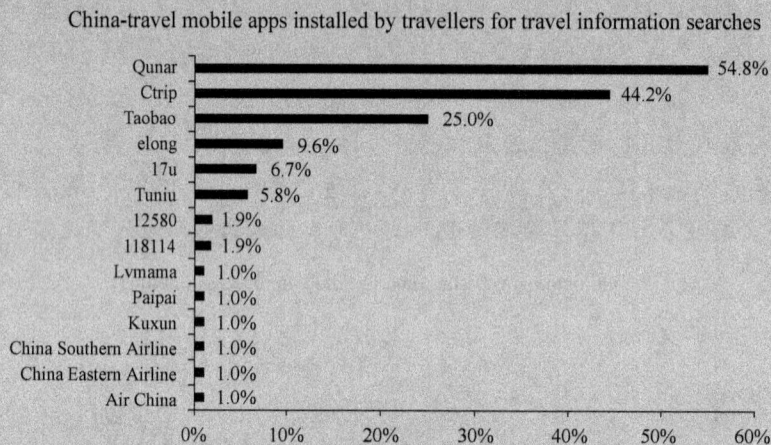

China-travel mobile apps installed by travellers for travel information searches

Qunar	54.8%
Ctrip	44.2%
Taobao	25.0%
elong	9.6%
17u	6.7%
Tuniu	5.8%
12580	1.9%
118114	1.9%
Lvmama	1.0%
Paipai	1.0%
Kuxun	1.0%
China Southern Airline	1.0%
China Eastern Airline	1.0%
Air China	1.0%

0% 10% 20% 30% 40% 50% 60%

对在线旅游行业而言,未来移动端会越来越重要。手机终端似乎特别适合旅游行业,因为一方面它有位置信息,另一方面又可以随时随地使用。旅游产品是有时效性的,快速腐烂的,二者非常契合。而且,旅游产品一般也不需要立即付费,因此一定程度上降低了使用手机预订的门槛。我相信随着用户生活场景的变化,他们会越来越多地通过智能手机预订旅游产品。这一点,中国的在线旅游供应商应该也都认识到了,因此在移动端推广上不遗余力。庄辰超最近接受采访时说,未来3年,去哪儿应该有80％的收入来自于移动端。他认为交易转向移动主要受用户场景驱动,很多应用在无线上更加适合。

最后,总结一下去哪儿这家亏损公司凭什么市值150亿人民币。首先,它定位于一个极具想象空间的在线旅游市场;其次,它已经在用户规模上取得了领先地位;第三,它的商业模式独特,在中国碎片化且在线旅游渗透率低的旅游行业有一定优势;第四,在无线互联网市场,公司已经取得先发优势地位;第五,其管理层展现出对行业的深刻认识、远见,以及较强的战略执行力。

除了上述去哪儿本身的因素之外,互联网行业一个独特的规律也不得不提。这个行业有个常见的现象,就是赢家通吃,某个领域经常只有一个赢家。而一家互联网公司在用户端的市场地位经常是竞争胜负的先行指标,尤其为投资人所看重。因此,很多互联网公司不惜以长年亏损换得在用户市场的绝对领先地位也就不足为奇,这种思维方式用到极致就是根本不考虑盈利问题,只考虑如何在用户市场获得领先地位。在市场地位稳固之后,才开始将优势变为胜势,开始为股东赚钱。互联网行业投资的这种特性,被人称为"先交钱、后收货"的模式,当然最大的风险则是交了好多钱,最后却没有收到货!

庄辰超最近接受媒体采访,认为一家公司的价值,最重要的是看其 GMV(Gross Merchandise Volume,交易量),或者业务复杂度在 GDP 运转里面的不可或缺性。多么熟悉的说法!这种理论其实无论是在亚马逊、阿里巴巴还是京东商城似乎都或多或少地存在。他说:"如果有一万亿人民币的 GMV,就算这家公司不挣钱,它也有非常高的市值。在这种市值下,今天亏个什么几千万、几亿美金,根本是一个 peanut(很少的钱)……问题是你能不能活到那一天。长期来讲,如果到这个位置上,你肯定是盈利的,盈利是无法控制的,因为大家会非常需要你。"

具体到去哪儿网,其实要赚钱并不难,只要减少资本支出即可。但去哪儿在短期内不大可能减少投资,因为它还在追求稳固的行业第一的地位。如果去哪儿真像其管理层憧憬的达到那个地位,那么实现盈利后,其盈利将有一个飞速增长期。去哪儿的毛利率在 80% 左右,一旦实现了盈亏平衡,则意味着每多一块钱的收入有八毛钱是税前利润。这种现象在传统行业也同样存在,比如餐饮业的毛利率在 60% 左右,一旦实现了盈亏平衡,则每增加一块钱的收入,有六毛都是税前利润。我想投资人大概是看到了去哪儿有可能达到一万亿交易额的那一天,才在它目前连年亏损的情况下给它超过 150 亿的市值吧——这便是互联网投资的逻辑。你信也好,不信也罢。

(案例来源:天下网商 2014 年 6 月 3 日)

三、同程网:融资后的"攻城术"

2014 年年初,由腾讯领投,同程网获得 5 亿元人民币融资;4 月份,携程又 2 亿多元美金突然入股同程网。这家去年盈利仅 6 000 万人民币的非上市公司 4 个月内有近 18 亿元现金入账。

然而,2013 年,行业龙头的携程网盈利仅 1.65 美金,艺龙、去哪儿则处于亏损,IPO 的途牛网融资额也只有 1 亿多美元。当 OTA 市场的喧嚣逐渐淡去,作为最大的获利方如何花这笔钱?

同程网 CEO 吴志祥接受 21 世纪经济报道独家采访时表示,"两轮融资获得的不仅是资金,还为同程网拓展市场赢得了时间和空间。"有了钱后的同程网将战略聚焦,主攻其优势品类门票以及各家 OTA 都在争夺的休闲旅游市场。

吴志祥表示,与门票相关的业务预计今年将投入 3 亿—4 亿元;在休闲旅游方面预计投入 4 亿—5 亿元。而去年年底,携程成立地面事业部后,也仅计划投资 2 亿元开拓门票市场。

据了解,短短两个月内,同程网的景区事业部员工数量翻一倍达到 1 000 多人;同时,将现付酒店业务接入携程后,其 500 多人的团队也并入预付酒店部门。

营销和硬件投入

资金到账后，同程网首先在各大景区展开营销战。吴志祥称，目前已在100多家景区开展了100多场"1元门票"活动，并且计划今年年底完成500家景区的1000多场此类活动。

春节之前，"双程"大战也正是在景区门票业务上展开。当时吴志祥既要拓展门票市场，又要预防携程的步步紧逼。现在，他表示，两家的恶性竞争已不存在了。据了解，同程网已将景区事业部的1000多人撒到全国数百家景区进行谈判，推动其1元门票活动。

同时，同程涉足硬件，免费向景区提供自助取票机。据了解，这个项目在去年6月份立项。按照吴志祥的说法，当时是为了应对携程的竞争，成立了30人的团队秘密研发，一直未对外透露，直到携程入股后才公开。目前已与1000多家景区签订独家使用协议，并已在200多家景区投入使用。

吴志祥表示，这是一个通道，目前除了同程网，携程和部分垂直网站也逐步接入该设备。

无论是1元门票的营销还是硬件的投入都是一场"烧钱"的战役。吴志祥表示，他计划投入3亿—4亿元拓展这个市场，景区、银行和微信等相关合作者也将分摊成本。"自助取票设备将增加银行的用户使用频率，而通过移动端支付购票，也为微信支付提供了更多的使用场景，因此都会参与进来。"至于具体承担比例，吴志祥并未透露。

同程网实施的地面"轰炸"战略也意在首先完成旅游行业的线下布局。未来，作为其战略投资者的腾讯极有可能借此全面杀入在线旅游市场。但如何整合如此庞大的线下资源，对于同程网而言依然是个挑战。

进攻休闲旅游

今年4月份，同程艺龙签订战略合作协议，将现付酒店与团购接入艺龙，虽然目前两家解约，但同程将此业务又接入了携程。

值得注意的是，同程网的酒店预付业务一直由自己独立运营，与携程、艺龙合作的均为现付业务。吴志祥表示，现付业务不容易打包，而只有预付业务才可以和门票机票进行打包。

这正是同程网下一步战略——休闲旅游。吴志祥表示，门票是入口级产品，通过门票可以带来流量，同时也可以分析出哪些旅游线路热门，进而进行针对性的开发休闲旅游产品。

门票、酒店均属单品，而休闲旅游则需要进行打包。吴志祥表示，同程网在线旅游的重点是周边游和出境游，而不关注处于中间的国内长线游。这是其与其他几家OTA最大的不同。

酒店＋门票是同程网推动周边游的主打产品，出境游则推出机票＋酒店＋门票。吴志祥表示，周边游以自助游为主，而出境游则选择自助游＋跟团游。但目前的产品均由同程网自产自销。

出境游的另一竞争对手佰程网同样采用自产自销模式，其 CEO 曾松也曾告诉 21 世纪经济报道记者，平台模式最大的风险在于对上游供应商的整合。同时他也坦承，做出境游对于资源的整合难度极大。

整合资源是吴志祥和同程网必须面对的一道坎，尽管携程入股后，可能在机票酒店方面深入合作，但从目前来看，两家在该业务上依然独自运营。吴志祥表示，休闲旅游产品中的机票环节由同程网负责，而酒店则选择与国外旅行社合作，未来也会自己进行采购。

目前在休闲旅游市场，形成规模的 OTA 也仅携程、途牛两家，佰程网目前依然在打造其出境游入口级产品签证，艺龙则专注酒店业务。在这样的市场背景下，同程网不惜重金专注进攻休闲旅游领域们，同程正在计划包机、包船和包酒店房间，进一步控制上游资源。吴志祥表示，计划投入 4 亿—5 亿元推动休闲旅游市场。

两轮融资近 18 亿元人民币，根据其目前的投入计划，已花去一半。去年，同程网营收不过 7 亿元人民币，今年如此大规模的投入，短期内显然难以直接带来利润。对此，吴志祥表示，作为非上市公司，同程网没有太大的业绩压力，可以借此快速拓展市场。

（案例来源：21 世纪经济报道 2014 年 6 月 16 日）

思考与练习

1. 携程的"新一线"是什么含义？
2. 携程为什么要向二线城市发展？
3. 去哪儿与百度达成的"知心合作协议"有何意义？
4. 去哪儿凭什么值 150 亿元人民币？
5. 你怎么看同程网的"一元门票"？
6. 同程网的转型与携程、艺龙有和不同？

课后实践

了解"去携大战"的过程，召开一个主题讨论会，探讨旅游电子商务领域两大网站未来的发展方向。

第三章　旅行社电子商务

开篇案例

途牛网凭什么赴美上市？

"专注于提供在线休闲旅游服务"的途牛旅游网上向美国证券交易委员会（SEC）提交了招股说明书，计划融资 1.2 亿美元。

上市成功后，途牛网成为在美国上市的第四家国内在线旅游公司，前三家分别是携程、艺龙和去哪儿。更多人关心的是，途牛上市的底气在哪里？它究竟有什么独特之处？

"专注"休闲旅游补足市场拼图成立于 2006 年的途牛网，一开始就决定了自己要走一条不同的路。从途牛网的业务和经营范围看，途牛在做的事情，就是在补足国内在线旅游市场的最后一块拼图。对比行业里其他公司，携程、艺龙更侧重机票、酒店预订的商旅业务；去哪儿网是旅游在线搜索平台。这三家已经在海外上市的公司，在机票、酒店预订上的竞争已经非常激烈。途牛网能够从它们激烈的竞争中突围出来，最重要、最有底气的，就是看准了在线休闲旅游这个细分领域。招股书显示，途牛网在线销售的 20 万种旅游产品中，主要分为跟团和自助两大类。

根据其递交的招股材料，途牛主要针对的是在线休闲旅游市场，是中国最早一批提供此类服务的公司，自成立起一直专注于定位的这一细分市场。途牛通过自营模式销售跟团以及自助游的旅游度假产品，采购上游供应商提供的产品，通过自己的打包和组合，定价销售给终端的大众旅游客户。

途牛网招股书显示，其提供的旅游产品有 20 多万种，涉及跟团、自助、自驾、邮轮、景区门票等等，产品覆盖全球 70 个国家，在国内有 64 个出发城市，预订用户已经超 300 万。

据估计，2013—2016 年，国内在线休闲旅游交易额的年复合增长率在 35.6% 左右，高于酒店预订、机票预订的 21.0% 和 20.9%。同时在线休闲旅游只占整个旅游市场中 7.7%，预计该比例在 2016 年将达到 13.2%，在线休闲旅游将达到 750 亿元，未来的市场空间十分广阔。

就几家在线旅游同业的主营业务，结合途牛招股书分析，另辟蹊径的途牛网至少具备了最与众不同的"特色"：专注于大众旅游而非商旅，并且已经取得了跟团游国内第一的业绩。正是这种细分市场定位与独特经营模式，让更多的投资者对途牛网上市后的发展充满期待。

营收及毛利增长快，徐图盈利根据途牛旅游网此次公布的IPO招股书披露，近三年以来，其营收持续保持了快速的增长势头，但目前该公司尚未盈利。就其核心的休闲旅游业务的经营状况，根据途牛网招股书，其收入主要通过跟团游、自助游以及其他相关服务组成。2013年跟团游占54%签约毛收入，周边游占到8%，自助游占到37%。

通过数据对比发现，途牛网的自助游增速在近年大幅度上升。而从旅游消费整体趋势上来看，2013年自助游整体在线预订增长率为55%，远超团队游增长率的28%，自助游已经成为越来越多个人和家庭出游的选择。

自助游快速增长让途牛网业绩稳定增长如虎添翼。招股书显示，其总体营业收入、毛利率过去三年同比增长速度都较快。2012年营业总收入的同比增长为45%，2013年的同比增长则达到了75%。毛利率在过去三年有较大幅度的提高，从2011年的3.1%提升到2013年的6.2%。

当然，途牛网毛利率较低也是不争的事实。数据显示，2013年途牛网的市场营销推广费达到了11 007.06万元，占净收入的比重达到了5.6%。同时，研发费用也在增长。

各种投入在增加，2013年亏损超过7 000万元，但是途牛的运营效率有明显提升，过去三年净亏损率大幅收窄，从2011年的亏损12%缩窄到2013年的亏损4.1%，这对于一家企业来说已属不易。去年在纳斯达克成功上市的去哪儿网，2012年净亏损同样超过了9 000万元。

分析途牛较为乐观的未来盈利能力，主要有以下几点：一是多年持续保持的高速增长；二是对亏损的控制，亏损收窄快速；三是其在市场爆发式增长的背景下，继续保持和扩大领先优势是其工作重心。其招股书中对于企业"盈利"的判断和计划，首先基于对企业目前阶段的战略分析：公司计划增加销售与营销活动，包括广告宣传等来进一步增加市场份额，另有股权奖励支出等的增加，预计运营支出的绝对值会增加。在途牛的管理层看来，只有有效降低支出和成本所占净营收的百分比，才能实现和维持盈利。所以，现在企业最关注的是"增长"，而在占领市场优势后，未来实现盈利才能更顺理成章。

（案例来源：硅谷动力2014年04月10日）

案例思考

1. 途牛网的主营业务有哪些，与传统旅行社有何差别？
2. 途牛网为什么能够上市？

第一节　旅行社电子商务概述

在互联网大潮的冲击下,传统旅行社的电子化已经是大势所趋。根据中国互联网信息中心统计,中国使用旅游服务的网络用户已经由 2011 年的 4207 万上升到 2012 年的近 1.12 亿,在线旅游渗透率由 8.2% 上升到 19.8%。传统旅行社抓住机遇,迅速占领扩张市场份额已经迫在眉睫。目前讨论的热点已经不再是传统旅行社应不应该向结合互联网方向转型,而是如何转型,而不转型的结果可能只有一个:出局。

但传统旅行社应该如何转型呢? 这其中涉及很多战术性的问题,例如旅行社信息化、ERP 管理系统、执行、人才招聘等问题,这不是本书讨论的重点。在我们看来,目前当务之急是探讨战略性的问题,即传统旅行社应该以何种方式触网。

一、电子商务对旅行社的影响和冲击

旅行社在旅游产业链中处于供需方结合点处,属于旅游服务的中间商,提供的是中介服务。它一端连接旅游产品的生产者,另一端连接旅游产品的消费者,其传统的竞争力来源于对旅游信息的垄断。网络的出现,一方面使旅游产品的生产者可以利用网络开展直销,另一方面旅游产品的消费者也可以通过网络直接获取旅游产品。从而使旅行社的中介商位置面临冲击,电子商务的出现打破了旅行社的信息垄断地位,旅行社传统的经营方式必须转型。

在现阶段,网络已经改变了消费者选择产品的方式,网络也给散客旅游者提供了非常宽泛的自由度,越来越多的消费者开始通过专业的旅游网站查询和获取旅游服务。如通过航空公司及饭店所提供的预订服务进行机票及住宿的预订,甚至通过网络购买旅游线路的包价产品,这使得旅行社的中介地位正在下降。另一方面,国外新式旅游观念的涌入,国内经济水平的提高,旅游基础设施的改善,使旅游者的消费偏好发生了改变,由此对旅行社的产品设计也提出了更大的挑战,对旅行社提供的服务也提出了更高的要求。

信息通信技术的发展、网络的普及以及旅游者消费习惯的改变都对旅行社经营产生了较大的影响和冲击。具体表现为以下几方面。

(一) 旅行社的业务将由网上信息替代

旅行社从某种角度来说属于信息产业,较少涉及物流问题,其本身并不生产产品,而是将相关旅游企业的产品通过组合包装再销售给旅游者。由于旅游过程涉及"吃、住、行、游、购、娱"等多方面因素,因此其对信息共享的要求极高,尤其是在跨国、跨地区的旅游管理中,所以说信息资源是旅行社经营的要素之一。网络最显著的功能是对信息的汇集和再分散,而这恰恰是传统旅行社所具有的功能。网络技术的出现曾一度使旅游业界认为旅行社业遇到了发展历史上最大的障碍和难题,因为旅游消费者可跳过旅行社直接享受预订机票、客房等服务。但从近些年的发展情况来说,旅行社并未因此退出历史的舞台,相反,网络在带来冲击的同时也给旅行社业带来了机遇,一些具有一定实力的传统旅行社已开始积极探索研究如何利用网络来拓展业务以及如何通过网上信息的发布和交换来逐步代替旅行社原有业务的操作,以此来增强企业竞争力。从目前的发展情况来看,主要有以下几个方面的替代趋势。

◇ 咨询业务将由网络替代;
◇ 某些票务代理业务将由网络替代;
◇ 组合产品将由网络旅游替代;
◇ 旅游目的地的直销业务将替代部分代销机构;
◇ 旅游营销和分销渠道将逐步由网络渠道替代;
◇ 旅行社之间的协作业务将逐步由网络软件替代。

(二) 旅行社代理佣金面临减少

旅行社的传统收入除了包价产品销售外,还包括收取来自航空机票、预订客房及租车业务的代理佣金,但受网络普及的影响,这三方面的代理佣金正在大幅度减少。在旅游业中,航空业及饭店业较早开始使用信息技术,其对于网络的应用也较旅行社业成熟。实力雄厚的航空公司与饭店一般都拥有自己的商务网站,这些网站除了用于宣传外还设有预订菜单。消费者只需进入相应界面点击几下鼠标,输入几个数字就可完成预订操作。随着网络的发展这种交互方式得到了大范围的普及,由此极大地缩小了作为中间商的旅行社的利润空间。在过去的几年中美国的航空公司已数次减少支付给旅行社的佣金,佣金的提取方式也由原来的机票面额比例提成变成每张机票固定支付10美元。

(三) 旅行社作为旅游产品设计者的地位面临挑战

旅行社作为旅游业的龙头产业,是旅游产品的组织者和设计者,为使旅游产品能够顺利实现生产到销售的过程,旅行社必须根据市场需求和消费者需求,不断设计和改进旅游包价产品,由旅行社引领旅游市场和引领消费需求。但互联网的出现和普及改变了这种情况,资源型企业也拓宽了旅游产品的营销渠道,缩短了旅游产品供应商与客户之间的距离,消费者的个性化旅游需求开始出现,由此出现了由消费者需求引领旅行社的产品设计,使旅行社作为产品设计者的地位受到了严重的威胁。目前,这种威胁主要表现在以下几个方面。

1. 网站信息非常全面

互联网的信息共享功能使人们可以通过免费或付费的方式查阅到所需旅游信息。潜在旅游者可通过网站、搜索引擎等途径获取所需信息,且由于景区、饭店、航空公司等都会拥有自己的门户网站来作为营销渠道,因此旅游者可以轻松地并且以免费的方式查阅到目的地和交通方面的信息。互联网也为旅游者提供了信息交流的平台,具有相同爱好的人可以通过论坛、聊天室等虚拟的界面交流信息、发布咨询、为他人提供建议等。近年来,互联网的不断发展及各类服务的增加,使得旅游者获取信息的途径大大扩大,也使得旅游者越来越信信赖联网,这使得旅行社作为一个信息收集及传播的中转站的地位受到了极大的威胁。

2. 目的地信息系统日趋完善

信息通信技术与旅游目的地的结合产生了旅游目的地信息系统(DIS)、旅游目的地营销系统(DMS)等,这些系统为旅游者提供了非常完整的旅游信息,并且可以协助旅游者开展自助游。尤其第二代互联网的普及应用,为旅游目的地提供了一种有效的信息传播途径,旅游目的地不但可以向外界发布各类旅游目的地信息,如旅游地天气状况、旅游资源信息、住宿和餐饮信息、交通设施信息、商店及其他娱乐设施信息等,而且可以实现自由行,提供便捷的在线服务。所有这些都是目的地信息系统的信息和在线服务,帮助旅游者加深对旅游目的地的了解、定制个性化的旅游路线,辅助和推动了旅游者的出游动机形成并做出决策,从而不需要再接受来自旅行社的信息服务,旅行社标准化的产品设计受到威胁。

3. 基于网络的自由行开始流行

随着生活水平的提高,越来越多的旅游者开始追求"舒适、自由"的个性化旅游,而不再满足于旅行社提供的固有服务(或领队式服务),基于网络的自由行产品越来越受到欢迎。自由行产品开始由网络中介服务商提供,并逐渐在目的地系统中开始流行。另外,信息获取途径的增加也在一定程度上刺激了自由行的发展,如近年来纷纷兴起的"民俗旅游"、"体育旅游"、"自驾车旅游"、"摄影旅游"等多种旅游方式。通过互联网,个性化旅行者可查询感兴趣的旅游产品信息,自由选择组队成员,自由选择交通方式、旅游路线、住宿饭店等,设计出适合自身自由行的旅游产品。因此,便捷的信息服务和灵活的在线预订,使旅行社的产品设计地位受到威胁。

4. 在线式的电子分销已经成熟

基于网络的电子分销系统进入实用阶段,可以满足旅游者在线预订任何旅游产品。由此,传统的分销渠道虚拟化,出现了网上零售、网上批发、网上拍卖、网上采购、网上配送、网上支付等新的销售形式,旅游产品最适合这种虚拟化的分销形势。基于网络的电子分销使得旅游服务商品的流通变得更加快捷及迅速,缩短了时间与空间的距离,使产品信息传递在瞬间完成,同时降低了传输的运营成本。随着电子分销系统在饭店业及航空公司应用的逐渐成熟,旅行社分销这些产品的中介地位再次受到威胁。

5. 开放的自由行旅游区越来越多

随着国家和国家、国家和地区之间关系的改善,相互开放自由行的旅游区越来越多,这使得今天网络无处不在的环境,出现了网络旅游概念。网络旅游给旅游者以极大的自由与选择空间,只需点击几下鼠标就可以将所有的旅游线路、航班时间、住宿价格、娱乐设施等旅游信息一览无遗,这种新式的旅游方式在年轻人中尤为流行,其追捧者大多都受过良好的教育、具有较好的电脑操作技能并拥有一定的经济基础。旅游区自由行开放的越多,网络旅游就会越普遍,由此造成了旅行社客户的流失,对旅行社的产品设计和客户关系管理提出了挑战。

(四) 互联网的业务优势

互联网的业务优势对资源型旅游产品的销售帮助非常大,使这些企业从此降低了对旅行社等中介服务商的依赖。借助于互联网开展的旅游服务具有许多优势,这些优势对传统旅行社业务将是冲击。正如前文所述,互联网上有及时的、最新的旅游信息供旅游者使用,旅游者只要轻点几下鼠标就可以对旅游产品的价格和质量进行比较,从而找出性价比相对满意的旅游产品。另外,互联网安全技术的发展,如防火墙技术、密码技术、认证技术等,可以在一定程度上保证个人信息安全与网上交易环境的安全,旅游者可以轻松地实现自助服务和自动预订处理,并与其他旅游服务企业实现在线旅游的协同。

电子商务的普及和发展虽然对旅行社的冲击很大,但这并不意味着旅行社就失去了竞争力,许多旅游供应商还是希望与旅行社合作,许多跨国业务也还需要由旅行社具体组织旅游活动,旅行社业还有很大的发展空间。因此,为最大限度地降低电子商务给旅行社业务带来的不利影响,旅行社须谨慎面对电子商务,充分考虑自身业务的特殊性和专业性,根据信息时代发展需要调整自己业务的发展方向。

二、电子商务时代旅行社的战略调整

电子商务同样是传统旅行社改善经营的电子工具。当前国际旅游需求变化的新特点是对旅游消费的快速反应及旅游产品的灵活机动性,传统的旅行社经营方式显然已无法满足这一需求,而电子商务可以有效地解决这一问题。旅行社应根据自己的情况,积极应用信息通信技术,迎合电子商务,实现经营战略的调整。

(一) 主动适应电子商务时代的市场特征

1. 正确认识电子商务

1997 年,欧洲委员会将电子商务定义为通过电子形式所进行的商业活动。目前电子商务包括网上购物、网上交易和在线电子支付等新的商业运营模式,其通过电子方式处理和传递据。旅游电子商务是电子商务与旅游业相结合的产物,实现产品生产、销售、预订和结算电子化。世界旅游组织在其出版物 E-Business for Tourism 中指出:"旅游电子商务就是通过先进的信息技术手段改进旅游机构内部和对外的连通性"。旅游电子商务触及旅游活动的各个环节,包括建设商业网站、向旅行者发布旅游信息、宣传及营销旅游产品,同时也包括旅游企业内部流程的电子化及各种管理信息系统的应用等。

我国旅行社业目前呈现着"散、小、弱、差"的状况,为改变这一现状,有必要将电子商务引入到旅行社业中。但出于对资金、运营规模的考虑、未来的不确定,以及对电子商务技术方面的不熟悉,并不是所有的旅行社都愿意实行电子化运营,因此国家有必要采取措施使电子化在旅行社业中得到普及,以提升中小旅行社的市场竞争力。电子商务技术近年逐渐变得成熟,也变得更易操作,因此旅行社不必担心是否能够操作该技术,也不必对其产生恐慌,反之应该更积极地去接受它和面对它。但是,这并不意味着实施了电子商务就能解决旅行社的一切问题,它仅是一项业务手段,旅行社应结合自身特点发展电子商务,例如携程旅行网就根据其市场定位将其网站定位为集宾馆、机票、度假预订、旅游资讯及特约商户服务为一体的综合性网站。旅行社应该在电子商务内容方面避免与携程旅行网竞争,而是利用自己的专业和服务开辟行程服务的电子化,为旅游者提供电子化的一条龙服务。电子商务是一个渐进过程,旅行社在运用电子商务时要循序渐进,其业务开展要有培育过程。

2. 将现代网络技术引入旅行社经营中

首先,旅行社业在某种程度上可归类为信息服务产业,因其重要的职能是进行旅游信息的收集与发布,因此所涉及的业务对信息具有高度依赖性。其次,旅行社产品具有生产与消费的同时性,即旅行社产品的生产过程就是服务过程,这种独特性使得消费者在旅游之前总是尽可能地获得更多的旅游信息以降低不确定性,由此也激发了对旅游网站建设的迫切需求。因此,旅行社业有必要将现代网络技术引入旅行社的日常经营中,利用网络建立广泛的咨询服务网,为游客提供完善而全面的咨询服务。电子商务代表着先进的贸易方式,旅行社应主动利用网络技术优势,改造自己的业务流程,把网络技术作为旅行社经营的潜在机遇,从而将电子商务给旅行社业带来的冲击变为机遇。

(1)把互联网看成是信息发布的渠道。旅游者访问网站的目的之一就是深入了解旅游产品的信息及相关服务,因此旅行社可以将互联网作为展示旅游产品的渠道,并为旅游者提供信息获取、咨询和检索功能。旅行社可通过视频、文字、三维实景等多种手段向消费者展示与旅游产品相关的信息,这些信息应是详尽的、专业的旅游内容,如有关旅游路线中涉及的交通、住宿、餐饮、购物、游玩、保险等问题。另外,旅行社应能为旅游者提供方便的网站导航,让旅游者在较短时间内就可搜索到所需信息。

(2)把互联网看成是辅助交易的渠道。旅行社除了可以通过所建立的旅游网站完成旅游产品预订、销售、网上支付等环节,为旅游者提供方便、快捷的交易方式外,还可以利用网络来提供促销、打折服务,进行旅游市场调研,提供售后服务等辅助性交易。

(3)利用互联网实施客户关系管理。客户关系管理是旅行社业务的重中之重,互联网使旅行社更贴近客户,及时了解客户需求并接受反馈。如客户可以通过网络自行选择旅游信息,旅行社可以根据这些信息进行整合分类,将其作为设计旅游产品的依据,从而为客户提供个性化的旅游产品,这种产品设计方式使旅行社从游客的角度出发,有利于提高客户满意度及最大化旅行社收益。

(4)利用互联网与旅游供应商沟通。在旅行社的产品中,除了导游服务由旅行社直接提供之外,其他相关产品都来自其他的旅游供应商。因此对于旅行社来说,与供应商的合作关系是否良好会直接关系到其产品质量的高低。互联网为旅行社提供了一个良好的沟通渠道,它加速了信息传递速度,使旅行社与供应商之间的合作关系更为密切,实现业务的无缝连接。旅行社与供应商可进行充分、直接的互动交流,并且交流双方都能得到即时的信息反馈,可有效减少由于信息传递的滞后所造成的损失和旅游者不满意情况。

3. 超越代理服务的局限

传统中小旅行社盈利模式主要依靠收取饭店、餐饮部门、交通部门以及娱乐场所的佣金为主要利润来源,也可以说传统旅行社是一个集收购、组合和销售旅游产品于一体的中间商。然而互联网的出现使旅行社的这种传统盈利模式受到了极大的挑战,因为旅游供应商可以通过互联网直接与旅游者取得联系,旅行社中间商的地位被大大削弱。

因此,旅行社的代理服务在受到供应商直销挑战的情况下,应对自己的业务进行战略调整,改变原有产品的销售方式,重新找到自己在市场中的位置。如票务代理业务可以按以下思路进行调整。

◇ 由原先的以代理销售为中心变为以提供咨询、协助消费为重点;

◇ 将票务看成是一种服务,而非盈利支柱,以吸引忠诚客户;

◇ 开发特色服务项目,以真诚的服务吸引客户;

◇ 引导旅游者提高消费水平,建议其参加高质量的团队旅游;

◇ 便利游客,围绕代理服务,挖掘相关的增值服务。

(二) 利用电子商务机遇,开发特色旅游

旅行社应抓住信息对消费者的重要性,向游客提供深度的信息和知识,利用自己长处开发特色旅游。如经营价格依赖性或敏感性低的产品,即特色产品和服务;从旅游服务的专业化上出发,发挥自己的经营特长;分析目标市场的网络环境和上网习惯,提供有针对性的旅游信息;深挖旅游中的增值服务,改变定价策略,让游客觉得物有所值。商务加旅游、休闲加旅游、度假加旅游,以及旅游中的保健服务等都属于特色旅游产品,它们需要旅行社提供专业的服务。

(三) 加强专业化、个性化的旅行服务

通过互联网与消费者的互动和交流,深入了解消费者的个性化需求,如交通方式、旅游路线、住宿、餐饮等,提供自由组团和具有相同偏好的人一起旅行,基于这一变化,旅行社的职能要从简单的"旅游产品组装"变为"行业专家",并让旅游消费者信服、放心,如:

1. 提供专业的咨询服务

为缺乏旅游经验的消费者提供专业咨询服务,体现人性化的专业形象。

2. 提供专业的互动服务

通过自己的网站组织在线专家提供服务,与消费者进行互动式交流,及时了解消费者所需的专业服务,帮助消费者解决旅行中出现的问题。

3. 提供专业的导游服务

人性化的导游服务是消费者追求的一种精神享受,能增添旅游中的乐趣。为保证旅行社接待业务的顺利完成,旅行社应当选择思想品德良好、业务精通并具有良好身体素质的导游。

4. 提供个性化的增值服务

对于随团旅游者的个别需求,尽量创造条件满足。通过客户关系管理搜寻和获取个性化的客户资料和有价值的市场信息,并据此设计出各具特色的旅游产品和服务。

(四) 利用网络加强分工与协作

单体旅行社可依据电子商务的优势,利用网络组建网络联合经营体,共同设计旅游线路、共同组团、统一结算,发挥旅行社的专业特长,形成规模经营具体方式有:

1. 旅游产品采购的分工与协作

传统采购费时费力,且具有滞后性,网络采购节省了采购时间,也有助于旅行社解决一些突发性问题。

2. 旅游线路组团的分工与协作

联网的两家或多家旅行社在相近时间内经营同一旅游线路,而参团人数较少时,旅行社间可进行相互协作,在征得客户的同意之后,将客源合并,交由一家旅行社操作,这种联合组团可降低操作成本。

3. 旅游团队地接服务的分工与协作

组团旅行社为安排旅游团在各地的旅程,需要各地接团旅行社提供接待服务,旅行社可通过互联网与旅游目的地的旅行社建立良好的业务关系,及时对换信息,通过网络开展协同服务,从而对各自的资源进行良好匹配,为旅游者提供更温馨而细致的服务。

(五)旅行社内部的信息化管理

开展信息化管理与服务是旅行社战略调整中的重点内容,旅行社积极开展电子商务,内部的信息化管理是关键,它是提升市场竞争力、改善客户服务的重要举措。内部的信息化管理主要涉及以下内容。

◇ 经营系统的信息化:产品设计、销售、营销、采购等信息化管理;

◇ 财务系统的信息化:费用结算、团队核算、凭证处理、会计等;

◇ 人力资源的信息化:人才招聘、工资结算、劳务核算、培训等;

◇ 导游管理的信息化:导游聘用、资质年检、业绩考核等;

◇ 综合业务的信息化:车辆调度、计调管理、后勤协作等;

◇ 客户管理的信息化:客户的销售、客户的关怀、客户消费分析等;

◇ 产品管理的信息化:目的地产品、餐饮产品、交通产品、观光产品等。

内部管理信息化的关键是信息系统的投资和建设,在实施中,需要通过战略规划来进行信息系统的定位,并整合旅行社中的各类信息系统,提升信息系统对电子商务的业务处理能力,从而为开展电子商务奠定基础,实现对客服务的敏捷性和个性化业务处理的需要。

三、旅行社电子商务的概念和发展模式

对应于电子商务的概念,旅行社电子商务是指一整套的、基于互联网技术的、有着规范的业务流程的在线旅游中介服务,是指专业从事旅行中介服务的企业组织建立并实施一整套基于规范业务流程的,以先进的计算机技术、互联网技术及通信技术为基础的在线旅行服务模式体系。

这种服务模式的最大特点是在线、即时地为旅游者服务,在时间上体现出快捷和便利,因此被称为在线旅游服务模式(online travel service,OTS)。旅行社应用电子商务,调整企业同消费者、企业同企业、企业内部关系,从而扩大销售,拓展市场,并实现内部电子化管理的全部商业经营过程。

它的五个基本特征是:

(1)旅行社电子商务的主体或"载体"是旅行社或旅行中介服务机构;

(2)旅行社电子商务的核心是一系列规范的业务流程;

（3）旅行社电子商务的基础是互联网技术和万维网技术的应用；

（4）旅行社电子商务的创新竞争力在于在线旅行服务模式，这种服务模式的最大特点是在线、即时地为旅游者服务，在时空上体现出快捷和便利；

（5）旅行社电子商务体系是一个人机结合的系统，涉及企业运作的各个层面（产品设计、市场营销、企业管理信息系统、客户关系管理、企业资源计划、供应链管理），绝对不只是一个纯粹的"机器人"计算机系统。

从应用层次来看，旅行社电子商务可分为两个层次：

一是面向市场，以交易活动为中心，并包括促成旅游交易实现的各种商业行为——网上发布旅游信息（包含网络旅游新闻媒体）、网上广告宣传、旅游市场调研和实现旅游交易的电子贸易活动：网上旅游洽谈、售前咨询、网上旅游交易、网上支付、售后服务等。

二是利用旅行社业务流程重组和内部网络平台建设而形成经营管理活动，实现旅游企业内部电子商务，包括旅游企业建设内部网络和数据库，利用计算机管理系统实现旅游企业内部管理信息化。可以预见的是，发展到成熟阶段的旅游电子商务，将是旅游企业或机构外部电子商务和内部电子商务的无缝连接，这将极大地提高旅游业的运作效率。在这一方面，区别于传统意义的、连接内部数据库系统和业务流程的新型呼叫中心和 B2C 网站，是极好的运作示范典型。

旅行社电子商务的发展模式主要包括以下几种。

（一）"水泥"＋"鼠标"模式

该模式的主要方式是旅行社建设旅游网站，提供酒店预订、机票预订、"酒店加机票"式的商务套餐和自由行服务以及签证服务、用车服务和量身定制旅游线路的服务等。同时，将网站视为企业的一个部门，从企业内部的整体运作考虑，其运营的目的包括企业及其产品进行网上推广和实现自身赢利两部分。

旅行社在网络上建设自己的品牌，同时将其酒店预订、线路设计与预订、机票预订等业务搬到网上，吸引更多的旅游者。这样一部分旅游者在浏览了网站后，会到相关企业购买旅游产品，网站的部分赢利转向了旅游部门；另一部分直接在网上预订和购买，形成网站的直接赢利。而旅游网站依托强大的旅游企业资源作为品牌支撑，企业规模优势、品牌知名度和美誉度以及顾客忠诚度都转化成了春秋旅游网的品牌优势，同时也为网站节省了大量的线上及线下的营销支出。旅游网站依托企业实体，其酒店预订价、线路预订价基本上都可以拿到旅行社报价，因此在价格上比一般旅游网站略低一些。

这种模式的旅行社电子商务的发展目标是建立高度信息化的在线旅行社。由于这种模式的网站建设及信息系统的建设成本大，后期的维护成本也较大，适应于大型、中型旅行社，面向拼团散客、自助游散客和商旅客人提供旅游产品和服务。

（二）社区模式

旅行社网站通过开展一些具有特色主题的社区，吸引网上旅游爱好者，使他们成为网站会员，让他们彼此有某种程度的认识，分享某种程度的知识与资讯，形成友人般彼此关怀的团体，同时也是网站的常用客户团体。这种模式称为旅行社电子商务发展的社区模式。社区模式的一个个重要特点是拥有高忠诚度的良好的会员机制。

为了吸引会员加入,社区模式的发展应有四个阶段:

(1) 吸引会员:网络营销诱人的内容。

(2) 增加参与:会员创作的内容、社论或出版内容、特别来宾。

(3) 建立忠诚度:发展会员之间的关系、会员与主持人之间的关系实现客制化互动。

(4) 获取价值:交易机会、目标性广告、优质服务的收费。

社区模式主要面对具有特定爱好的旅游者、自助游散客及城市休闲消费客户、特色旅游爱好者,它提供稳定、专业的旅游者交流平台。这种模式下网站建设成本、维护成本较低,所以它较适合于小型旅行社,可以自建或委托建立网络社区,也可以是依托于著名的社区开设一个属于旅行社的版面。它提供了使用者彼此互动的环境,凭借参与者本身的高忠诚度,可以吸收参与者周围的人加入。旅游网站可以较容易地累积流量,也可减少搜寻顾客的成本。

社区中的会员对社区有认同感,认为在该社区中旅游购物会比在一般网络中旅游购物的风险性要低。同时网站提供广泛的资讯与多样的选择,激发会员的消费欲望;网站为会员提供个人化的服务,可针对个人不同的需求提供适合不同游客的特色服务。社区会员的入会费和网站提供服务收取的费用都是社区重要的赢利渠道。

这种模式的成长空间主要有两个方面:① 将旅行社实体与旅游网站虚拟空间相结合,将网上虚拟关系拓展到实际中来,可以增加旅行社的交易机会。② 会员及使用者留下来的真实的基本资料将是旅行社宝贵的资源,有助于旅行社开展旅游营销。

(三) 横向联盟模式

中小型旅游企业由于资金少、规模小、知名度不高等原因造成了资源短缺。为了增强自己的竞争实力,中小型旅游企业可以选择在保存自己核心能力的基础上与其他旅游企业建立战略联盟的策略,整合旅游资源。它可以加入大型旅行社的电子商务平台,只需支付一定的费用,成本较小,可以充分应用平台的技术、市场优势,面向拼团散客、自助游散客和商旅客人、观光和度假游客开展自己的电子商务。

另外一种方式是众多中小型旅行社共建电子商务平台。由于平台网站和系统建设的维护成本由加盟企业共同分担,每个企业所负担的成本较小,并且互相之间可以整合市场、资源,共享旅游信息资源,有利于各企业更有效地从整体上把握市场动态及其趋势,更全面地了解游客的个性需求,使旅游产品及服务更有针对性,更能符合游客需求。

共用客户关系管理系统的各个企业可以共享客户信息,能从单个特定产品和整个组合旅游产品两个角度来分析和管理客户信息,有助于各企业在做好自己特色产品及服务的同时加强相互之间的协调与合作。共享人力培训资源和网络营销资源,统一进行人才培训、广告宣传和促销,都可以分摊成本。

我们把上面两种中小旅行社开展电子商务的发展模式共同概括为横向联盟模式,在这种模式下,互联网作为一种信息技术,完全可以从信息管理的各个方面把多个小企业武装成一个很有模样的"大企业",利用网络虚拟化的特征使小企业变大,使中小企业不再受到经济规模大小的制约,可以随心所欲地进行信息的交流、管理与利用,这为中小型旅游企业提供了难得的发展机会。

(四) 买方主导的市场模式

旅行社属于中介行业,它需要整合上游食、住、行、游、购、娱等各相关旅游企业的产品,才能为旅游者提供旅游产品。旅行社可以建立 B2B 电子商务平台,在这个平台旅行社本身是买家,而处于产业链上游的旅游饭店、旅游景区、旅游交通是卖家,其他一些与该旅行社有合作需求的旅行社也是卖家。它们有在该平台发布产品信息的内在驱动力,该旅行社可以在该平台选择企业进行合作,通过 B2B 平台整合了自身的供应链。同时,随着平台上的企业越来越多,会产生集聚效应,平台上的企业可以互相交流信息、发生交易。平台可以收取旅游企业会员的年费来拓展赢利渠道。

旅行社需要在建设和维护 B2B 平台的基础上,加强电子商务的后台建设,建设完善的旅行社管理信息系统,逐步安装企业资源规划系统和客户关系管理系统和供应链系统等,整合信息管理。并建设外联网,整合合作企业的信息。B2B 需要企业有强大的实力、足够的资金和较大的规模。但从长远来看,建设 B2B 平台,开设买方主导市场,适合于大型旅行社。

思考与练习

1. 为什么说电子商务对旅行社经营有很大的冲击?主要存在哪些冲击和影响?
2. 传统旅行社的哪些业务目前已经被网络所取代?
3. 什么是基于电子商务的旅行社特色旅游?应怎样体现特色?
4. 什么是基于网络的自由行?它需要怎样的技术支持?
5. 什么是旅行社内部的信息化管理?有哪些信息化管理内容?
6. 什么是旅行社电子商务?它有哪些基本特征?
7. 旅行社电子商务的发展模式有哪些,各有什么特点?
8. 什么是 DMS,谈谈你对 DMS 的理解。

课后实践

几个同学分为一组,根据所学的知识,选择一家传统旅行社,结合其实际情况,制定一份可行的 3 年期旅行社电子商务发展规划,并制作成 PPT 进行汇报。

第二节 旅行社电子商务的设计

网民为什么会点击旅行社的网站,这个问题虽然初级,但相信许多旅行社网站至今还没有搞清楚。时至今日,仍会有一些旅行社网站搞不懂 internet 和 intranet 的区别。在公众能够看到的网页上,企业内部的党工、后勤、办公室等等全无遗漏。

绝大多数的旅行社都不懂得网站的交互性,而只是把它当成是一台平面复印机。

仅仅是把一张原来印刷在纸质媒介上面的线路行程原封不动地摆到网页当中,失去了网络多级链接的效用;没有与网友的互动,主动放弃了利用互联网特点听取网友对线路产品评价的时机;也没有开通网上调查或者征询网友的参团旅游故事,想办法让网络内容能够通过互连变得好看。

一、旅行社电子商务网站的功能设计

互联网上旅游服务信息全面,且获取方式简便,人们纷纷转向从网上获取旅游信息、确定旅游路线、报名参加旅游团队、订机票、订酒店等。这使得国内旅游行业网站在近几年有了爆炸式的增长,几乎所有旅行社和下属门市都有了自己的网站。但从另一个角度看,目前国内大多数旅行社发布的网站还处于比较初级的阶段,设计制作粗糙、管理维护简单、更新不及时,无法向客户提供真正意义的服务,更谈不上通过互联网达成交易。以下是常用的旅行社网站必须具备的功能。

1. 旅游线路管理

团队线路和自由行线路是旅行社产品的重点。本模块可以方便地对线路类别、线路基本信息、线路价格、线路行程进行管理。其中线路价格的管理可以支持不同级别会员设置,不同级别会员可以享受针对相应级别的价格。

灵活的价格设置:由于旅游产品价格变动较大,尤其在旅游旺季,相邻日期的产品价格都有可能存在较大差异,本模块应支持以天为单位设定旅游线路价格,为客户提供更贴心周到的服务。

自动关联线路景点信息:为了让客人更详细地了解线路情况及相关景点,系统可以自动将线路描述中的景点关键词分离出来并连接至对应的景点介绍。

2. 目的地景点管理

对城市旅游景点资料进行树状组织,不同级别目的地之间的关系清晰,便于维护、查询。国际目的地可以以大洲—国家—城市—景点方式进行管理。国内目的地可以以区域—省、直辖市—市县—景点方式进行管理。

除景点、目的地基本介绍外,还可以为同一目的地或景点设置电子地图、图片集、游记攻略、交通、购物、美食等其他相关信息。

所有内容均通过类似 Word 的图文混排界面进行维护,简单易用。

3. 机票查询预订

本模块可以通过实时接口与第三方机票查询系统进行对接,以实现机票信息的准确实时查询,同时可以根据需要由系统维护人员自行发布机票信息并在网站页面进行推荐。

客人可以对符合要求的航班进行在线预订,预订确认后可以选择在线支付或其他方式付费。

4. 列车时刻查询

本模块通过调用第三方数据接口,实现火车票信息的实时查询。查询条件可以为出发站、到达站、车次、车站等。

5. 酒店查询预订

本模块中所有酒店以区域树形结构组织,具体区域可以自行定义,如国内国外、省、市、港澳台等。每家酒店可以包含详细的基本资料、星级、特色、酒店图片等。酒店价格也可以根据需要按周一至周日或按天设定。

客人可以根据需要在网上直接预订所需房间,预订确认后可以选择在线支付或其他方式付费。

6. 签证查询及预订

签证模块对所有签证按国家进行管理,每个国家下可以添加多个签证产品。每个签证产品包含详细的签证说明、所需资料、特别提示、签证费用等信息。

客人可以根据需要在网上直接预订,预订确认后可以选择在线支付或其他方式付费。

7. 会员管理

网站会员可以分为同业会员、企业会员及普通会员,不同会员登录后将看到不同界面。普通会员更愿意看到详细的产品信息及展示、促销页面。同业会员更需要快速的查询所有产品的同业价格,而企业会员可能希望提交个性化的定制需求。

为保障网站安全和客户利益,系统支持 SSL 加密认证连接。

8. 广告管理

通过广告管理模块,管理员可以灵活地对网站页面上展示的各种广告条幅进行更新、替换。广告形式支持 Flash、Gif、Jpg 等多种格式。

9. 新闻及旅游资讯管理

网站信息的及时性是访问者评价网站好坏的重要因素,因此网站上的新闻、公司资料等信息需要时刻保持更新。通过本模块,网站管理员可以将最新资讯方便地发布、更新到网站上,对于公司介绍、招聘信息等也可以轻松替换。

10. 在线支付

在线支付功能通过系统与第三方支付平台的接口完成,目前系统已经完成与首信易支付、快钱、云网、支付宝等支付网关的接口开发,还可以根据需要定制其他接口。

通过在线支付功能,客户只需在网上通过个人银行卡即可支付费用,方便安全。对于旅行社来说可以打破地域限制,在更大范围内向客户提供服务。

11. 短信邮件群发

系统可以针对全部或部分会员发送邮件或短信。此功能可以快速直接地将促销信息、政策通知等信息直接发送到客户手中。

12. 天气预报查询

本模块通过调用第三方通信接口,实现根据身份和城市对未来几天内天气情况的查询。

13. 综合查询

本模块可以向客人提供完善的查询功能,客人可以根据需要选择查询范围,如机票、酒店、线路等,不同查询范围对应的查询条件会有所区别。客人输入查询条件后系统会将符合的结果显示给客人。对于数据量较大的网站来说,此功能可以大幅提高网站使用效率和用户满意度。

14. 订单管理

客人在网站上可以对产品进行预订,填写必要的信息提交后系统将生成订单。所有订单将在本模块集中管理,包括订单信息查询、订单状态管理、订单打印等功能。本模块将自动与在线支付模块配合,当客户在线付款成功后,对应订单状态将相应改变。

15. 员工管理

对于旅行社内部员工,在使用系统前需要先开通账号,并根据员工的职位及责任设定对应权限。使用设定的账号和密码,员工可以登录系统进行操作。

根据一些旅行社需要更高安全性的要求,系统还可以灵活整合指纹识别、USB 钥匙、动态口令、数字签名等多种认证方式。

16. 数据统计

数据统计可以对某段时间的产品访问情况、销售情况等技术指标进行统计,以便管理者进行参考和决策。

17. 历史记录

为保证系统安全,并在出现错误的时候明确责任,系统对所有员工的操作进行了详细记录,管理员可以根据需要进行查询。

18. 在线客服

客人在选购商品过程中如果遇到问题,可以随时与网站客服人员咨询。在线客服系统可以方便的让客户与客服通过文字进行交流、传递文件等。客服端可以随时了解客户的详细资料、以往咨询记录,以便更好地提供服务。

19. 其他功能

其他系统功能还包括在线留言、会员积分管理等。

二、旅行社电子商务网站的运营管理

"网络运营＝建立一个网站?"答案:否。建立企业网站,是开展网络应用的基础工作。明确企业上网的目的、可用资源和客观的限制条件,才是企业成功实施网络应用项目的关键。旅行社经营网站必须定位明确,利用好自身优势:

(1) 在旅游经营第一线,了解最及时、最详尽的实用旅游信息;

(2) 拥有较成形的业务合作体系;

(3) 拥有一定的产品开发和经营接待能力;

(4) 拥有以往传统团队业务量作为支撑,采购成本和供应商关系易于控制。

当然,旅行社经营网站也有自身的劣势:

(1) 对网络技术缺乏了解,在组织网站内容、设计功能服务方面完全被动受制于技术提供方;

(2) 缺乏对网络营销应用的掌握,重视程度不够;

(3) 面临新的组织结构调整,在协调网站经营维护人员与具体业务操作人员的利益问题时缺乏有效的激励机制,导致旅行社资源不能充分整合利用。

旅行社经营网站应该重点注意以下几个方面的问题。

1. 对技术提供方的选择

在选择技术提供方时,应注意以下三个方面。

(1)专注于旅游行业信息化服务的公司,有实际的旅游网站运营经验,对于网络旅游消费者的需求、旅游业务的实际运作乃至整个旅游行业的发展有较深刻的认识;

(2)不能选择单一的技术型公司,要选择能够提供从需求分析、网站规划、设计制作到网络营销管理和执行等一条龙服务的全程信息化服务提供商;

(3)合作方式上,不要选择单一的现金付款交易,最好是"现金加后期经营收入提成"的方式,如果双方合作愉快,甚至可以考虑合作经营的模式,旅行社与信息化提供商亲密接触、互相参股也并非不可考虑。

2. 对网站建设的分期投入

网站建设和完善不能一蹴而就,需要进行以成本控制为前提,可拓展性和营销应用为导向的信息化规划,根据实际应用需求分阶段实施。

3. 对网站内容的编辑和维护

网站内容信息并非越多越好,非稀缺性信息的收集发布对于服务功能性定位的旅行社网站意义不大,只是加重维护人员的工作量。搜集更新与所经营产品相关度高、针对性强、时效性强的信息内容,加以人性化语言的编辑处理,是旅行社网站管理维护人员的工作关键。同时,这也是凸显企业网站特色,树立良好形象之所在。

4. 对网站功能的设计

由于旅行社网站信息更新要求比较高,在进行网站建设时必须重视网站后台管理功能的开发建设,为经营维护人员提供良好的操作环境。总的原则是:良好的互动性、管理智能化、操作界面易用。实现上述要求,才能简化操作流程,提高旅行社经营人员的工作效率和网络使用积极性。

5. 对网络营销的合理应用

大部分旅行社建立网站后,并不知道应该如何进行有效的推广。盲目地购买大量邮件地址,发送垃圾邮件或者购买搜索引擎的登录排名服务者还算是有一些营销意识,但这些缺乏系统性、科学性的分散行为远远不能达到令人满意的营销效果。聘请专业的旅游网络营销顾问,从网站规划设计、搜索引擎关键词选择、网页结构编排、营销邮件内容组织、一对一社区营销、网站访问效果监测等诸多环节实施整合营销战略,才能使旅行社网站从众多的竞争者中脱颖而出。

6. 对企业内部管理的调整

由于行业性质、企业规模等因素的制约,旅行社企业往往是比较注重现实效益的企业,分配机制与实际业务收益相关度高,少有战略性的投入决策。而网络部门的设置或者说相关人员的聘用安排在某种意义上说绝对是具有战略意义的中长期投入,套用旅行社固有的管理体系和分配机制将不能适应新的变化。旅行社对这一变化应有足够的预见性和应对措施。

三、旅行社电子商务网站的优化和推广

旅行社网站优化和推广是旅行社网络营销的重要组成部分,在网站发布运营的不同阶段所采取的网站优化和推广的方法也不同。

（一）网站策划建设阶段的推广方法

从网站正式发布前就开始了推广的准备,在网站建设过程中从网站结构、内容等方面对 Google、百度等搜索引擎进行优化设计。

1. 高质量的网站内容

高质量的网站内容可以为网站带来可观的访问量,这早已不是什么秘密,高质量的网站内容加上合理的搜索引擎优化是网站推广成功的基础。

例如,信息发布既是网络营销的基本职能,又是一种实用的操作手段,通过互联网,不仅可以浏览到大量商业信息,还可以自己发布信息。在网上发布信息可以说是网络营销最简单的方式,网上有许多网站提供企业供求信息发布,并且多数为免费发布信息,有时这种简单的方式也会取得意想不到的效果。不过,最重要的是将有价值的信息及时发布在自己的网站上,以充分发挥网站的功能,比如新产品信息、优惠促销信息等。研究表明,大多数消费者访问网站是为了查找公司联系信息或产品基本信息,网站提供的有效信息越详细,用户的满意程度越高。如果一个网站的更新周期以季度为单位,甚至整年都是一个老面孔,自然不会受到用户欢迎,也很难取得好的网络营销效果。

2. 网站优化

优化代码、标题、关键字等,让页面在搜索引擎里排名靠前,效果非常不错。以下介绍几种可供参考的方法。

（1）域名与独立 IP

网站必须使用单独域名,有些企业有个误区,一个网站绑定多个域名,认为这样更有利于推广,实际上这样会分走流量。同时域名应该与网站名称有联系,这样便于客户记住。使用独立 IP 能极大地提升用户网站被搜索引擎收录级别和机会,也就是说,如果一个 IP 只对应一个网站,搜索引擎会认为网站质量很高,提高收录级别;而在共享 IP 条件下,一个 IP 下对应多个网站,搜索引擎会认为网站质量不高而降低收录级别。中国旅游热线(http://www.cnto.com)是广州广之旅的官方网站,包含旅游信息发布、网上报名、在线订票、旅游产品网络推广平台等功能。广之旅是广州著名的旅游公司,拥有良好的客户口碑,在业界也具有很好的声誉。广之旅通过官方网站的推广、营销,为客户带来了方便快捷的一站式旅游服务。网站的域名是 cnto.com,而通过搜索,gzl.com.cn 也是此网站的域名。当在浏览器输入 gzl.com.cn 的时候,页面将被重定向至 cnto.com。这两个域名相对而言,对于中国用户,采用了拼音首字母组合而成的 gzl.com.cn 从理论上应该对浏览者更加友好。但 gzl.com 这个顶级域名已经被外国一家食品网站注册了。对于 cnto.com,这个域名相对较难让浏览者联想到广之旅公司。这个域名可以解释为 China Travel Online,但浏览者要记住这个域名,需要一定的英语想象能力,因此相对 gzl.com.cn 来说,在用户记忆方面处于劣势。而 cnto.cn、 cnto. net 均属于金旅公司旗下的网站,而广之旅的网站也由金旅公司负责运营,这三个相似的域名使金旅公司旗下的网站能通过广之旅公司的知名度,获得一些额外的点击率。

(2) 网站的架构优化

网站的架构优化主要有:网站代码优化、首页优化、列表页优化、内容页优化、页面布局优化。很多网站模板都是直接从网站下载后不做任何修改的情况下就使用的,根本就无法从网站的模板代码中进行优化,网站代码主要起到给搜索引擎铺路的效果,所以网站代码的优化能够影响站点的收录情况。首页是每个网站最重要的一个页面,它就像一间店铺的门面。该如何来优化门面呢? 首先,首页的整体美观性影响到用户体验,如色彩搭配、内容搭配等,同时要注意首页中的关键词布局,因为首页是整个网站当中权重最高的一个地方,所以要好好地利用,调整好关键词密度,这对于网站的排名是非常有帮助的。

内容页是一块做长尾关键词的天堂,虽然权重比不上首页、列表页那么高,但是它同样能够达到排名的效果,在优化的时候一定要注意文章内关键词的出现位置、关键词的整体密度、关键词的突出度,以及文章与文章的相连性,也即所谓的内部链接。内部链接是我们能够控制的,所以作为网站优化人员一定要利用好可控资源。

做网站优化(SEO)最重要的还是细节方面,当网站与网站之间的所有因素都相同的时候,那么决定排名的就是细节。SEO 是一项极为细致的脑力和体力劳动,细节即决定 SEO 之成败,网站拼的便是资源。

(3) 链接整理

链接整理主要包括内部链接、友情链接和外部链接。关于内部链接,构造一个站点内部链接模型不是一项小工程。如果没有足够的外部链接证明站点哪些页面是重要的,通过内部链接证明是最好不过的选择。假如站点中每个网页都链接首页,搜索引擎当然认为首页重要,自然会给予首页很高的权重。所以学习竞争对手的内部链接部署和相关页面在搜索引擎上表现的同时,根据自身网站进行相似的"变通"部署。权重凸显便可轻而易举地实现。当你的网站拥有众多的页面时,你会更明白内部链接和外部链接同样重要。关于友情链接,当你摸不着头绪该找谁友情链接的时候,可以参考竞争的做法。虽然你可能没有竞争对手那样的资源和品牌优势,但别人给你指明了方向,剩下的自己走便是。当你的网站达到一定的程度,别人自然就乐意和你链接,如若你的站点包揽内容着实有价值,别人同样会自动找你来做友情链接。关于外部链接,分析竞争对手的外部链接,但如果竞争对手是黑帽手法留言板、博客群发,千万莫效仿学习,要分析竞争对手的自然链接、优质链接、链接锚文字、链接诱饵等。经过长期的分析积累,便会对锚文字的选择、不同竞争程度的关键词大概需要什么样、多少数量的链接就有了一个大概估计。

(4) 网站速度

设想一下,几分钟才打开一个页面的网站会有多少浏览者愿意多待一秒呢? 甚至会在页面还没完全打开时就已经失去耐心,这样就意味着你失去了一个本来已经很不容易才得到的浏览量。所以,一定要注意,在选择免费空间的时候,一定要选择速度最快的。

（二）网站发布初期的基本推广方法

登录10个主要搜索引擎和分类目录（列出计划登录网站的名单）,购买2—3个网络实名网址,与部分合作伙伴建立网站链接。另外,配合公司其他营销活动,在部分媒体和行业网站发布企业新闻。

1. 搜索引擎登录

将域名提交给各大搜索引擎,如 Google、百度、Yahoo!、搜狐/搜狗、TOM、新浪、网易、有道、搜搜等。搜索引擎是对互联网上的信息资源进行搜集整理,然后供查询的系统,它包括信息搜集、信息整理和用户查询三部分。搜索引擎是一个提供信息"检索"服务的网站,它使用某些程序把互联网上的所有信息归类,以帮助人们在茫茫网海中搜寻到所需要的信息。

2. 在线合作

比如,某旅行社每年给某景区带去大量游客,那么这个旅行社自然可以提出来请景区在景区官方网站上做一些推荐。当旅行社所在地区的游客登录景区官方网站查找信息时,发现景区在推荐所在城市的旅行社,自然而然会优先联系了。一些旅游局网站会推荐一些本地旅游企业,但是旅游局的信息网往往访问量有限。如果旅游企业能充分利用业界的合作关系,只要网下有业务合作的,网上也做一些合作,会发现原来网上潜在客户的来源比我们想象的要多得多。

3. 开放式目录提交

如果网站质量不错,可以提交一下 Dmoz、Yahoo! 和 Looksmart,能被这三大知名网络目录收录,则 PR 值的提高会非常迅速。为了保证成功率,等网站做好了再提交,并且尽量提交更细的目录。ha0123、265、114 等这样的导航站都能带来不错的稳定访问量,还有一些专业的旅游网址大全、网站联盟等。

（三）网站增长期的推广方法

当网站有一定访问量之后,为继续保持网站访问量的增长和品牌提升,在相关行业网站投放网络广告（包括计划投放广告的网站及栏目选择、广告形式等）,在若干相关专业电子刊物投放广告,与合作伙伴进行资源互换。

1. 搜索引擎广告

旅行社可以投放搜索引擎广告,就像平时在报纸上投放广告一样。多数旅行社会使用百度的广告后台,也知道了要分地域、分时段投放,但是在关键词的选择上却依然处于低级阶段。比如他们会花大价钱去竞争"美国旅游"、"日本旅游",却很少去做"日本五日游"、"韩国济州岛旅游"这样的词,更不要说去投放那些稀奇古怪的关键词组合了。另外,对于投入产出的评估也有不足,多数处在看点击量的阶段。要知道,搜索引擎广告是按点击收费的,你出多少钱来多少流量是可以保障的,但这并不能让你有更好的投入产出比。旅行社应该去关注搜索引擎广告带来的电话量甚至是最后的成单量,只有这样,才有把握去不断提高投放预算,从而不断扩大来自搜索引擎的收益。

2. 软文发布

顾名思义,它是相对于硬性广告而言,由企业的市场策划人员或广告公司的文案人员来负责撰写的"文字广告"。与硬广告相比,软文之所以叫做软文,精妙之处就在于一个"软"字,好似绵里藏针,收而不露,克敌于无形。它追求的是一种春风化雨、润物无声的传播效果。

软文的定义有两种,一种是狭义的,另一种是广义的。狭义的软文指企业花钱在报纸或杂志等宣传载体上刊登的纯文字性的广告。这种定义是早期的一种定义,也就是所谓的付费文字广告。广义的软文指企业通过策划在报纸、杂志或网络等宣传载体上刊登的可以提升企业品牌形象和知名度,或可以促进企业销售的一种宣传性、阐释性文章,包括特定的新闻报道、深度文章、付费短文广告、案例分析等。

我们应站在游客角度、行业角度以及媒体角度写一些高质量的软文,发布到大型网站,如果能够被各种网站转载,会达到很好的效果。该方式达到的效果首先是可以快速提升网站的 PR 值,增加权重后在搜索引擎中可以达到较好效果。作为软文带来的直接链接,往往转化率不高。这要看软文的写作水平。建议多从业务角度来编写软文,通过问答的方式让更多访问者信任你的网站。

软文是不是质量高就能带来高流量呢?回答是不一定。高质量的软文好比硬件设施,只有硬件条件而缺少软件也是不完整的,所以相应的软件设施也须具备,两项指标共同决定着事情发展的趋势。只有软硬兼备才能达到你所想要的结果。

3. 论坛推广

这里所说的论坛推广绝对不是在论坛里一个一个版面贴广告,也不是将网站地址加在签名里然后疯狂刷屏,那样既耗费精力而且效果也不一定好,论坛管理员只要点几下鼠标就能将你的帖子全部删除,顺便封掉你的 ID,而且那样带来的影响是恶劣的,就像发垃圾邮件一样令人厌恶。根据搜索引擎的特性,一般人气旺,知名度比较高的论坛都在前十页,如果在这些论坛都做推广服务,会带给网站不少的流量。

(四)网站稳定期的推广方法

企业可以结合公司新产品促销,不定期发送在线优惠券;参与行业内的排行评比等活动,以期获得新闻价值;在条件成熟的情况下,建设一个中立的与企业核心产品相关的行业信息类网站来进行辅助推广。

1. 网站举办在线活动进行推广

网站举办在线活动进行推广,不仅可以增加网站的交互性和亲切感,而且使自己的网站能在短时期内快速增加注册会员数、访问量并提升网站知名度。但如果这种活动是大规模的,或是网下配合进行的,那么就要付出一定的物质代价了。

2. 与商家合作搞活动

可以和商家合作,进行一些相关的活动,发动网友参加,但是一定要有很好的奖励,如果奖励高的话,许多人都会帮你宣传的,可以让你的网站在一段时间内得到飞跃。

（五）其他线上推广方法

1. 博客营销

博客营销即在大的门户网站(比如新浪博客或搜狐博客)开通旅游内容的博客,发表图文并茂的旅游图片和简短的文字。

2. 同业网站

不管是做批发还是做零售,在同业网站露露脸对网站总有些促进作用。也可加入其中,就算得不到客户,也能和同行产生交流。

3. 邮件营销

邮件营销是较有效果的在线营销方式,这也是为什么很多人会每天收到广告邮件的原因。让用户深恶痛绝的,不是邮件,而是垃圾邮件。所以邮件营销的第一军规就是不做垃圾邮件,努力去做许可邮件。老客户很多是留下电子邮件的,如果没有,那就收集客户的邮件。逢年过节时的一个问候,旅游旺季前的一个线路推荐,都能有意想不到的效果。

4. QQ 推广

可以利用 QQ 资料、QQ 签名、QQ 空间、QQ 群来推广,甚至利用 QQ 挂机软件来推广。最能带来流量的还是 QQ 群推广,可以多加行业群,加强同行交流,同时也能更好地推广网站。

5. 服务电话、在线客服

要让网络客源多起来,最重要的还是服务,客户来了,但服务不好,还是不能带来效益,怎么样让客户更方便、更省心才是我们最应该注重的。所以服务电话、在线客户应该随时有人负责,且服务态度好,此外,旅游网站除了进行线上推广,一定程度的线下推广也是有必要的。线下推广的方式一般有报纸广告、户外广告、电视、广播、公交车体、地铁广告、聚会活动、冠名赞助、会议营销、DM 直投和事件营销等。

思考与练习

1. 旅行社网站应当具备哪些主要功能?
2. 传统旅行社经营网站具有哪些优势与劣势?
3. 旅行社经营网站应该重点注意哪些方面的问题?
4. 旅行社网站策划建设阶段的推广方法有哪些?
5. 旅行社网站发布初期的基本推广方法有哪些?
6. 旅行社网站稳定期的推广方法有哪些?

课后实践

为某旅行社网站的推广撰写一篇软文,并发布到相关行业网站,考察其转化率。

第三节　旅行社电子商务典型案例

一、中青旅：遨游互联网

在 2012 年以前，在线旅游还仅仅是互联网人对于颠覆传统旅游行业的一次尝试，蚂蜂窝、驴妈妈、携程、悠哉旅行网、去哪儿，各种商业模式的在线旅游网站层出不穷，但就像那一年的"千团大战"一样，浮华背后藏着的是没有人能看清的未来，没有人知道最后能够活下来几家，抑或全部死去。所以当 2011 年初百度收购去哪儿的时候，尽管因为蓝标强大的公关能力，媒体声音一片"歌舞升平"，但每个业内人的独白相信都是：这 3 亿美元真的不会打水漂儿吗？

但随着 2013 年 11 月去哪儿的上市，庄辰超继沈南鹏、梁建章之后借在线旅游成为亿万富翁，让人们对在线旅游行业的未来再无怀疑。君不见，即使是已经被物流成本、微信支付压得喘不过气来的刘强东，也在 2014 年 1 月 26 日，也就是京东正式提交 IPO 申请的 4 天前确认收购了移动在线酒店预订平台"今夜酒店特价"，以求给纳斯达克讲一个更好的故事。

中青旅的互联网三要素

在线旅游行业发展到今天，互联网企业已经将这个行业"变着法"地玩出了各种花样，有去哪儿一样的垂直搜索媒体，有蚂蜂窝类似的资讯网站，有途牛和悠哉的在线旅行社模式，也有携程各方面都做。这个时候，传统旅游企业开始转型，拥抱在线旅游。它们的玩法与互联网企业又有了不同。

中青旅的遨游网最早成立于 2005 年，但那时候是中青旅和美国集团公司胜腾合作建立的。当时掌握着大部分股份的胜腾也延续着自己一贯的思路，就是将业务覆盖机票、酒店、度假等几乎所有旅行产品，进行多线并进的运营，有点类似于现在携程的模式。

结果显而易见，产品定位不够清晰，胜腾公司对于中国市场又不够了解，很快就打起了退堂鼓，把资本转给了黑石。另一方面，对于中青旅来说，厌烦了这种资本运营的游戏，最终在 2007 年把遨游网所有的股份收回。

而 2007 年正好赶上国内自由行爆发增长，看中了自由行和网站用户群在年龄层次以及消费理念上的切合，中青旅直接把刚刚收回的遨游网划变成了自由行部门下的一个网络营销部门，承载网络营销和推广的职责。

一直到 2010 年 10 月份，遨游网才作为一个独立的事业部，真正开始正式运营。遨游网首席运营官廖伟勇回忆道："那时候中青旅才决定以事业部大部门的机制去运维遨游网，并且把遨游网定位成一个互联网的平台，而不单纯是中青旅的渠道。"

互联网绝不简简单单是一个渠道。对于传统旅行社，尤其是中青旅来说，互联网承载着很多不一样的东西。

第一,营销方式发生了改变。消费者的入口在进行改变,以前没有互联网的时候,旅行社是尽量把店开到消费者的家门口,现在入口是在电脑和手机上。入口的改变,带来的就是营销方式,也就是接触消费者方式的改变。

第二,消费者购买的渠道发生了改变,用户开始在互联网乃至移动互联网上购买,遨游网以及其手机、平板客户端"遨游天下",就已经包括旅游线路的查询以及预定、支付等功能。这对于消费者的购买流程起到了极大的简化作用。

第三,也是最重要的一点,就是产品本身的改变。旅游产品是非常适合电子商务的一种产品,因为其本质是一种信息化的集合,而互联网在表现信息的方式上非常生动;更重要的是,依靠互联网可以让旅游产品按需购买。

让旅游产品按需购买

从2007年开始,自由行类的旅行产品迎来了爆发式增长,而包括遨游网在内的所有在线旅游网站,其用户在年龄层次以及消费理念上毫无疑问都与自由行产品的潜在用户有着惊人的切合。因此,自由行类产品成为其销量最好的产品也就在情理之中了。

以自由行类产品最热门的海岛游为例,据廖伟勇透露,目前海岛游已经占到遨游网收入的30%。显然,自由行市场已经成为遨游网乃至中青旅的支柱型产品。那么如何让用户为自由行类产品买单呢?

中青旅的解决方法是,提供丰富的目的地服务,让用户按需购买。廖伟勇说:"我们提供了可选的套餐,可以让用户按需购买。最基本的当然是机票和酒店,但是如果用户对当地不熟悉,希望在机票和酒店的基础上帮忙安排晚餐,只需要再付一个安排晚餐的套餐费就可以了。同理,办理护照,在国外购买火车票以及船票的服务都属于可选服务。"

"互联网化"的瓶颈

作为已经在旅游行业扎根30年的老牌旅行社,中青旅无论是采购体系、服务体系还是产品研发能力无疑都要比新晋的互联网后辈强上很多。别的不提,单单是在各个目的地拥有的直航包机,就尽显中青旅的"财大气粗"。

2013年10月起,中青旅计划将12.3亿元募资中的3亿元直接投给遨游网的运营及其平台化建设,可见其对于互联网的重视。但作为一个传统企业,即使是中青旅这样在行业积累如此深厚的传统企业,在向互联网转身的过程中,仍然会面临瓶颈:一是技术上的欠缺;二是内部的磨合和渠道的协同。

第一,随着互联网对于行业影响逐渐加深,中青旅对于技术的应用程度会越来越高,廖伟勇说:"相比较于互联网企业来说,技术是中青旅在初期可能稍显不足的地方。这两年我们把更多的精力放在技术平台以及用户体验的优化上面。为此,我们在不停地扩大技术团队,来整合资源系统,优化用户体验。"

第二,互联网不但改变了中青旅对外的运营,也正在改变中青旅的内部流程。随着遨游网的运营,来自互联网订单的增多,中青旅的内部流程也正在被优化。廖伟勇告诉记者:"来自互联网的订单,使得以前很多需要人工操作的流程,变成了自动化操作。在这个过程中,整个预定流程在不知不觉中被简化,中青旅内部的效率也得到了提升,我们的人效以每年50%到100%的速率在提升。"

通过互联网提高内部人效,本身是一件好事,但想要把这块放在嘴边的蛋糕吃下去,却并不那么容易。廖伟勇说:"对于中青旅来说,通过互联网优化内部流程既是机遇也是挑战,而挑战主要来自内部磨合和渠道协同两个方面。"

一方面,中青旅和大多数进军电子商务的传统商家一样,在线下也有很多门店,所以用户既可以在线下门店购买,也可以在线上购买,对于中青旅来说,就要花费大量的精力把互联网和遍布全国各地的网点整合起来。

另一方面,中青旅毕竟已经用传统的思维做了30年的旅游,相当一部分门店或OP人员很难在短时间内将思维转变过来。廖伟勇举了一个例子:"最早的时候,旅游行程都是以WORD形式打在一张纸上,由销售人员提供给用户的。但在互联网上这种做法是完全不合适的,因为互联网需要标准化的产品体系,让用户进入到遨游网的网站看到价格是透明的、信息是准确的、产品是可直接购买的一个体系,而不需要销售人员一对一地做销售。无论对于做产品的理念、产品包装的思路和做营销的思路,都是一个转变,这都需要磨合。"

虽然存在多重挑战,现在遨游网的营收却已经占到中青旅旅游总营收的20%。廖伟勇还透露:"从2010年开始,中青旅对于遨游网业务的要求是每年的营业额都要翻一番。当然翻一倍的增长速率能坚持多久我也不好评估,但是目前来看,这个态势还是可以保持几年的。"

在线旅游是一个已经探明的丰富金矿,尽管传统旅行社在进行互联网化的过程中还存在瓶颈需要克服,但只有主动拥抱互联网,才能在未来的红海市场中分到一杯羹。

(案例来源:经理人2014年4月22日)

二、宝中旅:传统旅行社要做真电商

"我的个天! 这是什么天文公式?"看到这个标题,相信很多人感到头晕,在众多旅行商大谈特谈B2B的当下,宝中旅游四川省新东方国际旅行社有限责任公司总经理鲁侠抛出了这样一个与众不同的概念,"B2B我们做好几年了,现在得升个级!"

名词解释:电子商务的三个"2"

鲁侠总经理解读宝中模式之前,咱们有必要先来普及一下电子商务的几个"2来2去"的术语——

■ B2B:Business-to-Business的缩写,指企业对企业之间的营销关系。进行电子商务交易的供需双方都是商家(或企业、公司),他们使用Internet的技术或各种商务网络平台,完成商务交易的过程。

■ B2C:Business-to-Customer 的缩写,中文简称为"商对客",直接面向消费者销售产品和服务。即企业通过互联网为消费者提供一个新型的购物环境——网上商店,消费者通过网络在网上购物、在网上支付。

■ O2O:Online-to-Offline 的缩写,线上到线下,反过来 Offline-to-Online(线下到线上)也讲得通。是指将线下的商务机会与互联网结合,让互联网成为线下交易的前台。O2O 的概念非常广泛,只要产业链中既涉及线上,又涉及线下,就可通称为 O2O。

鲁总提到的"以 B2B2C 为基础的 O2O 模式",O2O 是落脚点,但要以 B2B、B2C 为基础。

掌门人说:旅游电商并不可怕,线上线下终将统一阵营

很多传统旅游商惧怕旅游电商,但鲁侠总经理却有他独到的观点。"电商的市场份额其实只占了整个旅游行业的 8%。"电商给人一种热闹的感觉,但实际上不少电商处于亏损状态。"惧怕电商的人其实对热闹背后的真相缺乏分析,各种风投与资金公司实则是背后的推手,他们对电商的商业模式看好,投入巨资,吓退了很多人。"

鲁总认为,传统旅行社把信息技术巧妙地运用到自己的生产经济各个环节,运用好了就是优秀的旅游电子商务。"在整个旅游行业,既懂得信息技术、又懂得行业的并不多。"在他看来,某些名号响亮的旅游电商,赚钱的依然是机票+酒店,其度假产品做得较差,缺乏真正意义上的专业的客服环节,"大学生刚毕业培训两三个月就上岗,这和我们多年来沉浸在售前售中售后服务的客服是不一样的。"

为客人提供线上线下的立体服务,其实既是传统旅行社的目标,也是旅游电商的目标,只不过一个是从线下扩展到线上,另一个是从线上扩展到线下,他们都在为此而努力,你会看到传统旅行社在电子商务方面的大动作,如宝中旅游创新的"以 B2B2C 为基础的 O2O 模式";也会看到旅游电商在度假产品以及落地行动方面的发力,如携程在北京开了自己的首个体验店。如今,把传统旅行社与旅游电商分割成两个完全不同的阵营已经不那么合适了。恰如鲁侠总经理所言:传统旅行社把信息技术巧妙地运用到自己的生产经济各个环节,运用好了就是优秀的旅游电子商务。

先人一步:宝中 B2B 分销系统早了好几年

近几年,国内众多旅行商在 B2B 上大做文章,将 B2B 视作旅游行业日趋严峻形势下的突破口。但在宝中旅游四川新东方总经理鲁侠看来,B2B 并不是个新鲜事物,"宝中 B2B 分销系统早在 2007 年就开始运行,并且取得了骄人的成绩。"鲁总透露,得益于这套系统以及良好的经营模式和品牌建设,即使在 2013 年整个旅游行业大滑坡的情况下,宝中营业额也做到了与前一年基本持平,而在今年 1—3 月,宝中还有 30% 的增长。

据鲁总介绍,2006 年起,宝中就开始采用连锁加盟、产销分离、集约采购、统一调度、资源整合的管理模式,这在当时中国旅行社"散小弱差乱"的环境下是一种突破。宝中旅游四川新东方从 2009 年全盘注入这种运营模式,实行"八统一":统一采购、统一产品、统一广告、统一财务、统一人事、统一选址、统一形象、统一组团,提升标准化服务。

"所有的环节需要一套系统来支撑,为此宝中投入 600 万元,开发了一套信息管理 B2B 分销系统,具备合理的数据库架构、财务管理数据分析特点,实现了业务、财务、自动化办公的一体化。"鲁总告诉成都商报记者,国际上很多大公司都有自己的系统,"宝中的这套 B2B 分销系统,多年来经历了多次升级。目前为止我还没有看到同行中有超越我们的系统。"

秘密武器:宝中自己建团队做系统开发

不得不承认,"八统一"、"B2B",这些都具备可复制性,其他旅行社这几年也做了类似的事情,宝中旅游又如何保持领先呢?鲁总笑着说:"你出电梯时发现右手边那个办公室了吗?挂了一个小牌子:宝中旅游信息技术中心,那可是我们的秘密武器!"

据鲁总透露,宝中旅游对商业模式、产品、营销推广、品牌建设等各方面进行了新的规划,而信息技术中心正是实施新规划的核心力量。"不管是过去、现在,还是将来,信息技术都是核心竞争力!"据了解,该中心现有 10 多个计算机工程师,还将再招募 10 个工程师,以完善其全部构架。

宝中在系统开发这一领域,目前已经投入 200 多万元。自己开发系统投入巨大,何不采取外包的方式?对此问题,鲁总回答道:"这可是有血的教训。"他说,一个系统需要不停升级,谁都没有那样的智慧可以一次性想到以后可能要遇到的问题,"你要升级的时候,结果做系统的工程师辞职了,换一个工程师接手,他又要重新开发,因为他们的思路与逻辑关系可能是不一样的。你以为改的地方小,实则要动到整个构架。"鲁总借鉴了一些优秀企业如台湾雄狮旅游的做法,自己建团队做系统开发。"虽然很多旅行社也设有自己的信息技术中心,但大多只是网管概念,与开发系统相去甚远。"

重大举措:"以 B2B2C 为基础的 O2O 模式"

宝中在竞争中主动求变,宝中旅游信息技术中心新开发的系统,正是鲁总所说的"以 B2B2C 为基础的 O2O 模式",是宝中在竞争中主动求变的重大举措。

"这是信息技术在整个产业的全面运用。B2B 是我们的分销系统,C 指的是消费终端,从这一点可以确认我们的系统是结合消费的。O2O 好理解,既可以是线上到线下,也可以是线下到线上。"鲁侠总经理对"以 B2B2C 为基础的 O2O 模式"进行了解释。

宝中目前拥有 yala517.COM 雅拉旅游网、雅拉旅游 APP、宝中旅游微信订阅号等电子商务平台。雅拉旅游网实际上是宝中的大数据库,拥有 CRM 中心 60 万客户数据,雅拉旅游 APP 支持在线预订,宝中微信有 10 多万粉丝。"PC、手机移动终端、CRM 全覆盖,兼备 CRM 中心与 Callcenter 功能,支持线上预订、电话预订、当面预订多种预订方式。用户可以直接通过微信的微商城转入我们的雅拉旅游 APP,限时特卖、酒店、门票、附近门店等内容一览无余,而且可以直接联通 96517 服务热线,随时向客服电话咨询。"

鲁总举例说,客人在 APP 上看到一款特价产品,不一定马上预订,他可能还需要电话咨询或是面对面咨询,APP 界面既能直接联通呼叫中心的电话,又有"附近门店"

的推荐,线上线下全面打通,非常方便。

宝中旅游"以 B2B2C 为基础的 O2O 模式"仍在不断建立与完善中,鲁总透露说,宝中集团正在进行全国范围的整合,"你看我们的网站、APP 等都没有冠以'四川'二字,这是有原因的。这套立体的商业模式将会在全国宝中实施,我相信它是可以支撑全国构架的。"

(案例来源:成都商报 2014 年 6 月 4 日第八版)

思考与练习

1. 中青旅的互联网三要素指的是什么?
2. 中青旅向互联网转身的过程中,仍然会面临哪些瓶颈?
3. 什么是 B2B、B2C、O2O? 什么是 B2B2C?
4. 宝中旅行社的"八统一"是什么? 为什么这么做?

课后实践

比较分析中青旅和宝中旅的互联网转型之路,是否可行? 撰写一篇小论文,谈谈你对传统旅行社互联网转型的理解。

第四章　酒店电子商务

开篇案例

锦江之星信息化:OA 支持酒店业务管理

锦江之星酒店作为国内知名的经济型连锁品牌,从 1997 年发展至今,公司旗下各品牌酒店总数已达 800 余家,分布在全国 31 个省、直辖市,178 个城市,客房总数超过90 000 间。与此同时,锦江之星同时管理着有"金广快捷酒店、百时快捷、白玉兰酒店、锦江大厨"等各类子品牌。未来计划每年以 100 家新开店面的速度向外扩张。

如此迅速强大的扩张背后,是什么支撑这家公司保持持续、稳健的运营状态? 在大多数人眼中,了解锦江之星的仅仅是入住后的服务感受,锦江之星的客房干净精致、设施简约,不张扬,不奢华。细致的服务中透漏出锦江之星以客户为中心的服务理念。实际上,提及锦江之星的运营,与锦江之星背后的信息化支撑系统密不可分。

耦合的 SOA 总线架构

据锦江之星 IT 总监梅烽介绍,在锦江之星的信息化架构中,共有订单系统(CRS)、客户管理(CRM)、本地和中央的资产管理系统(PMS)、网站管理(WEB)、加盟伙伴管理(FMS)等诸多管理平台。

在锦江之星的信息化建设初期,公司由于非常注重电子商务和高端客户服务,锦江之星的 CRS 订单平台和 CRM 客户管理平台曾经历尽多次开发、替换。与此同时,CRS 平台与 CRM 平台又需要与其他平台进行数据交换,每次替换一次平台都需要与其他各模块间进行复杂的集成服务,耗费了他们大量的精力。

如何保证多个异构平台既可以独立运行,又可以同时相互支持进行数据交换。锦江之星采用 SOA 架构模式,只要每个模块接口之间配置标准的接口,通过 SOA 架构使得在不同服务之间,保持一种松耦合的关系,一个服务就是一个单独的代码模块,但同时又可以实现大数据量的一次性交换。

这样,锦江之星可以进行单独的进行一个个模式的开发和更换,不至于影响整个系统平台。IT 能够处理的需求与企业需求的提高之间差别所形成的 IT 缺口将变少。企业对软件系统的改变将变得简单、快速,进而实现改变自动化的最终目标。

IT 信息门户建设必不可少

锦江之星在全国拥有 800 余家连锁酒店,每家酒店都单独配置有小型机房,当地酒店配置有一名系统管理员。如何管理全国31个省份的800家机房,800名系统管理员如何每天将反馈的机房运行信息快速反馈到总部。对于各机房反馈的一些复杂的机房故障问题总部如何即时响应,这对锦江之星的信息化总部本身就是一个不小的挑战。

为此,锦江之星信息化中心特别组建IT信息化门户。IT信息化门户并不是简单的实现新闻发布、通告、文化传播等作用,更多的需求是保证全国各地的IT人员通过此平台及时反馈信息,提升工作效率。

在锦江之星各下属机房中心,系统管理员需要定时进行机房运行巡检,巡检中包含服务器、存储、网络、带宽、电话、网站等各项IT设备运行情况。一旦检查出某部分出现问题,需要马上通过流程上报总部,总部接收到流程后需要分配相关专人进行排查抢修。

在锦江之星的IT信息化门户中,我们看到的更像是一个大的IT业务支撑平台。一方面实时自动统计分析出全国各地IT中心运行情况,形成报表反馈到管理者那里。同时,每天IT管理人员提交的业务流程得到及时处理,相关处理效率如何? 均一览无余的反馈在系统平台上。

业内领先的FMS管理平台

如果说IT信息门户建设只是锦江之星管理全国IT业务的一部分,那么,深入到锦江之星的核心业务和扩张中,让每一家新扩张的酒店均能在短时间内快速准确的运行在锦江预定的轨道上,才是真正目的。

经济型酒店要将业务快速发展起来,直营式模式发展最为缓慢,加盟式发展相对较快,并购式发展则更快。但加盟式酒店和并购式酒店对企业的运营风险较大,如果不能将原有酒店运行模式快速复制到加盟酒店或并购酒店上,管理问题和运营问题将接踵而来,这背后需要强大的IT系统来支持。

锦江之星通过前期的调研发现,国内尚无比较成熟的模块可以借鉴。在参观完美国choice酒店信息化模式后,锦江之星信息化领导果断决定自行独立开发加盟伙伴管理平台(FMS),在FMS平台上,锦江之星将平台分为加盟酒店信息评估、加盟酒店签约、加盟酒店运营等几个阶段进行全生命周期管理。

据了解,要完成如此复杂的工作量。其中管理流程和各种需求文档必不可少,这迫使锦江之星开始寻找业务比较知名的工作流应用和文档应用厂商。以OA应用为核心的泛微厂商进入锦江之星信息化管理层的视线中,泛微公司出色的工作流引擎和文档引擎技术帮助锦江之星解决了该问题。

以一个应用举例,总部在投资或收购一家加盟伙伴时,需要对伙伴进行价值评估。一张加盟伙伴信息表,就是一份流程表单。在该表单中,需要记录该酒店当前地理位置、酒店运营情况,客流量、周边酒店信息等多个参数指标,同时需要关联内外部对该酒店的各种文档、资料。在流程表单中,还有一份酒店信息地图,酒店信息地图可以清晰直接地看到目前锦江在该酒店附近的周边酒店运行情况,竞争酒店情况。每一项指标再进行分类评分,系统最终从一堆参数中计算出该酒店的投资价值,帮助投资者进行决策。

(案例来源:比特网 2013 年 3 月 26 日)

案例思考

1. 锦江之星的信息化架构包含哪些管理平台?
2. FMS 系统对于锦江之星的快速发展有什么意义?

第一节 酒店管理信息系统

在酒店管理活动中,运用电脑信息技术建立管理信息系统是酒店信息化的重要内容。酒店管理系统是一个服务于酒店内部管理的信息系统,以计算机作为信息处理工具,以内部局域网络作为信息传输纽带,负责对酒店工作流程所产生的各种原始数据进行收集、处理、输出并具有预测、计划、控制和决策等辅助管理功能。

一、酒店计算机管理信息系统的发展史

早在 1963 年,MIS 发展之初,希尔顿酒店就率先将计算机用在酒店管理之中。由于 MIS 的引入、计算机的运用,酒店的管理更加规范,数据处理的速度大大加快,信息的传递更为迅速,而人员却得以精简,为酒店带来了更好的效益。酒店计算机管理很快就在西方酒店业中普及开来,由此产生了 MIS 的一个分支——酒店管理信息系统(Hotel Management Information Systems,HMIS)。到了 20 世纪 80 年代,国外的酒店管理系统,如 EECO、HIS、CLS、Lodgistix 等,整个模式已基本定型,技术较成熟,功能也较齐全。

我国的 HMIS 起步较晚,1976 年以前,整个酒店行业还不曾有过计算机,更不用说 HMIS 的应用了。我国酒店业最早使用计算机管理的是杭州酒店,20 世纪 70 年代末运用 CROMEMCO 微型机进行总台接待管理,可完成前台的接待、查询和结账等基础工作,开创了我国酒店计算机管理的先河。到了 20 地纪 80 年代中后期,随着国外酒店计算机系统的大规模引进,国外酒店的先进管理技术进入我国,进一步促进了我国酒店管理技术的发展。国内系统正是在充分吸收国外管理系统的精华的基础上,再结合国内的实际情况逐步发展成熟的,到 20 世纪 90 年代初期形成了几个较成熟的软件系统,同时产生了许多专职从事酒店计算机管理信息系统的公司。到了 90 年代中期,随着计算机在酒店中的普及应用以及计算机技术的不断发展,酒店计算机系统的发展到了一个新的时期,新的系统平台、新的软件功能、新的系统特点及发展方向不断涌现。

二、酒店计算机管理信息系统的作用

在过去的几十年里,科技是酒店业能够增强专业性、提高生产力的主要原因。计算机改变了酒店、餐馆、俱乐部和赌场的计划、协调、评价和控制运营的方式。酒店业计算

机管理技术的最新进展显著地改变了前台和后台的工作程序。酒店经营者不再依赖于闪亮的金属客房状态控制架、全套的机械设备或是传统的文书工作。从与潜在顾客接触开始预订到顾客结清账目为止，计算机系统可以监控、指引和记录所有发生在顾客和酒店之间的事务。与此相似，计算机系统技术也显著地改变了餐饮业务中的服务和管理工作。餐馆经营者不再依赖于机械收款机、销售流水账簿以及传统的文书流程，酒店业对计算机处理的依赖性正在持续加强。事实上，几乎酒店业务的所有方面都要用到全面的基于计算机的信息系统。

酒店管理信息系统（HMIS）的实现手段是计算机系统，计算机在酒店管理中的作用就体现为 HMIS 在酒店领域的功能。酒店管理信息系统就其表现形式来看就是对酒店大量的常规性信息的输入、存储、处理和输出过程，其作用主要表现在以下几个方面：

1. 提高运作效率

由于计算机对信息处理的快速、高效，可大大减少客人预订、登记、用餐、娱乐、购物、结账的等待时间，提高服务质量；并可快速地为客人查询各种信息，使客人得到满意的答复。此外，数据库的数据共享及计算机的联网管理使得信息的一次输入可多处使用，完全避免了重复操作。并且只要不进行错误操作，就可杜绝各服务环节的差错。如电脑的自动夜间稽核功能结束了手工报表的历史，电脑资料的正确保存避免了抄客人名单的低效工作，严格的数据检查避免了手工操作的疏忽而造成的错误，票据的传送、登记、整理、复核等一系列的繁重劳动也可大为减少。电话自动计费及开关控制，使话务员的工作只是接电话而已。

2. 提升服务质量

回头客自动识别、黑名单客人自动报警、VIP 客人自动鉴别等均有利于改善酒店的形象。清晰准确的账单、票据、表格，使客人享受到高档次的享受。完善的预订系统，使客人的入住得到充分的保证。完善的客史档案管理更使客人的"个性化"服务得到很好的实施，管理信息系统里记录着客人的爱好、兴趣、习惯等，当客人下次来住店时，酒店已经为客人准备好了一切，如制作客房电视机独特的欢迎致辞等。利用计算机保存大量的客人历史资料，通过统计分析，可对常客或消费额达到一定数量的客人自动给予折扣；也可对客人的消费特点进行分析，总结出客人生活方面的要求和特点，研究如何为客人提供更合适的个性化服务，如安排房间、提供就餐等，甚至细致到给客人送什么报纸杂志、生日送什么礼品等。例如，深圳富苑酒店有这么一位有洁癖的客人，他总觉得别人碰过的东西不干净，从来不用现金，在整个酒店他只相信一位叫阿德的服务员，针对这一情况，每当这位客人预订时，酒店会特别注意安排员工排班表，保证阿德能够上班，为这位特殊的顾客提供服务。酒店的这种"个性化服务"，让这位客人十分满意，每次来深圳都选择富苑酒店。

3. 完善酒店内部管理体制

科学、正规、系统的酒店软件系统在酒店管理体系中还发挥着强有力的稳定作用，可明显地减少员工及管理人员的流动对酒店管理运作的不良影响。系统提供的多种安全级别,保证各类数据不被无权过问的人查阅和操作。每天的审核制度、各种费用的优惠控制、应收账款的管理、员工工作量的考核、员工操作过程的跟踪,均可加强酒店管理。

4. 辅助管理层的经营决策

计算机管理系统可进行全面的信息采集和分析处理,能够及时地提供酒店经营过程中的历史资料和当前最新的实时数据,还可以提供酒店历年同期的对比分析资料,而且还可通过互联网查询其他酒店的软、硬件资料,从而进行酒店内、外情况的各种比较分析。

5. 提高酒店的管理效益及经济效益

应用酒店管理系统通过节省大量的人力、物力,拓宽客源市场,增加酒店的特色服务项目,提高酒店的服务档次,减少管理上的漏洞,从整体上提高酒店的经济效益。如完善的预订功能可防止有房不能租或满房重订的情况出现,可随时提供准确的房间使用和预订情况,从而提高客房出租率。客人费用的直接记账,可有效防止逃账行为的发生。完善的分析功能可用于市场销售,如确定宣传的重点地区和如何掌握价格的浮动等。正确控制房价、控制客人优惠,从而减少管理漏洞,提高客房收入。

三、酒店管理信息系统的构成

酒店管理信息系统由计算机硬件、软件、电子通信、网络件、群组件及人件等组成下面我们主要介绍一下酒店管理信息系统的计算机硬件、系统软件及应用软件组成。

1. 计算机硬件

硬件是指电脑设备,系统软件是指系统的运行平台(如 windows、linux、XP 等),它们一起构成酒店管理信息系统的体系结构,如靓客栈酒店管理信息系统运行环境。酒店信息管理系统使用的体系结构一般有三种类型:单机系统、集中式和分布式。这三种结构随计算机技术的发展而产生,目前,早期的单机系统及流行于 20 世纪七八十年代的集中式处理结构已经逐渐被淘汰,而分布处理式结构正被酒店业广泛采用。

分布式处理结构以高档微机或小型机作为网络服务器,通过网络连接各个工作站,而各工作站都是一台独立的微机,本身具有数据处理的能力,需要时可联机入网在服务器内进行数据处理,是目前理想的体系结构。以前流行的局部网络系统、目前流行的 C/S 结构都是分布式结构。在 C/S 结构中,客户机支持用户的前端处理,而且一般是 Windows 图形界面,服务器用于支持应用的系统环境,包括数据库的管理及查询。它结合了局部网络和集中式多用户系统的优点,由服务器和客户机协同处理,充分发挥了系统的各种优越性,是目前酒店中最佳的体系结构。

随着通信技术的发展和 Internet 的普及,分布式结构实现了远程数据处理。这种广域网分布结构更适合酒店集团的信息管理。集团总部可以通过 Internet 有效地管理各地的酒店,及时了解各酒店之间的经营情况,各酒店之间也可以通过 Internet 实现信息互传。从计算机应用的发展趋势来看,基于 B/S(浏览器/服务器)结构的广域网方式是今后发展的方向。

2. 软件结构

一个酒店管理信息系统从使用者的角度看,软件结构就是酒店管理系统的功能结构。各种功能之间又有各种信息联系,这样就构成了一个有机结合的整体,形成一个完整的软件功能结构。因此,系统一般可分为前台(对客服务)和后台(内部管理)两大部分,另外还可包括对前后台系统的功能补充的扩充系统(有的系统把扩充系统直接包含在前后台系统中),以及各种各样的系统接口。前台部分主要包括前台预订、前台接待、客房管理、房态控制、前台收银等功能模块,后台部分主要包括财务管理、采购管理、库存管理、人事管理、日常办公等功能模块。

事实上,酒店管理软件可以是一个覆盖整个酒店管理所有方面的非常庞大的系统。对某些酒店而言,这样的功能模块还可增加和完善,如与酒店床头柜的联结接口、与酒店内部寻呼台的联结接口、办公自动化系统(Office Automation System,OAS)、预测决策支持系统等,而且各种软件系统之间的功能名称和分法均可不一样。

四、国内外酒店管理软件比较

1. 国外酒店管理软件简介

酒店管理信息系统有着广阔的发展前景,很多计算机商,包括微软、戴尔等已进入酒店管理信息系统领域。在国外,美国 ECI 公司最早使酒店前台业务实现了计算机管理,主要包括预订、排房、结账、客户、餐厅、查询、夜间稽核及市场分析等。目前,国际上著名的、在我国国内使用较多的软件系统有 ECI(EECO)酒店系统、HIS 酒店系统、Fidelio 酒店系统、Opera 酒店系统等。这些系统进入中国酒店市场一般是通过两种渠道:一是随着酒店集团进入中国市场,这一种是属于国际连锁酒店的网络系统,如假日酒店集团的假日系统、喜来登酒店集团的喜来登系统等,应用于境内的成员酒店;二是通过中外合资的渠道进入中国市场,一些大中型合资酒店,它们在建店时就把计算机酒店管理的软、硬件当作酒店的必需设备而与其他设备一起从国外全套引进。到目前为止,在我国酒店的管理系统中,从国外引进的系统约有十几种。因此,国外系统占据了国内四星级以上酒店的大部分市场。

2. 国内酒店管理软件简介

目前,国内三星级以上的酒店基本已经使用了计算机管理,在沿海经济发达地区也有许多一、二星级酒店在使用计算机。特别是国家旅游局出台的星级评定标准,规定三星级以上的酒店必须采用计算机管理,进一步推动了酒店计算机管理系统的发展。到了 20 世纪 90 年代末和 21 世纪初,我国自主开发的酒店软件开始进入了五星级市场,目前挂牌的五星级酒店采用国内软件的已达 30 余家。但国产软件的主要用户还是四星级以下酒店,大规模进入五星级酒店特别是外资或外方管理集团的酒店还是有一定的难度。我国的酒店管理系统,在技术上并不落后于国外产品,在产品功能、性能上也可与国外软件相媲美,在售后服务、本地特色化方面明显地优于国外系统,主要的差距还是在品牌上。目前,在全国具有较大影响力的酒店管理软件有杭州西软 FOXHIS 酒店管理系统、中软好泰 CSHIS 管理系统、华仪酒店管理系统、北京泰能公司酒店信息系统、天言五星酒店信息系统、广州黑马科技有限公司的酒店及餐饮信息系统等。

3. 国内外酒店管理软件比较

尽管国外系统占据了国内四星级以上酒店的大部分市场，但是国外系统在中国酒店市场的发展和推广还是面临着一定问题。这是因为：有些系统所采用的操作系统没有汉化（基本上是英文版）；有些不适合我国酒店使用，如财务系统；不易进行系统功能的扩充与修改（由国外技术人员开发）；可移植性差，二期投资较高，比较难适应中国的实际情况，在实际运用的过程中很难进行二次开发；价格高、维护费用高，培训不方便，有些软件的引进要花上千万美元，而且后期培训费用昂贵。

由此可见，国内酒店管理软件有着一定的优势，可以与国外系统相抗衡，甚至超越它们。但是，国内系统仍存在许多需要加强改进的地方，如在自动控制、决策支持、人工智能技术、Internet应用等方面相对比较落后，今后需要努力的方向主要体现在以下几个方面：自动登记系统、服务和监控集成化、使用人工智能技术及Internet更深层次的应用等。随着国产软件的进一步发展和提高，国内软件替代进口软件，成为高星级酒店的主流管理软件也将成为必然。

五、酒店管理信息系统的发展趋势

随着酒店业的日益发展，计算机在酒店中的应用日渐普及，对酒店信息管理系统的要求将越来越高，特别是系统集成化、决策支持（DSS）、客户关系管理（CRM）、办公自动化（OA）、网络中心实时订房等。从近几年的发展来看，特别是计算机技术和计算机网络技术的不断发展，酒店信息管理的软件将朝以下几个方向发展：

1. 软件集成化

以往的软件产品仅适用于某项或某几项管理的操作，相应的程序都是专门针对某一具体事务而编写的，而不是从整个酒店的角度出发，这种单项模块式软件显然已不适应于现代酒店信息化经营的需要。国内目前几大成熟的酒店管理软件基本上能符合酒店管理一体化的需求，通过提供一系列的、高度集成的酒店管理软件产品，如前台系统、餐饮系统、人事系统、采供系统、接口系统、物流系统、扩展系统等整合型的软件来为酒店经营服务。集成化软件使酒店计算机应用构成了一个信息网，酒店中所有的数据处理、文件管理、安全保卫管理等都集中由计算机统一控制，这是今后酒店管理科技化的一个重要标志。

2. 向决策型软件发展

数据处理型软件能参与酒店的管理、提高酒店的管理质量，是目前优秀软件实现的普通等级。数据和信息的处理虽然对酒店的运营十分重要，但对实现酒店的高效益经营来说还是远远不够的。决策型软件则具有完备的预测分析能力，能科学地指导酒店管理者做出合理的经营管理决策，如价格决策、采购计划决策、网络广告决策等都可以通过软件提供选择方案。目前，国内少数软件正向这一方向发展。

3. 开放化系统

一个良好的酒店管理系统不应是封闭式的，而需要与市场上主要的酒店软件产品相适应,所以目前的酒店管理系统都比较注重接口系统的开发,如门锁接口、远程查询系统、远程预订系统等。在前台系统中,部分采用了开放型的 B/S 结构形式,这样一方面开放部分产品资源供网络预订系统分销;另一方面实现网络商务(如订单)的无缝接入,实现酒店预订中心对订单的统一管理。开放式系统也有利于酒店企业之间的电子商务开展。随着 Internet 的发展普及,基于 B/S 结构的酒店管理软件必将出现。

4. 支持电子商务

随着 Internet 互联网的普及、网络技术进一步的完善,基于 Internet 技术的企业内部网逐步流行起来,特别是电子商务的开展,传统的 HMIS 已不能满足企业经营的要求,基于 Web 的酒店管理信息系统逐步替代传统型的酒店管理信息系统。为了适应互联网应用的普及,酒店管理信息系统必须支持来自网络的一些业务,即电子商务。如关系客户的消费查询、所有客户的网络订房、酒店开展的网络营销、客户消费需求的网络调查等。这些电子商务内容从酒店自己的网站、电子分销商、综合旅游网站或门户型网站汇集到酒店管理系统的相应部门,实现无缝的电子化处理。

5. 注重客户关系管理

以往的酒店管理以客房管理为中心,经营者主要关心的是短期的入住率、出租率,而没有将重点放在如何维持客户关系上。随着越来越多的酒店经营者意识到客户管理的重要性,酒店管理软件也随之发展出了客户管理功能,如广州黑马软件有限公司的酒店管理系统中的会员管理、协议单位管理,它可以帮助酒店维系能为酒店带来良好收益的客户。一些酒店管理软件尽管没有专门的客户管理系统,但也将客户管理作为一个组成部分加入到整个系统中来。如杭州西软科技的 FOXHIS 系统设计了一个"常客计划"功能,通过常客计划平台,成员酒店可以共同分享集团会员的资源,使客户获得实惠。

6. 与酒店自动化设备相结合

未来酒店管理信息化软件应与酒店自动化设备相结合,如与宾客入住自动登记/结账系统(Automatic Guest Check-in/Check-out System)相结合,酒店宾客抵达酒店只需插入他的信用卡,操作自动的登记系统就可完成入住登记手续。目前,酒店客房中有多种接口,如电话、电视、音响、空调等,今后的发展方向是通过管理系统还可以控制电子门锁、空调、灯光、热水等设备以达到节能的目的;通过自动化管理客房小酒吧,实现自动记账和监控,便于服务员及时补充饮料和食品。

思考与练习

1. 什么是酒店管理信息系统?
2. 酒店信息管理系统有什么作用?
3. 酒店管理信息系统有哪些部分构成?
4. 国外和国内分别有哪些主要的酒店管理软件?
5. 酒店管理信息系统有哪些重要的发展趋势?

6. 酒店管理信息系统如何实现与电子商务的对接?

课后实践

从网上下载一个简易的酒店管理信息系统软件,安装到电脑上,了解并模拟测试其各种酒店管理功能。

第二节　酒店信息化

随着全球经济一体化,在酒店业的客源更加丰富多样、市场更加广阔的同时,酒店业面临着日益激烈的竞争环境和不断攀升的客户期望,迫使酒店业不断寻求扩大酒店销售、改进服务质量、降低管理成本和提升客户满意度的新办法来增强酒店的核心竞争力。其中最有效的手段之一就是应用先进的信息化技术,加强管理信息系统建设,变革传统意义上的酒店业竞争方式和经营管理模式,进而赢得新的竞争优势。

一、酒店信息

1. 酒店信息的定义

"信息"是当今使用频率最高的词语之一,围绕信息的定义所出现的流行说法有一百多种。从信息管理的角度看,信息是具有使用价值的数据。信息是有价值的数据,没有普适的信息,只有在合适的时间出现在合适的人群中,信息才会产生价值。信息是资源,是财富,是社会进步、经济繁荣与科技发展的重要因素,是重要的生产力要素之一。在互联网环境下,信息呈爆炸式的增长,信息在社会生产、生活中的作用越来越强大。

对于酒店企业来说,信息同样具有十分重要的意义,因为现代酒店管理的方方面面于信息的获得和利用,特别是任何酒店决策都需要信息,利用好信息资源可更好地开发和利用其他资源。

酒店信息的界定是指对酒店信息所包括的内容范围加以界定,确定研究管理酒店信息的范围。我们可以从广义和狭义两个方面来界定酒店信息。从广义上讲,酒店信息既包括酒店企业自身日常业务活动中所产生和输出的信息,也包括酒店管理和决策所需的客源市场、原材料市场、各种资源市场、各个竞争对手状况以及与此相关的社会经济活动的有关信息。这是从满足酒店经营管理信息需求的角度,以酒店作为信息的接受者来界定酒店信息的含义从狭义上讲,酒店信息是指酒店经营管理业务活动过程中所产生的各种输入、输出信息,如酒店前厅接待过程中的客人姓名、性别、国籍、结算方式等。这些信息为中、高级管理人员提供管理依据和决策支持,这种狭义上的酒店信息概念实际上也是从信息的产生者和发出者的角度来界定的。

酒店信息有广义和狭义之分,本教材所采用的定义是狭义的酒店信息。酒店经营管理的过程,从某种意义上说就是反馈信息与业务信息连续不断地搜集、加工、转换和交流的过程。从狭义上理解酒店经营管理信息,有利于更好地理解和把握酒店日常业务的范围和内容,理解酒店计算机管理系统的实际应用,具有可操作性和应用性。

2. 酒店信息的特征

信息具备客观性、滞后性、不完整性、共享性、扩散性及可塑性的特点。酒店信息作为信息的一种,既具有一般信息所固有的特征,又有其本身所特有的特征。总的来说,酒店信息具有整体性、相关性、目的性、动态性、密集性等特征。

3. 酒店信息的作用

酒店信息在现代酒店经营管理中起到十分重要的作用,酒店信息支持战略决策、辅助管理功能的发挥、增强市场竞争能力、提高酒店服务质量、提升管理者的管理水平等。总之,酒店这个建立在管理、服务、技术和知识基础上的管理服务系统,因依赖于信息资源的收集、开发及利用而充满了活力,如果没有组成这个系统的信息这一基本要素发挥"神经"的作用来沟通,整个酒店系统的运作就会停滞,在酒店业市场上就没有生存能力。

二、酒店信息化

随着信息技术的发展和普及,计算机及其他信息技术在酒店巾的应用越来越广泛、深入。酒店业的发展必须与时代发展相同步,我们的时代发展已进入信息时代,因而酒店的发展依赖信息技术已成为业界的共识。酒店信息化与建设信息化酒店已经成为酒店发展的重要趋势。

随着 Internet、电子商务、网络预订、网络宣传的发展与实用化,信息技术将酒店推向了世界,进入了"让世界了解酒店"、"让酒店走向世界"的酒店管理新时代;同时,又使得酒店集团、单体酒店及各种规模的酒店在很多方面处于同一起跑线上。如何利用好信息技术整合新的酒店产品,怎样提高酒店信息化水平已成为影响酒店经营管理成败的关键因素之一。

1. 酒店信息化的含义

酒店信息化问题也就是信息技术在酒店业的应用问题。传统的酒店信息化仅指酒店前台业务或者面向客人服务方面的管理软件。现在酒店信息化的概念为利用互联网、局域网络平台,围绕酒店的智能化、网络营销、面向客人服务系统、信息服务、内部业务管理等,形成一体化数据中心,通过数据挖掘,为酒店经营分析决策提供全面的信息,利用酒店硬件电子化开发新的经营项目。酒店信息化是酒店经营管理过程中全方位、全过程、全角度的信息化、技术化、网络化和现代化。

2. 酒店信息化的内容

酒店信息化不只是包括计算机硬件、软件、信息技术、信息产品的应用和普及,还包括酒店经营管理模式的提高、创新、再造和完善过程以及人力资源培训、信息意识和信息技术利用水平的提高等,它是建立现代酒店的重要组成部分。

从大的方面讲,酒店信息化的内容包括酒店运营管理系统(PMS)、企业资源规划系统(ERP)、客户关系管理系统(CRM)、供应链管理系统(SCM)、在线采购库存管理系统(OPS)、中央预订系统(CRS)、办公自动化系统(OAS)、知识管理系统(KMS)、远程教育/培训系统(E-learning/training)。

从具体项目讲,酒店信息化的内容包括前台管理系统(包括PMS、客人一卡通、自助登记/离店、自助查询等系统)、房务管理系统(包括客房服务、客房娱乐服务、客房智能设备、VOD视频点播、智能迷你吧、客房互联网、房态控制等系统)、餐饮管理系统(包括电子点菜、智能成本控制、智能厨房、品牌宣传、POS收银、后台采购、库存等系统)、消防安全管理系统(包括自动报警、自动感应、智能门禁、电子巡逻等系统)、人力资源系统(包括员工一卡通、人力资源智能库、多媒体培训、在线培训等系统)、网络系统(包括掌上电脑、无线设备、Web网站、呼叫中心、网络营销、CRS等系统)、通信系统(包括电话、内部寻呼、电话会议、视像会议等系统)、酒店财务系统(包括收益管理、成本控制等系统)、电子物流系统(包括电子采购、供应链管理、物资管理、库存管理等系统)、客户关系管理系统、能源管理系统、决策支持系统、办公自动化以及其他扩展系统等。

三、我国酒店信息化发展的现状

(一) 取得的成绩

从国家政策来看,"金旅工程"是国家信息网络系统的重要组成部分,是旅游部门参与国家旅游业信息化建设的重要基石。金旅工程的"三网一库"建设一个公共的商务平台和信息服务平台,向旅游企业提供电子商务的整套解决方案。2008年,北京市信息办、2008工程建设指挥部等部门组织网通、移动等单位共同完成的《奥运城市信息化基础设施建设与服务指南》(试行版)发布试实施。根据《指南》,2008年奥运会前,面向公众的奥运指定酒店、机场、火车站,将实现手机信号和无线网络信号全覆盖。

从基础建设来看,中国电信针对星级酒店信息化需求,开发的酒店信息化整体解决方案的酒店完美联盟包括酒店管理平台应用、客房视频服务、上网服务、固网支付、短信信息服务等,已发展加盟酒店近5000家。客户可畅享使用方便、实惠的国内电话任意打、数码e房(客房宽带上网)、视频娱乐点播、旅游文化信息查询等综合信息服务。

从企业来看,在酒店信息化建设进程中涌现了像7天连锁酒店集团、锦江集团、白天鹅酒店、花园酒店、格林豪泰、汉庭酒店连锁等一批敢为天下先的集团酒店和单体酒店。其中7天连锁酒店集团是一个典型例子,7天连锁酒店集团的网站访问量和访问人数一直保持本土集团的首位,超过卡尔森国际酒店集团、温得姆酒店集团、速8中国等跨国酒店集团的网站,7天连锁酒店已经实现网上即时预订、确认、支付,同时整合了网络、电话、短信三大预订系统。7天连锁酒店与中国生活搜索引擎口碑网签署战略合作协议,在业内首推手机短信预订服务,目前主要在7天连锁酒店200万名会员中使用,短信预订的信息费仅为通信运营商的基本收费,不需加收信息费,发送、确认、回复整个预订确认流程只需大约30秒。

(二) 存在的问题

1. 认识不足

尽管酒店信息化本身具有很多优势,但是据有关机构调查,目前我国酒店业中超过90%的企业没有信息化应用,行业的信息化水平处于最初的培育阶段。之所以会出现这种摇摆、停滞不前的现象,主要有两个方面的原因:第一,酒店管理者和投资方缺乏对先进管理理念的理解,对信息化的认识不够,由于国内多数酒店行业是通过小本经营、勤俭持家而建立起来的,众多经营者的专业管理水平偏低,资本投入意识缺乏超前性;第二,劳动力的成本较低,而 IT 技术前期投入很大,两者之间的价格差距很大,大部分的酒店企业更愿意用廉价的人工方式完成信息数据的搜集、统计、分析和处理工作。

2. 缺乏统一的行业标准

酒店业对信息化的理解千差万别,加之 IT 公司各自为政的解决方案,使得原本就技术水准有限的酒店业眼花缭乱,盲目投资的项目比比皆是。酒店业涉及的信息系统和产品众多,缺乏统一的行业标准使各个供应商相互协调,一方面造成资源浪费与互不兼容;另一方面也阻碍了整体水平的提高,无法完全符合酒店的需要。对于连锁酒店集团而言,信息系统没有实施标准化是非常严重的。酒店不但需要耗费大量财力去维护不同的平台,而且当未来同一连锁集团的酒店共享服务中心或实施电子商务时,平台整合的任务非常困难和昂贵。如果集团应用统一的、标准化的软件,不但员工可以随心顺手地使用,同时集团报表也会非常统一,便于集团化的管理。

3. 信息化程度低

从目前国内酒店业的发展情况来看,大部分的小型单体酒店都还处于信息化发展的初级阶段,信息化程度较低,有些落后地区的家庭旅馆甚至完全是手工操作的;而大部分三星级以上的星级酒店企业及连锁酒店企业都已经成功进入电子销售和预订阶段,它们在酒店的电子商务化建设中投入了大量的资金,也收获了电子商务系统所带来的在降低经营成本、提高效率和增强竞争力等方面的巨大好处。然而,目前国内还很少有酒店进入全面信息化服务阶段,酒店内部和外部业务的链接电子化程度不足,具有电子化采购的酒店还仅仅是少数,尤其是单体酒店的信息技术应用能力,影响了信息化的进一步提升。

4. 政府监管、扶持力度不够

由于缺乏统一的行业标准,在一些开发商被淘汰出局后,那些已经使用了该系统的酒店也不得不更换软件系统,从而造成投资上的浪费。造成这种局面的一个主要原因是整个行业没有一个标准机构,政府没有一定的评审机制及相应的等级制度,使一些根本无条件的公司也能进入市场参加竞争。

垄断型代理商的渠道垄断是当前的突出问题。垄断型代理商对酒店在佣金、定价方面等提出排他条件,甚至与具有公共服务性质的 114 查号台合作,强行拦截酒店预订客户。原来本应是酒店的直接客户转到垄断型代理商那里,只能向垄断型代理商支付高额的佣金。垄断型代理商预订每间夜客房的平均佣金近 70 元,一些低星级酒店要支付的佣金甚至超过了销售额的 30%。政府如果不加强监管力度,占大多数的单体酒店就难以生存下去。

前面我们讲到国外酒店管理系统软件基本占据了我国高星级酒店市场,长此以往不利于本土酒店的发展,而且国外软件也存在着投资额度大、不利于二次改造、维持费用高、难以本土化等不足之处。而我国酒店软件企业在技术、资金、标准等方面不如人家,要全面推动酒店行业信息化建设,政府必须加强扶持力度。

四、酒店信息化与酒店电子商务

1. 酒店信息化支持酒店电子商务

酒店管理信息系统软件的功能除了支持前台和后台的管理业务以外,为了适应互联网应用的普及,必须支持来自网络的一些业务,即电子商务。如关系客户的消费查询、所有客户的网络订房、酒店开展的网络营销、客户消费需求的网络调查,这些都是酒店电子商务的内容。这些电子商务内容从酒店自己的网站、电子分销商、综合旅游网站或门户型网站汇集到酒店管理系统的相应部门,实现无缝的电子化处理。

对于酒店而言,赢利是根本,若要加快酒店行业的信息化进程就应当首先从能够为酒店创造或提高经济效益的项目着手。建立一个基于互联网络的全球酒店客房预订网络系统已不再是难事。无论是集团酒店、连锁酒店还是独立的酒店都可以加入成为该系统成员,并且享用全球网络分房系统。全球网络分房系统,可以通过 Interface 接入,让旅行社团、会议团队、散客都可以利用电脑直接访问该系统,从中得到某酒店的详细资料,包括酒店的出租状况,并能立即接受预订和确认。

2. 酒店电子商务促进酒店信息化发展

电子商务在酒店的广泛应用促进了酒店信息化发展,体现在以下几个方面:

（1）开展网上宣传

互联网及电子商务的发展为酒店开设了一条新的市场营销渠道,信息化酒店开展网上宣传是电子商务在酒店业应用的必然内容。信息化酒店网上宣传的开展是以信息化酒店网站建设为开端的。

（2）网上采购

为了满足客人的需要,为顾客提供各方面的优质服务,在日常经营管理中,要消耗大量的原材料、食品、饮料、客房用品等,这些物品均来自不同的供应商。信息化酒店的服务质量和服务水平同购进物品的质量和物品库存时间有着十分密切的关系,而且物品质量与物品价格也有极大的关系。所以说,信息化酒店的采购工作非常重要。酒店电子商务的出现,为解决这一难题提供了可能,信息化酒店通过互联网实现网上采购,确保采购的质量与价格。

（3）网上销售

对于酒店来说,实现网上销售在信息时代已经成为一种必然,这是信息化酒店的重要内容之一。其主要方法就是酒店创建自己的 Web 网站,设定预订页面,并同酒店管理信息系统中的网上预订系统链接起来,实现酒店内部网与 Internet 的互联。网上销售的实现才是电子商务在信息化酒店的最为重要的应用。

总之,酒店电子商务在信息化酒店中的作用是重大的,拓宽了销售渠道、降低了成本、提升了服务质量、提高了入住率等。

思考与练习

1. 什么是酒店信息,狭义和广义上如何理解?
2. 酒店信息有什么特征和作用?
3. 什么是酒店信息化? 如何理解?
4. 我国酒店信息化建设取得了哪些成绩,又有哪些不足?
5. 酒店电子商务与酒店信息化之间是什么关系?

课后实践

几个同学分为一组,根据所学的知识,选择一家传统酒店,结合其实际情况,制定一份可行的 3 年期酒店信息化发展规划,并制作成 PPT 进行汇报。

第三节　酒店电子商务

酒店提供的客房及相关服务作为一种特殊商品适合电子商务。首先,该产品具有无形性和不可贮藏的特点,其生产和销售的过程在服务的过程中完成,一般很少要求客人预付资金,因此可以减少电子支付手段相对落后所造成的影响;其次,提供产品的企业在电子商务的实现上不需要配送环节,由此可减少配送成本。另外,客户广泛而迫切的相关信息需求也是网络营销成功的基础与关键。因此发展该领域电子商务的条件得天独厚。

一、酒店电子商务的功能构成

酒店电子商务体系主要可以分为内外两个系统,即酒店外部电子商务(网络营销平台)和酒店内部电子商务(内部电子管理系统,即酒店信息化系统),这就决定了酒店要兼顾外部经营环境和内部管理环境两个环境系统。两个系统之间有沟通的桥梁,每个系统还应该具有各自独立的系统。我们这里讲的酒店电子商务主要是指酒店外部电子商务,至少应该包括以下功能。

1. 酒店及产品介绍

由于所处的国家和地区不同,酒店各自具有的独特风格和特色,成为其取胜于其他同行的优势所在。酒店网站不仅可以全面介绍酒店的背景、发展状况及特色,还可根据市场定位推出不同风格的酒店产品,满足不同客人的需求。如凯悦酒店集团,其旗下的酒店共分四个品牌,分别为服务于一般客人的凯悦酒店(Hyatt);服务于商务客人的君悦酒店(GrandHyatt);服务于高级商务客人的柏悦酒店(ParkHyatt)及服务于休闲度假客人的凯悦度假村(HyattResort)。通过网站的介绍,让客人对酒店的产品有了详细的了解,有助于酒店的形象树立及产品销售。

2. 酒店最新信息发布

面对随时变化的国际市场,酒店要及时调整其市场策略和产品组合以求在竞争中获胜。通过后台管理系统,向客人提供酒店最新的产品信息、价格及优惠政策,向公众发布酒店的最新动态以加强社会对酒店的信任和忠诚度,并通过网络与合作伙伴保持密切的沟通和联系。发布的酒店信息包括文字、图片、动画等,还可以根据需要做成不同语言版本,方便不同国家的合作企业和客人使用。

3. 在线预订

基于互联网平台的酒店电子商务体系,一个最主要的对外功能就是利用网络进行酒店产品的销售和宣传。客人只要登录酒店的网站,就可以查询到酒店所有客房的状态及酒店配套设施供应情况,然后选定一项产品进行在线预订并得到电子确认。主要流程如下:

(1)注册,登录

支持用户的在线注册,通过后台管理员的确认,可以成为酒店的普通用户、VIP 用户、团体用户、单位用户或合约服务用户等不同客户。用户根据注册名和密码登录后才能预订。

(2)在线预订

用户通过系统,查询需要的服务是否有提供,如果有则可以进行预订,预订的订单自动发送到管理员的电子邮箱,也可以提供网络管理接口,管理员通过网络直接查看客户的预订情况,通过网络进行确认。

(3)订单打印

通过系统的内部转换,将客人的预订订单打印成规范的格式,方便管理员进行订单管理和确认操作。订单打印后,可以发送传真由客户签字确认,这样就算是第一次使用酒店预订系统的客户也可以方便快捷地享受酒店提供的服务,并且最大程度的保护酒店的利益。

(4)在线支付

预订完成以后,用户可以通过银行信用卡或者其他支付工具进行在线支付。只有能够提供在线支付的电子商务系统才可以称得上是真正的电子商务系统,现在国内的很多酒店电子商务系统还做不到这些,但是随着支付宝等快捷支付方式的普及,在线支付将不再是制约酒店电子商务的障碍。

(5)用户管理

可以针对不同类别的用户提供不同的优惠等级,可以包括 VIP 客户、团体客户等其他客户类别。不同用户登录显示不同的价格,在后台进行价格等管理。

(6)后台管理

后台可以对预订情况进行管理以及确认。后台可以对注册用户进行管理,给用户分配不同的用户类别,以享受不同的优惠待遇。后台可以对客房进行管理,可以支持后台输入客房信息以及客房入住情况的信息,也可以通过专线连接客房数据库和网络查询系统,直接读取客房信息情况。

（7）其他

其他相关链接可以提供机票预订，航班查询，网上问讯等服务。

4. 虚拟酒店服务

游客在入住一家酒店之前总希望能得到尽可能多的该酒店的信息，而在酒店提供的宣传册上，最多有一些酒店建筑、房间、餐厅及配套设施的介绍和一些图片，所得到的信息非常有限。网上酒店可以让顾客在选择酒店前就了解该酒店的位置、价格与类型等，然后通过选择虚拟入住，开始在网络上的酒店体验。虚拟入住系统使客人通过电脑屏幕，从抵达酒店门口、接受门童的服务开始，依次领略前台 checkin、客房入住、餐厅就餐、会议设施、健身娱乐直至 checkout 离开酒店的全部过程，然后选择最适合自己的产品进行消费。在我国，虚拟旅游正得到更多网站运营商及旅游者的重视和认同，虚拟酒店的发展也必然需要更多的虚拟酒店产品来支撑。虽然视频显示受到带宽等技术的局限，但是作为一种重要的酒店产品种类和销售手段，它的发展前景是乐观的。

二、酒店电子商务的途径

酒店电子商务是当今酒店业发展的必然趋势。它通过互联网向客户多姿多彩、声情并茂地展示自己的风貌、特色，推销自己客房和各种服务，并可依此组成酒店连锁业，结成战略联盟，以强劲灵活的营销手段向广大市场进军。它向客户提供了新的营销方式，开拓了市场的广度和深度，这些都是常规方式下的人力、物力所无法与之比拟的。它代表了新的有效的营销方式，为酒店开发客源市场带来了无限的商机。

酒店的核心业务是客房销售，因此酒店电子商务的主要内容包括客房销售、网络营销以及客户关系管理等，利用网络提高酒店销售、营销、客户服务的效率和效益。那么对于酒店来说，如何发展自己的电子商务呢？主要有两个途径：

（一）利用酒店自身网站，且关键在于酒店自身网站的优化

目前大部分酒店都已经建立了自己的网站，但网站的利用率还有待考证，酒店对自身网站所做的营销还很不到位。对酒店网站的营销主要包括两方面：一是酒店网页的建设；二是酒店网页的搜索定位。

酒店网页的建设既要强调页面的美观性，更要注重页面的功能性和实用性。酒店网页的建设应主要涵盖以下内容：

（1）酒店设施设备的介绍；

（2）酒店特色服务的介绍；

（3）酒店产品的预订；

（4）客户信息的反馈；

（5）其他与客人出行相关的信息，如酒店所在城市的旅游指南等。

酒店网页的建设一方面要满足自身的销售需求；另一方面要完成网页人本化建设，体现对游客的人文关怀，体现酒店的特色。从目前酒店网页的建设情况看，大部分酒店的网页还只停留在对酒店设施设备的介绍层面，只是对酒店产品的初级宣传，酒店网页的建设没有提升到一定的高度。

网页建设作为酒店宣传的一种手段,其最终目的是为了实现酒店产品的销售,所以网站上有效的预订功能和链接功能可以提高网站的利用率和酒店客房的利用率。酒店网页的建设有待深化。酒店网页的搜索定位是指酒店网页在各门户网站和搜索引擎上的关键词搜索排名。排名越靠前,意味着被点击和被利用的可能性越大,也意味着企业的网站越优化,在茫茫的网海中,同类的企业网站不计其数,如果不能有效地在搜索引擎中排名靠前,其网站的存在意义在某种程度上等于零。

另外,选择合适的门户网站或搜索引擎也是决定酒店网站优化效率的关键。目前门户网站如 yahoo、sina、sohu、163 等,搜索引擎如 Google、百度等,其覆盖面都已经达到了一定的广泛程度,是酒店优化网站的首选。当然,这种网站的优化还要受到酒店资金的限制,要想实现网站的优化也不是一朝一夕的事,但也势在必行。

(二) 利用旅游电子商务平台等旅游中间商

随着旅游业的发展,旅游中间商的范围不断扩大,除了原有的旅行社、旅游公司外,出现了像艺龙旅行网、携程旅行网等利用网络平台为客人提供中介服务的旅游电子商务平台,这些旅游电子商务平台深化了旅游业电子商务的进一步发展。另一方面,越来越多的旅行社在发展传统业务的同时,也在不同程度地扩大业务范围,将其业务拓展到了电子商务领域,开展了一定规模的网络订房业务,许多旅行社也都建有自己的网站。

迄今为止,艺龙旅行网、携程旅行网都已经成功地在美国纳斯达克上市,是旅游业电子商务的先锋和典范。除了这两家比较大型的公司外,在全国范围内还有更多的规模中等或小型的旅游电子商务平台,其业务操作都是将旅游业与电子商务结合。旅游电子商务平台的发展壮大为酒店发展自己的电子商务提供了广阔的平台,具有很多优势。

1. 旅游电子商务平台以先进的技术为依托,技术手段现代化

这些旅游电子商务平台首先建设自己的订房网站页面,同时利用声讯、电子、移动通信等多种手段延伸客户,扩大覆盖面,将电子商务与旅游结合,利用高科技手段壮大实力。这种优势使旅游电子商务平台在激烈的竞争中比其他中间商占有更大的优势,同时也适应未来的发展趋势。

2. 较大型的网络公司资金雄厚,形成规模效应

如前所述的艺龙和携程两家旅游电子商务平台,拥有较强的实力,其业务的发展有强大的人力、物力、财力的支持。在这样的公司中,其不仅有预订部门,更有策划、宣传、销售、客户服务等多种部门,形成了相互配合、相互支持的完整体系,在竞争中更具优势。当然,其他规模中等或小型的旅游电子商务平台目前虽然不具有此种庞大的规模,但随着业务的发展,其体系也将更加完善。

3. 旅游电子商务平台业务覆盖面广,对旅游产品进行有效的整合

目前较大的旅游电子商务平台已形成了包括航空公司、运输公司、旅行社、酒店等在内的广泛网络,将旅游的食、住、行、游、购、娱进行整合,形成了整体优势。

酒店利用旅游电子商务平台发展电子商务主要有以下两点好处:① 扩大酒店客源范围,提高酒店的客房利用率;② 在更广阔的范围内宣传酒店。

随着旅游电子商务平台的发展壮大,其为客人提供订房的手段也越来越方便,越来越多的客人接受了通过旅游电子商务平台预订客房的方式,旅游电子商务平台拥有大量的客源。酒店通过与旅游电子商务平台的合作,通过旅游中间商的销售活动获得酒店客户的增多,提高自身的客房利用率。对酒店来说受资金、人力等多方面的条件限制,酒店不可能在全国范围内进行销售和发展客户,而对旅游电子商务平台来说则存在这种可能。

酒店利用同旅游电子商务平台的合作,可以更大范围地利用客户资源,并以酒店自身的条件来赢得更多的回头客,从而提高了酒店的客房利用率。酒店业发展的实际情况也让越来越多的酒店意识到旅游电子商务平台所预订的房间在自身客房利用当中占的比重越来越大。所以,充分利用旅游电子商务平台是提高酒店的客房利用率的有效途径。

利用旅游电子商务平台扩大酒店的宣传范围是酒店与旅游电子商务平台合作的第二个益处。旅游电子商务平台一方面可以在自己的网站上为酒店做宣传;另一方面也通过其对外发放的宣传材料对酒店进行宣传,如艺龙、携程每月在机场等公共场所发放的宣传小册,而这些对酒店来说多是一种免费的宣传。

另外,随着 GDS 系统在中国的不断完善,酒店利用旅游电子商务平台的空间也将越来越大。

三、酒店电子商务的发展趋势

中国的酒店信息化和酒店电子商务的发展,已经有 20 多年的历史,经历了"前台系统"普及发展阶段、"后台系统"普及发展阶段再到现在的"协同系统"发展阶段。从电算到互联网,酒店信息化服务系统跨越了数代。但探索的步伐从未停止,随着信息技术的发展,酒店电子商务也在不断进行革新。

(一)数字化酒店

入住者一踏入酒店,将身处设置有电子信息廊的"数字大厅",信息廊上不断提供关于城市景点、交通、文化特色等各种信息,在客房、酒吧,住客能与服务中心实现视频互动,来自世界各国的游客还可享受到"多语种对客服务",这就是数字化酒店的美好前景。数字化酒店主要体现在以下三个方面:多媒体视频系统、商务系统和网络化体系统。

在多媒体视频方面,酒店数字标牌系统能够通过网络满足视频系统的需求,能够为酒店提供多媒体信息发布的功能,还能够用作酒店数字指示牌和数字客房牌价显示系统。奔流酒店数字标牌系统由播放管理中心、奔流播放器、网络平台和显示终端(如液晶、等离子、大屏幕电视)四部分组成。系统以高质量的编码方式将视频、音频、图片和滚动字幕等信息通过网络传输到奔流播放器,然后由播放器将组合后的多媒体信息转换成显示终端的视频信号播出。这种信息发布模式融合了多媒体视频信息的多样性和生动性,实现了信息发布的远程集中管理和内容随时更新,使受众在第一时间接收到最新鲜的各类资讯。此外,系统还可提供酒店简介、电话指南、酒店娱乐介绍等基础功能,大大节省酒店的印刷费用;可吸引更多的广告投资,创造巨大的利润和媒体价值;可为酒店内部提供视频会议、组织培训等特殊服务,提高员工的工作效率。

在商务系统方面,其一,客人可以利用一体机进行网络浏览,真切感受数字化带来的乐趣;其二,酒店的服务将融于数字客房互动平台之中,客人将享受更便利直观的服务;其三,客人可以享受到真正的数字电视服务。在竞争日趋激烈的酒店行业,数字客房系统将使酒店的服务和形象提高到一个崭新的台阶。"在客房内轻轻一点,便可以轻松订购预览想要的飞机航班、火车车次,了解附近的旅游景点路线,甚至可以从外面的饭店订餐送入客房。"

在网络化方面,酒店的数码 e 房,配备电脑,能满足客人 24 小时的免费上网。使用终端以及软件,可以实现诸如宽带接入、客房终端设备、酒店应用平台、互联星空、增值服务、系统维护、广告发布等多项应用,为客人提供包含视频监控、网站建设、网络传真、收发邮件、查看商务旅游信息等多种信息服务和娱乐功能,还包括增值服务在内的各类通信业务。这类数码 e 房,受到商旅人士的热烈追捧,未来也将不断地发展。

(二) 智能化酒店

不论是商务旅行还是旅游度假,越来越多的顾客都希望在酒店也能像在办公室或家里一样工作和娱乐,享受个性化和信息化的服务,因此中国酒店行业迫切需要能满足数字时代全新舒适要求的酒店客房视听解决方案,来创新管理,提高星级含金量,增强对顾客的吸引力,以便在激烈的市场竞争中把握先机。在全力追求高档次标准及"酒店 E 化"的大趋势下,酒店需要从较为单一的吃住场所向集住宿、餐饮、娱乐、康体和会议等多种功能于一体的服务场所转变。因此酒店需要的不仅仅是单一的产品,还需要办公、商务、多媒体会议系统、安防、监控系统等全系列设备。

酒店管理智能化可以使酒店服务中心在酒店内部管理系统的控制下,显示客人临时需要的服务请求,比如需要增加某种物品,或者送餐服务,甚至是紧急求救信号。通过数字管理科技化可以为客人提供更多的满足个性化需求的选择,提供给客人自行控制的数字服务。酒店业的服务方而的数字科技化的努力必将不断完善客人自身的体验。

建设酒店智能化,主要有三个目的:是要为人住的客人提供全方位的服务,使客人感到更舒适、更温馨、更安全、更方便、更便捷;是要为酒店的经营管理者提供现代化的管理手段;为酒店开源节流节能降耗提供控制手段。

(三) 酒店移动电子商务

移动电子商务商务是指贸易双方通过智能移动终端所进行的电子商务交易活动。移动电子商务的独特优势能够满足现代酒店服务专门化和用户需求个性化的要求。酒店的移动电子商务网络营销模式,可以接受消费者随时随地地访问酒店网站、查询酒店的客房信息、实现客房的网络预订。同时,移动电子商务营销平台还能够使酒店根据市场群体的需求变化情况做出相应调整,以促进酒店营销活动的开展。酒店通过移动电子商务平台直接接触到的庞大市场是其必须重视的潜力顾客。

酒店的移动电子商务营销是当前酒店营销的重要发展趋势和酒店电子商务发展的

热点,开展酒店移动电子商务营销应当注意以下几点:

(1) 根据酒店自身实力,选择移动电子商务平台的开发模式。酒店自己独立开发一个合格的 3G 移动电子商务平台,成本不低于 10 万元人民币,而后期的运营费用将更多。酒店要量力而行,实力不足的酒店可以选择请第三方服务提供商提供解决方案。

(2) 重视专业技术人员和营销人员的培养。对于酒店来说,既懂酒店产品的网络营销又懂移动电子商务技术的人才在短期内难以培养,所以准备开展移动电子商务营销的酒店,要早做准备,培养专业人才。

(3) 酒店要在最小的移动营销平台界面上,提供最全面的信息。移动电子商务平台最好能够提供机票、车票、天气预报、旅游路线查询功能等模块,并保证所提供信息的准确性。

(4) 酒店管理者要把移动电子商务营销放在战略性高度,重视其对酒店销售业绩的作用,并安排专门的人员进行维护和管理,使其真正发挥营销工具的作用,而不是仅仅作为酒店赶时髦的形象工程。

(5) 酒店要实现移动电子商务营销平台上的客房管理系统、传统的网络营销平台的客房管理系统和酒店内部的客房管理的无缝连接,三个系统中的客房和宾客信息要保持同时同步,避免出现网上预订成功,酒店客房部系统中却没有宾客预订信息的尴尬情况。

(6) 网络最大的特点就是信息共享,酒店建立移动电子商务营销平台,将意味着酒店信息资源的更加开放。各个酒店的移动电子商务平台之间也应该彼此链接,共享市场信息,建立酒店市场营销合作集团,充分避免"孤岛效应",形成地域性或者针对特定客户群的酒店营销集群。通过联合营销平台,为全体酒店成员宣传营销,招来客源。

(四) 酒店与物联网应用

国际电信联盟(ITU)发布了《ITU 互联网报告 2005:物联网》,正式提出了"物联网"的概念。物联网是将射频识别装置(RFID)、红外感应器、全球定位系统、激光扫描器等信息传感设备与互联网结合起来而形成的一个巨大网络,它可以将所有物体连接在一起,系统可以自动、实时地对物体进行识别、定位、追踪、监控并触发相应事件。

将交换机技术、无线技术、网络技术、手持 PDA 技术、电信运营商的 GPRS 技术、GSM 绑定、计费系统以及智能化酒店管理信息系统整合起来,运用高科技让客人体验全新的"智慧生活"。利用 RFID 简化入住流程,客人可以通过自助入住机自行完成登记手续,VIP 客人可凭智能卡,一进入酒店即可被系统自动识别,无须办理任何手续即可完成入住过程。通过 RFID 和 VIP 的身份识别,根据客户资料完成个性化服务,例如客房会自动按照客人的习惯进行环境设置,如自动调节温度等,使其能马上在自己熟悉的空间里工作休息。互动电视系统和 IP 电话系统可自动获取客人的入住信息,自动选用客人的母语作为默认语言等。

基于远程控制的密码＋RFID(无线射频识别技术),以 Web 作为客户自助窗口,衔接预订及订单处理系统、门锁控制系统、财务结算系统,实现了客户直接预订到房间号的功能。以 24 小时房价为基础,精算出每分钟的价格,会员可以根据自己的需求随时入住、随时退房,房费计算起止时间以密码第一次开门和密码退房为止精确至分钟。通过整合互联网资源,搭建消费者与企业信息传递最便捷的平台,并成功应用于酒店行业,打造"全程自助"的最方便入住的酒店。

思考与练习

1. 酒店电子商务体系由哪两个部分组成,相互之间是什么关系?
2. 酒店电子商务的基本功能有哪些?
3. 酒店电子商务的途径有哪两种,如何理解?
4. 旅游电子商务平台相对于酒店自身网站来说,有哪些优势?
5. 谈谈你对酒店电子商务发展趋势的理解。
6. 开展酒店移动电子商务营销应当注意哪些要点?

课后实践

选择几家酒店,调研其通过旅游电子商务平台销售和通过自身网站销售的差异,分析各自利弊。

第四节　酒店电子商务典型案例

一、锦江电商:旅游巨头的电商范儿

"好啊,咱们下午聊一聊。"锦江国际电子商务有限公司(下称"锦江电商")CEO包磊挂上了电话,掩饰不住心中的喜悦:"又有业务主动送上门了。"

包磊所领导的锦江电商是锦江国际集团下属企业,负责集中其资源,将酒店、旅游、汽车客运等业务电商化。而作为一家国有大型旅游集团,锦江拥有4家上市公司,酒店客房总数列亚洲第一、全球第九,旅行社接待人数位居全国第三,汽车客运能力名列上海第一……一个"锦江"的品牌就值172亿元。

可以想见,在如此老牌的国企中,BU(业务单元)负责人都是旅游行当里浸淫了数十年的"封疆大吏",面对电商之类的新生事物,难免态度谨慎。因此,去年锦江电商刚刚上线时,包磊不得不拉着集团的领导,借董事会的"尚方宝剑",才求得各个BU的支持。

但仅仅一年之后,锦江国际各BU的大佬却主动预约包磊,寻求与电商平台的合作。"是数据说服了他们。"包磊告诉记者,当酒店订单有1/3来自于电商App,不同业务的交叉营销激增出5 000万元的回报,采用云计算大大提升了规模经济等事实摆在面前,各业务主管自然心悦诚服,纷纷将手中的优质资源和新产品投入到锦江电商的

93

平台上。

2012 年,锦江电商为各 BU 带去超过 5 亿元的销售额,今年,相关销售有望突破 10 亿元。"这还只是明面上的效益。"包磊补充道。此外,通过电商平台,整合集团 IT 带来的成本下降,打通数据体系实现的数据资产增值,更加精准地推送服务,还将为锦江国际带来不菲的隐性效益。

"触电"的逻辑

其实,早在 2010 年,锦江便已决心"触电"。

当时,锦江国际集团联合美国德尔集团完成了对美国洲际酒店与度假村集团的收购,交易总额近 2 亿美元,在国际化上迈出关键一步。但在跨国并购之后,摆在锦江国际面前的新难题是:拿什么与收购对象做 IT 系统对接?此时,锦江系各子板块都有自己的系统,且各自为战,而在集团层面上,却没有一个统一的出口。

"所以,我们开始思考整合旗下各板块的 IT 资源,建立一个统一的平台出口,与国际平台对接。"包磊解释道。不过仅仅从这个目标出发,未免过于简单,最终能做出来的,也不过是集团化的一个信息中心。于是,当时的集团管理层开始思考,如何将此项工作与当下流行的现代服务业转型结合起来。

是时,携程、艺龙的 OTA(在线旅游服务分销商)风头正劲,网上分销渠道借助电子商务风潮迅速做大。"那时,提到锦江,很多依赖网络的年轻人,都以为只是锦江之星。"包磊告诉记者,只因为它的客房在 OTA 上卖得十分火爆。

事实摆在面前,即便是锦江这样上百亿元规模的旅游集团,市场占有率上的优势也在被逐步蚕食,因此,锦江不得不担心,如果只供应产品而不建设渠道,逐渐养肥了渠道之王,那么,最终,自己将越来越被边缘化,沦落到产业链末端,成为最容易被压榨利益的环节。看看家电制造商,再看看苏宁、国美、京东,结果不言自明。

不革自己的命,就被别人革命。当时,锦江旗下,少数上市公司的不同团队都开始试水电子商务,但如此分散的尝试,一则造成资源重复投入,二则彼此的产品、会员资源等不能互通,更没有交叉营销,割裂的"信息孤岛"无法体现锦江系的合力。

因此,2010 年 5 月,锦江国际开始筹备建立统一的电子商务平台。2011 年 1 月,锦江电商成立,为防止它被国企体制束缚,董事会赋予其超然地位,不仅投入数亿元资金,还将其独立于事业部之外,由集团垂直管理,完全按市场规则运营。

此时,懂得互联网、精通旅游的包磊受命执掌锦江电商,这位 20 年工龄的"老锦江"从董事会那里取得"尚方宝剑",开始对内进行 IT 资源整合,对外进行营销资源整合,形成一站式旅游服务。

节流与开源

"从本质上说,电商也就是要对内节流,对外开源。"包磊说道。

对内而言,过去,在集团层面 IT 规划不足,许多资源没有获得最佳的利用。例如,锦江一上市公司旗下有 100 多家富含高新技术的酒店,之前耗费了大量投资建设了高标准的机房,配备了先进的硬件设备,整套 IT 系统足以支撑 500 家同类酒店的运作。虽然该公司不断扩张新店，但至今仍有一半以上的资源冗余。

而与此同时，一旦遇到"双11"这样的大促，旅游产品成为热门，其网站访问量会出现5倍—10倍的增长，单凭自有配备，远远不足以应付这样的"波峰"，常常需要对外租用云服务，扩充自己的带宽和处理能力。

对锦江集团而言，这就好像一个孩子家的水太多，多到用不掉，另一个孩子家的水太少，不得不拿父亲的钱出门讨买。事实上，只要在两家之间做一些调剂，孩子们都能过得安逸，父亲也省去了买水的钱。

"现在来看，用云计算实现这样的调剂并不困难。"包磊解释道，毕竟技术上已经非常成熟，锦江电商只要在BU之间做一些软硬件整合，采用一些虚拟化技术，实现中央化管理，就能以云技术集中调配集团内的IT资源，将它们分配给需要的BU。如果内部资源确实不足以支撑各BU的运作，锦江电商再以集团名义向外租用云资源。如此，既能最大化利用集团IT资源，也节约了不必要的开支。

在对外开源方面，必须联接各个BU的"信息孤岛"，才能构建出统一的电商平台。

过去，各BU虽然同属一个集团，所谓的"产业联动"却十分肤浅。最常见的，旅行社向酒店定房间，无非是期待有房价上的优惠，或是保证旺季能给予足够的留房，更像是甲乙双方供应商和销售商的关系。

但其实，他们手中都掌握着消费者的基本资料，知道他(她)从哪里来到哪里去，有过哪些消费，消费能力几何，有哪些个性偏好……如果能将彼此的数据深度交换，那么，消费者的个性"拼图"就变得更加清晰，交叉营销能够更为精准，消费体验也会不断提升，品牌忠诚度上升，重复消费增多，如此"重剑无锋、大巧不工"才是锦江集团应有的格局。

为此，锦江电商一边在后台打通各BU的会员系统，将所有会员、客服归于"锦江礼享＋"的体系下，实现数据的整合；另一边，在电商前台，拿下集团"jinjiang.com"域名，将锦江酒店、旅游、租车等产品集中到一站式预订平台——"锦江旅行＋"，此外，发行"锦江e卡通"的消费储值卡，以积分诱导，促进消费。

按照这个思路，会员资讯、预订过程、消费流水等关键的营销数据被整合在一起，相比携程、艺龙等OTA，锦江掌握了更完整的消费者信息图谱。以此为基础，再做数据挖掘，在BU间进行流量互换，很容易刺激出新的消费。

由此，在一系列的内外整合中，锦江电商便可达成自己开源节流的目标。

数据的价值

效益越做越大，锦江电商的价值也越发凸显，它就像一块磁石，不断吸引各种集团内的资源和外部的客源，在包磊眼中，磁力的根源正是源自海量的数据。

曾经有一个有趣的事例，锦江电商刚刚成立时，缺乏数据，管理层认为，机票、酒店、门票之类的产品涉及的选择要素少，可能更容易被消费者接受，因此，着力推送它们。可是，在实际操作中，更多消费者关注的是平台提供的旅游产品，它涉及行程、住宿、交通工具，被视为"复杂消费"，此类预订甚至占据平台份额的60%以上。

于是,锦江电商及时调整策略,加快丰富旅游产品,加大推送力度。事后,锦江电商的调查显示,客户特别关注旅游过程中的保障,而锦江旅游品牌多年的线下积累,获得了他们的信任,抵消了产品复杂带来的负面影响。

也是基于此,锦江电商加速研发出新的 LBS 产品,让导游与游客可以彼此了解对方的位置,防止在旅游地走散,难以寻找。同时,在锦江后台,也可以看整个团队的游程,谨防意外发生。

"这就是数据的价值。"包磊说道。旅游行业的关键,是做好客户体验。20 年前,所谓的体验,就是经理们戴上白手套,在客房的墙角、床脚摸一摸,看房间是否足够洁净。而现在,所谓的体验,则是如何满足客户们个性化的需求,因此少不了数据的累积。

比如,客人喜欢软床垫还是硬床垫,习惯室内温度是多少,经常看哪个电视频道,是否有洗衣的需求……这些个人偏好都可以从历史数据中提取,以便在客人到来之前,为其做好准备。按照包磊的说法,最好的体验就是,客户不说,但一切已按其心意布置好。

有此基础,针对性的营销也不再是骚扰,而是贴心的服务。就像通过"锦江旅行+"App,与智能手机结合,了解客户选择酒店的习惯、区域和消费能力,"揣测"出什么样的旅行产品可能适合他,将相关的推广单放在房间的书桌上,很可能就促成一单旅行生意。抑或是将 1 000 多家酒店内的商务中心转变成 Mini 旅行社,对接住客们可能的旅行生意。与之类似,可以通过数据挖掘,向住客们推荐租车服务,对旅行者推荐酒店服务……交叉营销顺理成章,锦江系的合力便显现出来。

这样下来,客户停留在锦江系上的消费越来越多,有积分、有优惠的会员卡自然成为他们的首选。不过 10 多月的时间,锦江集团每年 2 000 万的消费人群,有一半已经成为了锦江电商的会员。

不难想象,随着会员数不断增多,数据分析越发精准,锦江系提供的服务越发有针对性,客户体验持续提升,交叉营销也更加给力,锦江电商便进入到加速壮大的良性循环。

即便如此,包磊依然压力不小。因为,按照董事会的设定,锦江电商要成为整个集团的"火车头",用 100 多人的队伍带动集团 5 万人的转型。从目前看,锦江系总销售额一年过百亿元,电商能构成的份额,还不足总盘口的 10%,距离 30%—40% 的目标还很远。庆幸的是,恰如管理大师德鲁克所言:"先做对,再做好。"锦江电商已经完成了"对"的第一步。

(案例来源:IT 经理世界 2013 年 6 月 20 日)

二、7天连锁酒店:电子商务是7天的灵魂

7天是经济型酒店行业比较特别的一家企业:发展多,定价低,还称自己为电子商务企业。为什么提供酒店服务的7天会称是一家电子商务企业?为什么他们大力发展会员?这两者的背后他们的管理和经营理念有何不同?就这些问题i美股近日采访了7天CIO林粤舟,以下是访谈内容:

i美股:郑总在去年接受i美股采访时表示7天更像一家电子商务公司;为什么说提供酒店服务的7天是一家电子商务公司呢?

林粤舟:我们理解的电子商务是以电子化的方式做生意;以区别于传统的线下经营为主的经营模式。

传统的酒店最主要的是酒店位置,选取一个"金角银边"的物业,然后盖一个漂亮的楼,这种方式主要是以地理位置和外观来吸引客人。所以最早的酒店的客源都是步入(walk in)的。这点上无论是酒店还是百货业都是一样的。我们就拿家电业的京东和国美、苏宁比较。国美、苏宁的门店的位置肯定都是很好的,不好的店开了都会关掉;因为位置是它最主要的生意来源。这种就是线下生意模式。京东就把销售搬到了线上,他的销售在线上完成,服务还在线下;但他对位置就没什么要求了。这样他的盈利模式就变了,不需要担心租金问题,这就解决了一个日益增长的线下成本问题。

传统的百货公司,他的租金在成本模型中占了很重要的一部分;电子商务的成本模型就变了,他的成本反而是主要在销售上面。国美的销售费用是比京东低的,因为他不需要做什么东西,公司的楼树在那里就是广告;所以他的广告成本只占很小的一部分。京东的模式注定了他的广告费用就是很高的,需要持续地打广告。

经济型连锁酒店这个行业,十块钱可能就会影响到客人的选择;所以我们要尽可能地降低成本。在我们的成本中租金是最大的一块。所以7天很少有所谓的金角银边的店,这样才能确保低租金。然后我们把营销和整个服务体系放到网上,分店只是一个接待体系;这样我们的成本结构就变成了类似于电子商务公司的成本结构。而且这样我们就可以吸纳更多的加盟店,因为适用的物业多了。

7天虽然也是个重资产公司,但他的灵魂在线上;由线上去主导线下。而不像同行业的其他企业是以线下为主体,线上是补充。这是7天与其他企业的本质区别。

i美股:建立了以线上电子商务为主导的体系后,7天的管理和同行有什么不同?

林粤舟:在连锁业,企业总部必须掌握每个店的经营状况。把营销放到线上后,怎样才能知道每个店服务得好不好?传统酒店的做法是采取明访和暗访的方式监督每家店。这两种方式都有个致命的问题,就是样本太少,而且中间存在很多作弊的情况,另外这也是很大的一笔支出。

有了电子商务系统后,我们就可以采取像电子商务企业一样的做法。每个客人入住7天的酒店后,都会收到我们发的一封邮件,询问他的入住感受。邮件包括两份问卷,一份是简单的点评,点评完后我们会问是否愿意做一份是更详细的调查报告。这

种调查会比传统酒店的问卷调查详细很多,因为当你已经坐到电脑前面时,你就有更多的时间来关注这件事了。现在我们每个月能收到接近 15 万份这样的详细报告,这个数字可以形成一个很准确的统计了。这样每个会员都是我们的调查员,而且分店没有办法作弊。为了感谢会员的帮忙,7 天会赠送一些官网积分,但这种成本比线下明察暗访的方式低多了。

通过这样的调查我们就可以更准确地了解酒店的情况,而且这里面有些开放性的问题,可以让我们更准确地去做一些东西。因为 7 天的总部只有两三百号人,不可能英明神武到每一个决定都是准确无误的;会员在网络上发表的看法就可以纠正我们一些存在偏差的做法。

另外 7 天官网还有个 BBS。我们一直是不删帖的(违反网监的除外),就算客人直接批评和质疑 7 天的帖子我们也不会删除,这样我们的客人有问题都会在 7 天的体系内表达,而我们也能更及时地了解这些。你可以留意一下天涯或者百度贴吧等地方,在这些第三方平台上,关于 7 天的东西和同行比起来是很少的,因为我们已经给了会员一个更有效的表达自己想法的平台。

i 美股:7 天一直提倡扁平化管理,这是不是也需要在电子商务体系下才能实现的?

林粤舟:当一个公司以一种电子商务的思维运作时,自然就会削弱对人的层级管理。人的层级管理是存在信息失真的问题的;而且层级管理存在一定的瓶颈,一旦某个节点断了之后就会失去他下面的一大批人。而在扁平化的管理模式下,一个点的变化对整体的影响是很小的。

i 美股:现在的许多企业都还设置了不同的层级,7 天为何能够削减这些层级呢?

林粤舟:层级管理是传统连锁业态留下来的,我不明白为什么在现代社会还要那些层级?如果非得要我说个原因,那可能是源于“懒惰管理”;在层级管理模式下,领导只需要管好几个人就可以了。但其实这很多时候的是一种个人意志的实现,他并不会过多地理会终端节点的情况。

而我们认为现在的企业更强调人的作用,层级化管理(或者说日本的精益管理)在 80 后 90 后这个群体是不太合适的。他们都很讲究自主,个性。我们设置层级的目的是什么?是保证公司的制度执行吗?那为什么不能发个电子邮件下去就执行呢?我们的制度并没有复杂到需要层层的解说他们才能明白;在现代网络化的管理模式下,直达节点其实是完全可以做到的。

i 美股:减少了这些层级后,总部对店长的监督和管理是不是就变弱了呢?

林粤舟:我们希望每个分店达到怎样的目标呢?无非是这么几点:1. 业绩,这个在我们的系统中每天都可以实时看到;2. 服务好每个会员,我们的会员体系能帮公司做到全方位的监督;3. 不要乱花钱,店长报销也需要通过系统,也能规范他们在其职权范围内进行;4. 不能亏待员工,我们的工资由总部统一发放,员工也可以向公司的任何人发邮件。我们觉得有了这四方面的监督和管理以后,他们(店长)也偏不到哪里去。这就像开车一样，有红绿灯的地方你按交通规则行使，在大马路上你想怎么开就怎么开，不要开到马路边上去就可以了。而且减少层级后可以省去文山会海，让他们有更多的时间去做更有价值的事情。

i美股：7天也一直提倡给店长放权，那店长有哪些权限呢？

林粤舟：做生意的权利。我们的价格是总部定死的；但店长有人事权和经营权。要到哪里发展会员，要花多少钱等是可以由店长自己决定的。全国各地的市场情况差别很大。在北京，发展会员可能要走写字楼；但到一个四线城市，写字楼都没有几栋的地方，那回家探亲的人可能是他的主力客源，那可能就是在车站、机场、小区等场所发展会员，这些就需要店长自己判断和决定。

如果是传统的层级上报制度，可能就需要上报到高层审批；但高层不可能了解实际的情况。他们批不批更多的是看是否信得过你，而不是事情的对错。7天分店店长的报销不需要任何人的批准，直接到会计那说清楚用途就行了。这样我们的反应速度会更快，不用等待长时间的层级审批。

i美股：我听过一个故事，郑总的母亲到某地出游，因为7天客房已满，郑总都没有办法拿到你们自己的客房。这也是因为7天的电子商务体系带来吗？其他酒店好像不会这样。

林粤舟：7天的房态完全是由系统控制的，所以你在7天的官网上看到没有房了，我们全体系就没有房了；而不像其他一些品牌的房态是控制在分店店长手上的。

这是每个企业经营的理念不一样。传统的酒店业是采取高房价高折扣的方式；不同的季节、不同的渠道价格是不一样的；通过这种方式获取最高收益。这样的方式就没办法电子化了，因为里面人为的因素太大了。做成连锁品牌后，有些品牌就延续了一些这样的做法。

而7天的高管都不是从酒店行业出来的，我们理解的经济型连锁酒店的重点是在连锁。连锁最重要的是复制，复制是不能放在人身上的，再强大的培训体系都是无法复制人的，因此把连锁建立在人身上就没办法快速扩张。

连锁里面最成熟的业态是便利店和超市；这两者都有个共性就是：刚性的价格，这和传统酒店业是相差很远的。但7天的连锁用了很多便超的方式，这跟传统的酒店是有很大差异的。酒店业的很多行规都是历史上自己形成的，其实并不符合人们的消费观念。所以对酒店业来说，7天做的是创新，但对连锁业来说我们做的就是行规。

i美股：7天的会员在电子商务体系中有怎样的作用？

林粤舟：7天做的是会员营销模式，基本没有做什么平面广告。我们认为会员营销是成本最低，并且是最快速地针对目标群体的一种方式。我们做的是全会员模式，入住我们酒店的客人有98%都是会员。全会员也是电子商务的基础，不是会员的客人你没办法做后期的营销，就没有多大价值。

我们之前也探讨过，认为在平面媒体打广告是没用的。比如我们花几十万在一份报纸上打广告，可能只有1%的人是有这个住宿需求的，而这当中，能立即产生房晚的比例更低。第二个是供应量,我们不像一般的快消品,酒店的供应量是有限的;我们的广告效果太好也不行,因为没有那么多店来供应。所以我们通过会员去做更加专项的营销,并提升品牌。

i美股:如家、汉庭一般是通过门店发展会员,7天通过发卡这样的方式宣传成本会不会很高呢? 平均发展一个会员大概需要多少成本?

林粤舟:每个渠道的成本都不一样。我们现在发展会员主要通过线上和线下两个渠道。线上通过和不同的公司合作,成本模式可能有些不同。百度、去哪儿,是搜索方式,而跟新浪、网易等是一种类似展示的方式;我们的结算方式是有差异的,成本也不同。线下发展的成本几乎是零,因为那是员工自发进行的。

i美股:那员工发展会员后公司是不是会给他们一些额外的奖励?

林粤舟:我们是按消费结果来看的;如果由他们发展的客人成功入住,他们是会有奖金的;相当于干的活越多,他拿的也就越多。这样员工就会更有主动性了,会考虑在哪做效果更好。而且对员工个人来说也是更好的,对自己也是一种提高。

另外酒店行业还有个很重要的特点,最重要的是回头客。发展会员就是最好地抓住回头客的一种方式,所以我们认为这种的方式是非常高效的。

i美股:7天1600多万的会员中有多少是活跃会员?

林粤舟:有过消费记录的会员在500万左右,剩下的是两年内登记过但目前还没有消费的会员;两年没有消费记录的会员我们不再保留会员资格。

i美股:7天来自网络预订的间夜量有多少?

林粤舟:我们来自网站、手机等线上预订的客户在85%左右(其中呼叫中心5%左右);直接到门店入住的比例在10%—15%左右;来自中介的比例只有1%。

i美股:汉庭、如家也有自己的网站、也可以通过电话预订,也有自己的会员体系;为什么7天要把基于会员体系构建的系统叫电子商务呢? 这里有什么本质的不同?

林粤舟:现在的互联网是个微利行业。比如在淘宝上,一毛钱可能就会影响你的购买决定;这跟线下是完全不同的。在线下从一家分店到另外一家分店的切换,顾客要花费额外的成本,而在我们的电子商务体系中,会员在不同分店之间切换的成本是零,所以低价可以让我们更好地维系会员体系。

我们的对手虽然也有相应的会员体系,但规模要小得多,因此他们比较依赖费用昂贵的第三方中介渠道,在平衡成本的压力下,他们就很难提供更有竞争力的价格。这样的方式和现在的互联网精神是不符合的;当企业规模扩大到一定程度时,他们的压力就会更大,而他们要发展成完全的商务电子体系的困难也会越大。

(案例来源:i美股2011年3月3日)

思考与练习

1. 锦江国际为什么要做电子商务?
2. 如何理解"从本质上说,电商也就是要对内节流,对外开源"?
3. 为什么说提供酒店服务的7天是一家电子商务公司呢?
4. 7天的会员在电子商务体系中有怎样的作用?

课后实践

比较研究五星级酒店和经济型酒店的互联网转型之路,比较他们的差别? 撰写一篇小论文,谈谈你对不同酒店(如五星级酒店和经济型酒店)互联网转型的理解。

第五章 景区电子商务

横店影视城搭上"电子商务快车"

扫一扫二维码,输入验证号,游客通过手机,就能轻松进入横店各大景区游玩。随着电子商务的普及和运用,越来越多的游客成为横店旅游的粉丝。据统计,今年1—7月份,横店影视城游客突破800万人次,网络销售额超过8000万元。

登录横店影视城官网首页,点击旅游预订,选择门票预订,然后填上预达日期,订票人数,选择景点,点击立刻预订,就可以完成门票预订。"在官网上订票,不超过一分钟。"横店影视城营销分公司副总经理张伟说,网上订票方便、快捷,越来越受到游客的喜欢。除官网外,横店影视城与淘宝天猫旗舰店、携程网、艺龙网、同程网等第三方平台合作,极大地推动了网络售票覆盖率。"网络带来的效益是显而易见的。"张伟说,目前电子商务销售份额占横店影视城总销售份额比例正在逐年上升。

十年前,横店影视城通过派驻全国各地市场部门的营销人员来拓宽业务渠道,提高知名度。十年后,随着电子商务的发展,通过网络营销,让横店影视城蜚声海外。自2009年试水网络营销,横店影视城建立了以官网、社区、手机APP,以及微博、微信等新兴社交媒体为中心的自媒体网络平台。目前,微博矩阵的总粉丝已达到30万,微信总粉丝达4万。

在快速推进旅游电子商务的同时,横店影视城开辟了官网在线预订、分销代理和自营淘宝旗舰店三大销售渠道,在线预订与局域网售检票系统实现了无缝对接。"发展网络销售,横店影视城具有两大优势。"张伟说,一是产品资源丰富,涵盖景区、酒店、交通、影视、商贸等,产品创新和整合的空间非常大。另外,横店影视城固有的知名度,在推广时容易引发广泛关注,且传统的市场渠道已经营得比较成熟,为从线下走到线上打下了坚实基础。

张伟说,接下来2—3年内,横店影视城将完成旅游电子商务营销平台的构建目标,3—5年内,将官网建成为横店影视城品牌文化创意输出的传播平台。而打造国内一流的旅游电子商务平台是横店影视城的最终目标。

(案例来源:金华日报2014年08月26日)

案例思考

1. 横店影视城发展电子商务,具体表现在哪几个方面?
2. 横店影视城发展电子商务的优势体现在哪里?

第一节 景区电子商务概述

一、景区电子商务概念

对景区概念的界定,国内多依据国家旅游信息中心对景区质量等级的划分与评定:景区是以旅游及其相关活动为主要功能或主要功能之一的空间或地域,具有参观游览、休闲度假、康乐健身等功能,是具备相应旅游服务设施并提供相应旅游服务的独立管理区。该管理区应有统一的经营管理机构和明确的地域范围,包括风景区、文博院馆、寺庙观堂、旅游度假区、自然保护区、主题公园、森林公园、地质公园、游乐园、动物园、植物园及工业、农业、经贸、科教、军事、体育、文化艺术等多种类型。

景区电子商务是旅游电子商务的重要组成部分,是电子商务在景区管理中的应用,其本质是以景区为核心,通过先进的信息技术手段改进景区的内部管理,对外(包括旅游者和其他旅游企业)进行信息交换、网上贸易等电子商务活动。景区作为旅游市场这个大系统的重要单元,它与整个市场系统必须保持密切的输入、输出关系,并进行大量的资金、服务、信息等的交换。景区电子商务应用是通过旅游市场这一媒介而起作用。

二、景区电子商务的发展概况

(一)国外概况

早在 20 世纪 90 年代中后期,欧美诸多旅游发达国家就已经开始在景区的营销与分销方面利用互联网,为游客提供更为便捷的服务,进而实现旅游产品上游供应商、游客和电子商务运营商的共赢。美国在 1996 年就开始在景区实施电子商务,并于 1998 年获得了快速发展。根据美国旅游协会(TIA)报告,为旅游相关的目的而使用网络的旅行者数量在 1996—1998 年之间实现了第一轮飞速增长,两年内该群体人数上升了 141%,1998 年,已经有近半数的旅行者在网上订票,具有经常出行习惯的旅行者中 51% 的人会采用网上订票(大多数采用条形码检票方式)。欧洲起步比美国晚几年,但紧跟美国旅游市场的步伐,其在线业务份额也日益增多。日本在网络普及率方面,位居全球互联网普及率第一的位置,电子商务的发展在亚洲处于领先地位,虽然起步比欧美晚,但是已形成了一定的规模。

根据 PhoCusWright 发布的数据显示,近年来,北美网络旅游订单占北美整个旅游市场订单的比例年均为 56%;欧洲的比例为 41%,而亚太市场的比例为 20%。从发展趋势来看,全球三个主要市场,网络预订订单占全部旅游订单的比例都处于连续上升的趋势,其中北美市场相对成熟,增长速度趋于平稳,而欧洲与亚太市场的增速都非常显著。

(二) 国内概况

据国家旅游局统计公报显示,我国 2007 年旅游业总收入 10 957 亿元人民币,至 2012 年旅游总收入为 2.59 万亿元人民币,2013 年旅游总收入 2.95 万亿元人民币,同比增长 14%。据世界旅游组织预测,到 2015 年,中国有望成为世界最大的旅游市场。我国旅游市场在中国经济迅猛发展的推动下,通过全行业和全社会的共同努力,将踏上新的台阶。互联网影响着人们的旅游消费方式,同时孕育出旅游的新业态。1996 年,国旅总社参与投资创办华夏旅游网,标志着我国旅游电子商务网站诞生。根据艾瑞统计数据显示,2013 年中国在线旅游市场交易规模 2 204.6 亿元,同比增长 29%,具体数据如图 5-1 所示:

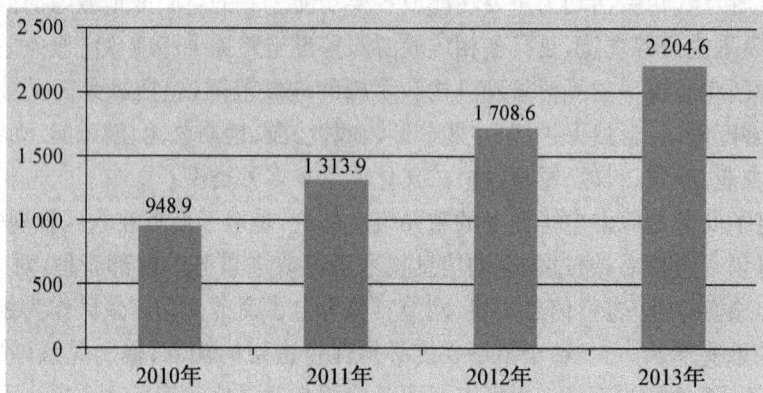

图 5-1　2010—2013 年中国在线旅游市场交易规模(单位:亿元)

据中国互联网络信息中心称,截至 2013 年底,中国网民规模达 6.18 亿,互联网普及率为 45.8%,手机网民规模达 5 亿,使用手机上网的人群占比 81%。研究表明,未来旅游电子商务发展将以移动电子商务为主流方向。

(三) 数字景区建设

我国数字景区的试点建设是在"金旅工程"开展以后,即原国家建设部从 2003 年开始启动了国家重点风景名胜区的数字化建设,并推荐黄山风景区和九寨沟风景区开展试点,从此全面拉开了国内风景名胜区数字景区建设的序幕。2005 年,原国家建设部在对两个示范景区进行一期工程验收后,在九寨沟景区现场召开了《数字化景区建设工作会议》,同时部署了数字化景区建设试点推广的工作,先后公布了另外 22 家风景区为数字化景区试点单位。经过一年多的时间,这 24 家试点景区的数字景区建设工作进展迅速,取得了不同程度的建设成果,如"数字九寨"、"数字黄山"、"数字武夷"、"数字武陵"、"数字庐山"、"数字泰山"、"数字云台"、"数字峨眉"、"数字石林"等数字景区不断涌现。这些数字景区都通过信息技术系统开展管理。通过遥感技术动态监测景区的变化,并利用地理信息系统的空间分析功能将景区的实时遥感影像与规划资料或历史影像对比分析,实现对景区规划实施情况以及资源与环境的保护状况进行定期与不定期的动态监测。

在数字景区建设中,景区的环境资源管理是电子化管理建设的重点,现住房和城乡建设部在 187 个国家级重点风景名胜区开展了监管信息系统建设和动态遥感监测工作。截止到 2009 年底,全国已有 27 个省级主管部门和 148 个国家级风景名胜区基本完成了监管信息系统的建设工作,采购遥感数据 8.5 万平方公里。这些工作为数字景区建设奠定了重要的基础工作。另一种数字景区建设以服务管理为重点,建设内容主要为以大屏幕、触摸屏等多种技术手段为载体,以多媒体和虚拟现实等多种手段为表现形式的旅游资讯服务,基于视频监控和 GPS 技术的游客安全监控和指挥调度,旅游目的地资源营销服务等。这些工作为景区从管理到旅游服务探索和实践了基于数字化技术的发展新模式。虽然"数字景区"的建设取得了一定的成果,但还存在一些问题,尤其是提供对游客的电子化服务方面,存在着数字旅游服务平台综合程度不高、缺乏网上预订与支付等电子商务功能等问题。因此,创建"数字景区"需要兼顾管理与服务,需要经历一个漫长的发展过程。

三、景区电子商务发展模式

(一) B2B 交易模式

B2B 交易(Business to Business)。具体来讲,这种运行模式又表现为以下几种情况:

1. 旅游企业之间实施旅游产品代理,分为特定企业间电子商务和非特定企业间电子商务两种形式。特定企业间电子商务的主体是过去或未来持有合作伙伴关系的企业,为了互利共赢,根据市场需求共同设计、研发、管理信息网络的一种发展模式。例如,航空公司的服务器与机票代理商的服务器,两者通常采取实时链接的方式,当机票价格出现变动,代理商数据库中也会立即显示出来。非特定企业间的电子商务,是基于互联网开放性、交互性的特点,不断寻求战略伙伴的一种发展模式。目前很多景区门户网站都具有查询其他旅游企业报价,提供交易链接的功能,为客户自主选择提供更加开放的空间。

2. 旅行社之间相互拼团。同一条旅行线路,通常有多家旅行社经营代理,而且出团时间大多比较接近,利用这一优势,当旅行社各自游客较少时,在征得客户同意的情况下,将多家客源合并,重新组成一个新的旅行团,并交由其中一家旅行社带团,通过这种资源整合以实现规模合作的方式,可以有效降低企业运行成本。

3. 景区当地接待社批量订购当地旅游饭店客房、景区门票。

4. 客源地旅行社与景区接待社之间的委托、支付关系等。

(二) B2E 交易模式

B2E 交易(Business to Enterprise)。B2E 交易模式中的 E,专指与旅游企业间持有长期业务关系,或享受旅游企业各项商旅管理服务的大型企业、机关、单位。大型企业和机关单位有需要处理的大量公务出差、组织员工旅游等事项,通过与专业旅行社合作,由旅行社根据其出行情况,协助制定合理的出行方案,为相关企业出行服务提供全程代理。还有一些企业则与机票代理商、酒店等企业保持稳定的业务关系,从而享受优惠价格。B2E 交易模式现行的应用系统是企业商务旅行管理系统（Travel Management System,简称 TMS）。此外,该系统具有统计报表功能,客户端的管理者可以从 TMS 中生成详细的出差费用报告,并进行相应的财务分析,从而控制成本、优化预算,实现财务目标管理,提升企业科学化管理水平。

（三）B2C 交易模式

B2C 交易（Business to Customer）。B2C 交易模式即电子旅游零售。旅游业是一个客源地域高度分散的行业,B2C 交易模式直接面向零散客户,为客源地的游客提供查询、预订等便捷服务,从而克服远程固有的信息不对称性。目前,通过旅游电子商务门户网站购票、订房,已经成为最普遍的个体电子商务形式之一。B2C 交易还包括向游客销售旅游产品,提供中介服务等。

（四）第三方电子商务模式

该模式不由旅游资源拥有者的景区搭建,是由第三方建立运营在线交易网站,主要的代表有驴妈妈、去哪儿等。这类平台通过自身的营销宣传,扩大品牌知名度,获得市场的认可,平台利用对市场的影响力为景区开展各种电子商务活动。这种模式有效地实现了资源优化,平台运营商和客户可以获得相对优惠的价格政策,一般来讲平台商为了获得更大的流量和扩大市场占有率会将这种优惠直接体现给通过平台预定产品的游客。另一方面,对于中小景区来说无需投入大量的资金建设电子商务系统,只需依托这些平台就能完成其产品的在线销售,为景区带来大批中高端自助游客。第三方电子商务平台改进了传统的景区服务方式,加快了景区电子商务的发展。

（五）政府旅游服务网站模式

这种模式主要是指由地方旅游行政管理部门建立的旅游网站,这类网站比较多,基本每个省市都有,是作为地方主要的旅游网络宣传窗口,比如四川旅游咨询网（www.tsichuan. com）、山东旅游网（www. sdta. cn）等。这一模式以政府为主导,信息量比较大,信息的可信度高。政府主导的模式市场化程度低,电子商务效果相对较差。

四、国内景区信息化建设

根据景区信息化发展水平,将国内景区大体分为三种类型,即初级信息化景区、数字景区和智慧景区。

（一）初级信息化景区

目前我国大部分中小景区正处于信息化建设伊始阶段,属于初级信息化景区。初级信息化景区主要依托计算机、局域网、多媒体和互联网技术初步建立了办公自动化系统和景区门户网站。但资金短缺导致信息化程度低,基础设施和配套设备落后,已建成的系统后期维护能力差,景区软实力建设长期滞后。

（二）数字景区

数字景区有两层含义:一是指景区数字化,将现代信息技术引入景区工作中,利用信息化技术来管理景区,景区既有的工作模式也因之而有所改变和发展;二是指综合运用 3S 技术、多媒体技术、大规模存储技术以及虚拟仿真等技术实现对景区的基础设施、功能机制进行自动采集和动态监测管理,并为景区规划和建设提供辅助决策服务,借助网络或其他信息传播途径对大众进行传播和宣传。大多数学者对后一种含义认同度更高,认为数字景区是在信息时代以数字技术对景区功能的强化再现、延伸和扩展。

综上所述,对数字景区给出如下定义:以系统论、信息论、控制论、管理学等为理论指导,以计算机技术、3S技术、虚拟现实技术、网络技术为手段,通过信息资源的整合及深度开发,为景区资源保护与监测、业务与行政、游客服务、景区营销提供辅助决策功能的管理信息系统。

目前,我国数字景区主要集中于规模大、实力强的国家级或省级风景名胜区、自然保护区等。但由于起步较晚,数字景区建设还存在系统间集成程度不高、业务目标体系不清晰、电子商务平台不完善、管理智能化水平不高和景区文化传播不到位等问题。

(三)智慧景区

智慧景区信息化建设,是基于数字景区建设成果,通过物联网、传感网和空间信息技术等最新技术的集成,实现对景区基础设施、资源环境、游客活动、灾害风险等方面的更全面、及时的感知和精细化管理。

五、景区电子商务发展的意义

(一)促进旅游资源整合,实现景区规模效益

景区的发展会催生大量相关旅游企业,如酒店、旅行社、旅游交通等,但这些企业普遍存在规模较小、各自为政的现象,最终导致服务质量低、市场竞争无序等状况。要使景区得到健康有序发展,必须依靠旅游产业实力的整体提升。通过开展旅游电子商务,可有效缓解旅游信息不对称,增加市场透明度,整合旅游资源,树立旅游产业服务品牌,最终实现产业链的整合和优化。

(二)降低景区运营成本,提高运营效率

在交通通信方面,景区为拓展业务,增进与协助企业的联合发展,其业务人员必须与各地业务相关者保持密切联系,通过互联网低廉的沟通工具可以顺畅地进行交流,节约了景区开支;在搜集与传播信息方面,景区需要搜集各类信息,如旅游者需求动向、其他旅游企业情况、旅游热点问题等,同时也需要将景区信息传播出去,如服务信息、营销项目等,促进景区市场交易效率的提高。电子商务为此提供了先进的平台,不但提高了信息传输的通达性,还具有传统媒体无法具有的交互性和多媒体性,可以实现实时传送声音、图像、文字等信息,也可直接为信息发布方和接收方架设沟通桥梁。

(三)满足个性化需求,提高旅游自由度

旅游者在景区进行传统旅游活动时,往往会因为跟团旅游,导游服务质量差、旅游者行为受到约束等问题而对景区印象大打折扣,使旅游者利益受损。当前个性化的旅游消费正逐步替代传统的团队旅游,景区电子商务可以为散客旅游者提供景区预览和决策参考信息。旅游者可以通过互联网提供的可视的、可查询、可实时更新的信息搜寻自己需要的旅游产品,景区在与潜在旅游者交流沟通的基础上,根据旅游者个人偏好和要求设计旅游产品,提供个性化的旅游方案,使旅游者获得更大程度的满足,也为企业

赢得了更多的利润空间。

六、景区电子商务发展的趋势

旅游电子商务在旅游信息产业中被认为是最为突出的领域，据赛迪网统计，全球旅游电子商务连续 5 年以 350% 以上的速度增长，一度占到全球电子商务总额的 20% 以上；世界旅游组织商务理事会（WTOBC）的统计显示，世界主要旅游客源地约 1/4 的旅游产品订购将通过互联网进行，这说明，景区要实施旅游信息化建设，电子商务在其中将起到举足轻重的作用。

（一）第三方电子商务模式会有更大发展

第三方电子商务模式是符合我国景区实际情况的电子商务推进模式，我国大部分景区存在"小、弱、散"的问题，对于中小型景区来讲没有能力自行建设景区网站或者那些已经建成的网站都访问量较低，很难凸显电子商务的优势。第三方电子商务模式通过强大的旅游搜索引擎和旅游信息库可实现专业且个性化的产品组合，信息沟通速度较快、访问量和知名度较高，可为景区提供良好的网络整合营销平台。今后，第三方模式将凭借这些优势得到更进一步的发展，推动我国景区实现电子商务。

（二）规模化经营将成为主要趋势

旅游业以互联网为平台开展电子商务具有天然的优势，导致旅游电子商务网站数量的迅速增加，掀起了各网站之间的激烈竞争。发展较好的景区网站逐步通过品牌化、规模化竞争，逐步站稳脚跟，而那些知名度低、规模较小的网站缺乏资源优势无法在竞争中长期立足，优胜劣汰无可避免。在这种形势下，大型景区将会在电子商务领域投入更多资金，扩展网站功能，增大业务覆盖面，增强服务内容；中小型景区除借助第三方中间商外，还会利用互联网的优势，形成景区联盟，化竞争为合作，追求双赢模式下的平均利润，以维持生存与发展。

（三）网站功能整合程度提高

目前，大多数景区电子商务服务网站只是比较侧重于服务信息、发布和网络营销。随着旅游电子商务发展不断成熟，景区电子商务的服务内容也必将得到扩展，实现集线路预定、团队组合、网上交易、服务监控、投诉管理于一体的"一站式"服务。在服务范围方面，利用网络整合资源方面的优势，将更加倾向推出"小而精"的旅游特色服务，满足旅游者个性化需求，弥补传统经营模式下，偏重大团队、服务内容陈旧的缺陷。

（四）模式创新程度提高

电子商务为代表的新经济往往把创新作为灵魂和核心，随着电子市场和景区的发展，旅游企业交易需求的日益提高，对景区电子商务模式的要求也越来越高，这必然会导致新的电子商务模式的诞生，模式的创新程度也就越来越高。

思考与练习

1. 简述景区电子商务的概念。

2. 简述旅游电子商务体系及其构成。

3. 简述景区电子商务发展模式。

4. 简述景区电子商务发展的意义。

5. 简述国内景区信息化建设的类型。

课后实践

携程旅行网、艺龙旅行网上市以来,国内的在线旅游市场一直呈现快速增长的势头,在线旅游企业近几年的发展也是非常迅猛,以至于吸引了资本市场的浓厚兴趣。但恰好是在这样的环境里,在产品资源、资金、政策和人力上都有明显优势的景区企业,没有一家算得上成功的旅游电子商务企业。制约景区电子商务发展和运营的因素很多,其中最关键的因素是人的因素。据此,请完成以下练习。

1. 项目名称

景区电子商务发展调查

2. 实践目的

选定一个景区,调查该景区旅游资源及特色,分析该景区有无开展电子商务并给出建议。

3. 实践步骤

(1) 选定一个景区,调查该景区旅游资源及特色

(2) 调查该景区发展现状

1) 政府部门的扶持与引导情况

2) 景区自身电子商务开展的情况

(3) 景区若开展了电子商务,分析其旅游电子商务的主要运营模式

(4) 景区若没有开展电子商务,请结合景区发展实际,给出景区电子商务发展的建议。

第二节　景区信息化管理

随着国际旅游业的不断发展,我国旅游电子商务也在不断走向成熟,旅游电子商务的服务内容不断扩大,功能不断增加,技术越来越先进,通过不断的资源整合,趋于专业化、特色化和个性化。景区电子商务一方面可以对内整合旅游产品、旅游服务等资源,提高资源管理能力;另一方面可以提高景区对外的宣传和销售,承担景区主要的网络营销职能。景区电子商务通过不断的扩展,可以拓展到景区周边的旅游资源整合,在一定区域内搭建区域性的旅游资源整合运营平台,有利于景区的发展,也有利于带动区域经济的发展,随着旅游市场的不断扩大,景区电子商务将迎来新的发展阶段。

一、景区管理信息化

景区实施管理信息化的最终目的是为了提高经营管理水平,通过平台管理增强景区管理的科学性。景区管理信息化的最终发展阶段并非单个景区的数字化改造,而是整个旅游系统乃至整个社会的数字化控制及管理。为此,景区管理信息化建设应该从长远发展考虑进行建设,在平台构建的时候强调基础数据的标准化和应用界面的可升级性。

景区管理信息化管理要以信息技术为基础对景区的管理实施全面系统改造,因此在进行景区信息化建设时要有统一的规划,进而分步骤实施。如图 5-2 所示,一般可以将景区管理信息化建设按照顺序分为以下七个步骤。

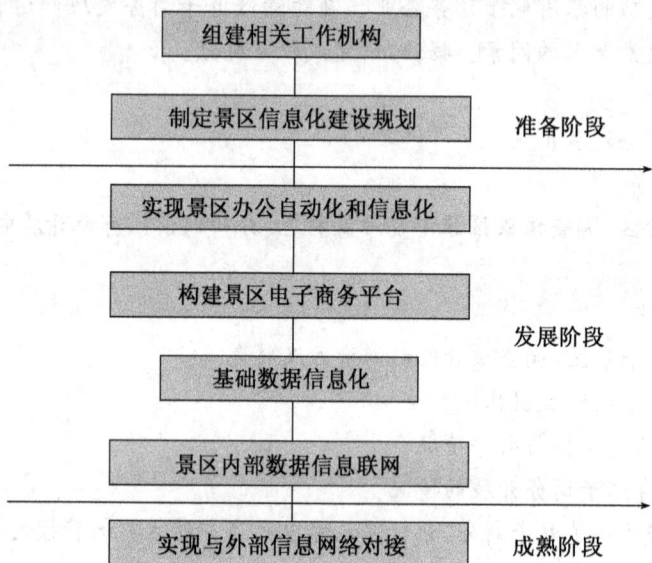

图 5-2 景区管理信息化建设步骤

二、景区电子商务体系结构

景区电子商务平台的结构一般是指软件结构,尤其是业务处理的应用软件体系,它是体现业务处理方面的竞争优势的重要内容。目前,大多数景区电子商务系统软件都采用三层 B/S 结构模式。在软件功能设计上,采用电子商务系统常用的层次结构,它把应用程序的功能分解到三个逻辑层中:表示层、业务层、数据层。

(一) 表示层

表示层主要是接收消费者的请求和咨询,实现与消费者信息互动,并把产品信息展示给消费者,同时接受消费者的商务请求,如预订产品、支付费用等,实现一般商务的操作管理。

该表示层的设计特点主要是界面友好、响应速度快、互动性强,而且具有良好的容错能力。

让一般的消费者能够自如地操作,稳定地处理事务性业务。

(二)业务层

这是电子商务系统的核心部分,主要由业务处理系统、产品管理系统、业务与订单系统、销售和营销系统以及业务分析系统等组成。业务处理系统主要考虑处理的能力、吞吐量和处理速度等问题;产品管理系统主要管理景区及周边所有可销售的产品,主要考虑展示方法和技术;业务与订单系统主要负责订单管理;销售和营销系统主要包括合同管理、价格管理、销售管理以及营销和促销管理等。

(三)数据层

数据层主要考虑不同系统间业务数据的实时交换,客户数据记录与实时交换,对外系统尤其是其他应用系统的数据交换等。数据层中的外联数据主要是与其他应用系统的数据交换,如景区与旅行社系统的数据交换、与代理商之间的业务数据交换等。

三、景区电子商务平台构建

构建景区电子商务平台,可以提升景区的互联网形象,加快"数字化景区"建设,同时也为旅行社的规范管理提供了依托,通过节约经营成本,加强对导游和财务的管理,减少经营风险。通过电子商务平台,让国内外游客更加全面的认识景区,吸引更多的游客来景区观光旅游度假,吸引高端的游客来景区消费。

(一)景区电子商务平台技术

景区电子商务平台一般采用大型网站技术架构,多服务器分布式服务,高安全性、高可扩展性技术平台方案。系统在开发过程中一般采用的主要技术有:J2EE 技术、WEB 技术、DB2、Ajax 等。

1. J2EE

J2EE(Java2 企业版,Java2 Enterprise Edition)是由 Sun 公司推出的一项中间件技术。J2EE 核心是一组技术规范与指南,其中所包含的各类组件、服务架构及技术层次,均有共同的标准及规格,让各种依循 J2EE 架构的不同平台之间,存在良好的兼容性。

J2EE 组件和"标准的"Java 类的不同点在于:它被装配在一个 J2EE 应用中,具有固定的格式并遵守 J2EE 规范,由 J2EE 服务器对其进行管理。J2EE 规范是这样定义组件的:客户端应用程序和 applet 是运行在客户端的组件;Java Servlet 和 Java Server Pages(JSP)是运行在服务器端的 Web 组件;Enterprise Java Bean 组件是运行在服务器端的业务组件。

2. WEB 技术

WEB 的本意是蜘蛛网和网的意思,在网页设计中称为网页的意思,表现为三种形式,即超文本(hypertext)、超媒体(hypermedia)、超文本传输协议(HTTP)等。WEB 是一种典型的分布式应用结构。WEB 应用中的每一次信息交换都要涉及客户端和服务端。因此,WEB 开发技术大体上也可以被分为客户端技术和服务端技术两大类。Web 客户端技术:Web 客户端的主要任务是展现信息内容。Web 客户端设计技术主要包括:HTML 语言、Java Applets、脚本程序、CSS、DHTML、插件技术以及 VRML 技术。

Web 服务端技术:Web 服务端技术也是由静态向动态逐渐发展、完善起来的,主要包括服务器、CGI、PHP、ASP、ASP. NET、Servlet 和 JSP 技术。

3. DB2

DB2 是 IBM 出品的一系列关系型数据库管理系统,分别在不同的操作系统平台上服务。景区电子商务平台使用 DB2 强大的数据管理功能,统一数据库标准和系统接口标准,将设计的系统整合为同一的旅游交易平台,增强景区、旅游企业和游客之间的互动效果。

4. Ajax

Ajax 即"Asynchronous Javascript And XML"(异步 JavaScript 和 XML),是一种创建交互式网页应用的网页开发技术。Ajax 不是一种新的编程语言,而是一种用于创建更好更快以及交互性更强的 Web 应用程序的技术。使用 Javascript 向服务器提出请求并处理响应而不阻塞用户!

(二)景区电子商务平台需求分析

景区电子商务平台主要分成两个部分:前台预订及浏览和后台管理及设置。前台预订及浏览的主要功能有:景区门票预订、酒店预订、旅游线路预订、新闻及公告信息等。后台管理及设置主要功能有:基础网站、系统管理、服务商管理、订单管理、银行结算等。

(三)景区电子商务平台架构

景区电子商务平台承担的是网上预订、产品管理分析和景区网络营销的任务,客户对象主要是游客和旅行社。在平台上开展景区产品的商务预订交易,服务介绍展示,营销信息发布。一般而言,景区电子商务平台主要实现以下两类功能:① 面向客户功能包括:用户注册、用户信息管理、用户订单管理、景区新闻发布、景区门票预订、酒店预订、旅游线路预订、租车预订。② 平台及服务商管理功能:注册客户管理、后台操作用户及权限管理、各类服务商信息及产品管理、各类服务商订单管理、财务账务管理、各类统计分析报表管理等。

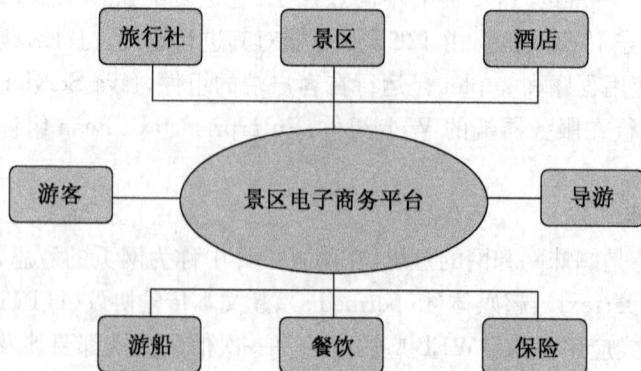

图 5-3 景区电子商务平台的业务对象

通过对景区平台业务对象的分析,景区作为旅游活动的主体,具有资源整合的主动权,围绕旅游链条将旅游各环节资源,诸如酒店、旅行社、游客、保险、餐饮、游船、导游等通过电子商务平台进行快速流转。较大规模和知名度的景区,不但具有资源优势,还有市场优势和资金优势,将门票、酒店、线路等产品集中到网络平台进行销售预订,扩大了产品的销售渠道,实现了景区服务模式向精细化的转变。

四、景区网络营销

景区网络营销,是景区借助旅游电子商务平台,将各种景区旅游资源和服务对外推销的一种营销活动,具体包括景区产品信息在网上传递与接收、产品订购、付款、客户服务等各类网上销售活动、利用网络开展景区品牌宣传、市场调查分析、财务核算及旅游产品开发设计等内容。景区网络营销可以为景区提供全方位的展示机会,实现景区与游客的双向互动式交流,为景区营销突破时空限制,降低成本,增加客流量。

(一) 景区网络营销的特点

1. 产品展示性

景区可以利用多媒体特性,全方位展示产品、服务和旅游项目,比如景区的 3D 图片内容,使得消费者全面认识景区,激发其消费欲望。

2. 突破时空性

旅游网络营销可以改变传统营销受时间和空间限制的局面,使得景区可以在任何时间对全球范围内的旅游消费者展开营销活动,有利于开发远程市场。每个旅游企业都可以通过网络公开地展示自己,减少市场进入门槛,为旅游企业发展提供了更好的空间。

3. 成本低廉性

景区网络营销拓展了营销渠道,缩短了营销进程,有效降低了传统营销的推销成本,同时也提升了景区对外宣传的效果。

4. 双向互动性

景区网络营销能够实现旅游企业和旅游者之间的双向互动式的交流,打破原有信息不对称的局面,使得旅游者在选择旅游企业服务时处于主动的地位,并且获得更大的选择权。例如,旅游者可以通过与景区的网络联系,了解当时当地的气候条件、客房的折扣率等,从而帮助旅游者掌握最佳出行时机,提升旅游的体验度。

(二) 景区网络营销的方式

1. 网站 SEO 优化

如何让更多的搜索引擎能够搜到景区要宣传的网站和内容,不仅从技术上进行优化,更要为网站设定精准的关键词,将标志性的关键词加到网站首页上,并根据搜索引擎的统计结果适时调整,做到有的放矢。

2. 社区推广

景区文化、景区图片、景区游记攻略等都是网民出游前经常要搜索浏览的信息,景区可以通过网站论坛主动加载这些内容,经常以活动帖的发起、回帖、顶帖等手段,引出话题,制造热点,宣传景区及其旅游产品。

3. 视频推广

景区网站通过发布高质量、主题鲜明的视频,对游客进行更加生动的形象宣传,甚至允许视频链接被其他 SNS 社区转载分享,扩大宣传的效果。

4. 网络广告

旅游是带有很强的季节性的,景区网络营销具有阶段性的特征,所以景区在进行营销宣传的时候也需要根据不同的季节进行相应地调整。在点击率高的门户网站或者是专业的旅游网站,阶段性地播放景区宣传广告,可以达到事半功倍的宣传效果,因为访问这些页面的浏览者大多是潜在游客,通过阶段性的宣传效应,容易激发其产生旅游消费动机。

思考与练习

1. 简述景区信息化建设的步骤。
2. 景区电子商务平台实现哪些功能?
3. 简述景区网络营销的特点。
4. 什么是 WEB 技术?

课后实践

景区电子商务是一种全新的服务模式。景区网站应将服务项目进一步深化、细化,不断通过提高现有服务质量和配套服务来提高网站信誉,展示自身可信度,为景区电子商务发展营造便捷的营销环境。

1. 项目名称

旅游电子商务景区网站分析

2. 实践目的

检索国内外著名旅游风景名胜区的相关网站,体会电子商务在景区营销中发挥的作用。

3. 实践要求

(1) 检索国内外著名旅游名胜风景区的相关网站;

(2) 体会电子商务在景区营销中发挥的作用;

(3) 掌握基本的网上营销方式。

4. 实践步骤

(1) 根据实际情况,把班级所有同学分为 5 个小组,每组 7～8 名同学,进行分析讨论。

(2) 各小组分配情况如下:

第一小组检索分析西湖景区;

第二小组检索分析中山陵景区;

第三小组检索分析苏州乐园景区；

第四小组检索分析泰山景区；

第五小组检索分析三亚景区。

（3）各小组根据分配的旅游名胜风景区进行诊断分析，并且与其他同类景区网站进行比较，掌握网上旅游资源宣传营销的方法。

第三节　景区电子商务典型案例

一、西湖游览网

1. 项目简介

西湖傍杭州而盛，杭州因西湖而名。自古以来，"天下西湖三十六，就中最美是杭州"，以西湖为中心的西湖景区，是国务院首批公布的国家重点风景名胜区，是全国首批十大文明风景旅游区。

西湖游览网创立于2011年，是中国领先的新型B2C旅游电子商务网站，中国最大的自助游产品预订及资讯服务平台。西湖游览网成立之初就以自助游服务商定位市场，经过数年发展，形成了以打折门票、自由行、特色酒店为核心，同时兼顾跟团游的巴士自由行等网络旅游业务，为游客出行提供一站式服务便利。同时，网站致力于将传统旅游线下运营和网络营销有机结合，为旅游企业提供精准网络营销，包括为旅游企业搭建在线电子商务平台、产品分销、网络营销策划、活动策划、网络媒体投放等整合营销服务。秉承"诚信、激情、创新、多赢"的企业理念，西湖游览网鼎力支持旅游企业全面提升电子商务应用水平和网络营销应用能力。

2. 投资方

西湖游览网是西湖景区资产集团公司下属全资国有企业，杭州西湖风景名胜区文化旅游有限公司投资建立。公司以整合西湖风景名胜区资源，做大做强国有资产为目标，大力挖掘、发展文化休闲旅游、电子商务和广告服务等业务。

目前，公司致力于西湖风景名胜区信息化"十二五"规划项目实施，大力推进"智慧西湖"项目建设，为杭州这座美丽的城市再添一张"智慧旅游"的金名片。"西湖游览网"的建设是打造"智慧旅游"的第一步，网站可为游客提供吃、住、行、游、购、娱一站式服务，具有全面、权威、便捷、优惠等特点。

3. 网站特色

西湖游览网目前共有7个频道，其中，门票预订、住宿预订、餐饮预订、自助游、驴友天地等都是西湖游览网最具人气的也是全国同类电子商务网中最具人气的频道之一。

门票预订：集合了杭州西湖及周边最优惠的景点门票，销售记录不断刷新，在游客中形成强大的品牌效应。

住宿预订：拥有最舒适、最优美的住宿环境，在平台上可以任意挑选。

餐饮预订：有杭州最知名的百年餐馆和佳肴，每周都有不同主题的活动和优惠信息。

自助游：精心挑选了最受欢迎自助游线路，并为游客推选了杭州休闲娱乐的最佳去处。

图5-4　门票预定

图5-5　住宿预订

图 5-6　自助游

　　驴友天地：数万个等游客在上面讨论杭州最知名的西湖龙井茶、丝绸、天堂伞等特色物产，杭州最美的景点等信息。

图 5-7　驴友天地

　　总的来说，西湖游览网是西湖景区官方旅游电子商务平台，起点高、要求高、可信度高。西湖游览网是西湖景区门票网络销售的唯一代理商，完全掌握自定旅游线路及组合产品的定价权、销售权，有绝对的竞争优势。西湖游览网是名胜区打造"智慧西湖"的重点工程，随着配套设施的建设和推广，西湖游览网的受众面、知名度和发展空间将急剧上升,实现政府、加盟商家、西湖游览网三方共赢的良好局面。

(案例来源:西湖游览网)

二、虚拟紫禁城

在故宫博物院建院 83 周年庆典上,由故宫博物院和 IBM 公司合作开发的虚拟空间"超越时空的紫禁城"正式上线,从此全球游客可以在网络上探索紫禁城的方方面面。

据悉,该项目历时三年,耗资三百万美元,游客不仅能游览故宫建筑和陈设,还能够观看古代帝王家族生活场景,这些人物动作全部由演员通过动作捕捉进行模拟。在虚拟紫禁城中,对许多极为重要的文物或建筑,比如太和殿,都有文字注释甚至是图片,使访客能够深入了解建筑物及其用途,具体查看所选文物的细部特征。

1. 项目简介

图 5-8 虚拟紫禁城

"虚拟紫禁城"是中国第一个在互联网上展现重要历史文化景点的虚拟世界。故宫博物院院长郑欣淼介绍,这座"紫禁城"用高分辨率、精细的 3D 建模技术虚拟出宫殿建筑、文物和人物,并设计了 6 条观众游览路线。"虚拟紫禁城囊括了目前故宫所有对外开放的区域。"故宫信息中心主任胡锤介绍,为了营造尽可能真实可信的体验,技术人员通过与中国历史文化专家合作和对实际演员的真实动作进行动态捕捉,再现了一些皇家生活场景。游客在故宫空间中也会有自己的虚拟人物,可以跟随虚拟导游进行游览,参与当时代的文化活动:比如射箭、斗蟋蟀、围棋等,也可以参观一些如"皇帝御膳"、"宫廷绘画"的场景。另外,游客也能够与其他游客互动,交流感受。

2. 建造思想

虚拟紫禁城的建造秉承"皇帝乃宇宙之中心"这一思想,并体现了皇帝的权威。这个巨大的宫殿群建成于1420年,占地面积超过72公顷(178英亩)。它包括成千上万幢精美建筑,珍藏着众多历史文物。通过虚拟世界技术,您仍可体会到这个令人惊异的巨大空间散发出的威严之感。除了感受这一独特奇观,"虚拟紫禁城"还使您能够认识其他用户和大量有用的自动化角色,并进行交流。在探索"虚拟紫禁城"时,您可以选择只观看活动,也可以进行游览和参与活动,从而深入了解清代文化的重要内涵。在这里,游客可以像现实生活中游览故宫那样,走过每一条游览线路,看到每一处已开放的宫殿。而比现实中更方便、更吸引人的是,在虚拟世界中,游客可以走进在现实中不能进入的宫殿,比如太和殿。据IBM大中华区首席技术总裁叶天正介绍,在项目设计时,他们充分考虑了每个进入紫禁城的游客可能有的想法和行动。游客在进入虚拟世界时可选择一个自己喜欢的身份,如官员、宫女、嫔妃、武士、太监等。参观时既可跟随一个导游,也可自己随意闲逛,或是自己做导游带领其他在线的游客一起参观。虚拟世界还设计了一些场景,比如皇帝批阅奏章、用膳,太监们逗蛐蛐、武士们练射箭等,游客可以"冷眼旁观",也可参与其中,与人物比试一番。此外,游客还能够与其他游客及一系列预设的人物进行交谈互动。这种自主性、互动性,可谓是该项目与之前的一些"虚拟游览"或数字化游览最根本的区别。

3. 学习功能

虚拟紫禁城除了娱乐外,还有学习的功能。许多珍贵的文物和建筑附带有额外信息,甚至是照片,可以帮助游客更深入地了解它们的用途和建造过程,而要获得这些信息,只需单击鼠标即可,方便快捷。甚至,游客还可虚拟地"获得"一个虚拟复制品,来认真把玩、研究。"超越时空的紫禁城"虚拟世界,是故宫博物院信息化建设中的一个重要项目。"数字故宫"已经形成完整的架构,与实体的故宫紧密连接在一起。故宫博物院院长郑欣淼表示,"让没有来过故宫的人们知道故宫,让来到故宫的人们认识故宫,让站在故宫展出的每件精美展品和每座宏伟建筑前的观众,更多地了解它背后的历史和文化",是故宫博物院信息化建设的目标。虚拟紫禁城的"落成",将为实现这一目标起到无可替代的作用。在游览期间,游客在"虚拟紫禁城"中将呈现为一个化身形象,可以是身着清代服饰的多个人物之一。注册用户可以选择任何可用的化身,将会保存选项以供日后访问。

为帮助游客在游览期间查找路线,地图可以向游客显示当前位置和行程记录,还可以帮助游客找到有趣的可供探索的景点。游客可以找到宏伟的殿堂、观看生动的清代生活场景,甚至通过与计算机控制的角色进行互动参与一些可以借机进行学习的活动。另一种极佳的探索方式就是与您的同伴一起在导游的带领下游览"虚拟紫禁城"。这些游览涉及大量有趣的主题,并且可以将游客带至有助于探索"紫禁城"的设计和使用这些重要主题的地点。

(案例来源:新浪科技时代2008年10月13日)

三、智慧旅游嘉年华

2014年9月25日至26日，由浙江省旅游信息中心与淳安县人民政府共同主办的智慧旅游嘉年华在千岛湖精彩上演。同期，浙江省智慧旅游工作现场会顺利召开。趣味新颖的呈现，各路"智者"的集结，浙江智慧旅游，再次以其"不走寻常路"的方式让人大开眼界。

1. 换种方式体验"智慧"

华灯初上，偌大的千岛湖秀水广场人流如织，2万平方面米的展区，布置得满满当当。百家参展单位亮相，可谓整合了各类信息技术、智能终端和人文创意。

整个场地被分为舞台表演区、图片游园区、互动体验区、智能销售区、极客巴士区、千岛湖美食区、欢乐旅行区、智慧千岛湖区、旅游装备九大片区，全场都有无线 WIFI 覆盖。有好玩的设备，有丰富的表演，有多元的互动，再配上灯光、音乐、美食，很有感染力。

据主办方介绍，嘉年华是国人对英语"狂欢节"的音译，快乐、动感、热情，是不可或缺的关键词。现在人们谈及智慧旅游，大都还停留在信息技术层面，其实智慧旅游产品是为人服务的，离不开大众的尝试、体验，其目的也是要让大家更快乐、更愉悦地享受旅游。所以他们一改传统办展方式，通过嘉年华，寓宣传于娱乐、寓营销于体验、寓推广于互动，让大家体验便捷又有品质，好玩又够安全的旅游方式。

比如用科技手段让人身临其境地看美景，改变图片、视频等单一的推介方式；比如通过"微信游园"做互动，改变原先的单向的信息传播方式，为静态的图片展示赋予新活力，激发口碑传播、二次传播、全民传播；再比如通过手机支付、线下物流的形式，提供便捷的 O2O 电商服务，旅游购物不再不堪重负，轻轻松松逛嘉年华，扫码付、当面付，一个手机就能解决。

2. 新潮互动玩转"智慧"

各类设备的体验，是本次嘉年华绝对不可错过的亮点。现场集中展示了一批信息技术应用于旅游业的最新产品。

千岛湖华数提供了 1 000 兆宽带的网络冲浪，wifisong 基于热点进行 wifi 信息推送服务，上网轻松无虞；宝润新能源提供的特斯拉新能源车，海赛智能展示的代步车，引领起低碳出游风潮；谷歌眼镜、乐游际的"飞越中国"、便携式 5D 电影、酷甩体验、定制明信片、体感游戏等，借数字技术之力，让现实和虚拟空间之间的界限变得模糊，现场体验异国风情、旅行乐趣，甚至另一种生活方式，人气很旺，队伍排得老长。

体验之余，猛科技极客巴士很醒目，亮彩色的大巴车上，整合了 wifi、智能手机、智能手环、空气净化器、PM2.5 测试机、血压、血糖自测机等，都是小巧实用的科技产品，供大家体验、购买。智能销售区也是人头攒动，自助纸巾机、同程景区门票终端、无线商超、饮料机等，都要依靠手机来支付，指尖一动，扫码付款，免费的纸巾、特惠的门票、千岛湖土特产、纪念品，以及现场制作的美食和工艺品，品种很多，还能实现同城物流。

设备,是嘉年华的亮点;互动,则是嘉年华的灵魂。本次嘉年华,台上台下、线上线下、场内场外的互动,无处不在。

微信游园活动可谓开创O2O旅游宣传营销的新方式。扫扫二维码,关注"浙江旅游"服务号,点击菜单中的"惹火"浙江,进入游戏页面,会看到一份任务书,每完成一项任务,就会点亮一颗火种。主办方还在现场开辟了一方千岛湖旅游图片展区,这些照片中暗藏玄机,带着微信,游园闯关,将现场盛况发至朋友圈,发送给好友,奖品丰厚。线上领任务,现场去体验,线上再分享,这种创新的互动方式,有效扩大了活动的参与度,延伸嘉年华的广度与深度,让更多没能来到现场的人,跟着微信一起,看尽嘉年华。

在舞台表演区,微信有奖互动、环湖虚拟骑行比赛、舞蹈和民俗文化演艺开展得热热闹闹。"浙江旅游火火火"小苹果歌舞、"三分钟看懂浙江"宣传视频更是逗笑全场。在不少歌艺比赛中使用过的"蓝巨星",这次也出现在嘉年华的舞台上,唱歌点赞很有意思。快闪巡游队伍不经意地出现在会场,带动观众一起载歌载舞。嘉年华,越投入,越开心。

此外,智慧千岛湖区集中展示了千岛湖智慧旅游建设成果;欢乐旅行区、旅游装备区里也有不少旅游企业设展,现场提供旅游线路咨询、产品展销等服务。

3. 六大项目共建"智慧"

活动期间,嘉宾们还参观了千岛湖的咨询中心、景区管控中心、旅游电子商务平台以及淳安县规划展示馆。据悉,接下来浙江省旅游局将重点推进一批智慧旅游项目的建设。

首先是全省旅游产业基础数据库,这个数据库包括旅游管理部门、景区、宾馆、旅行社、旅游公共服务、农家乐、餐饮等九大行业板块,是旅游公共信息服务提升的基础、基石。

第二是全省基于微信服务号的旅游公共信息服务体系。这是基于产业基础数据库的游客位置服务,基于协同答复旅游咨询队伍的信息咨询服务,基于经营服务信息数据的资讯搜索服务。

第三是全省重点景区游客流量监控与接待饱和度发布系统。景区来者不拒的超量接待将成为历史,从而避免由于游客人满为患而引起的安全事故。浙江的5A级景区,正在创建5A的景区,及创建国家级度假区的单位将率先建立游客流量监测系统。

第四是全省旅游电子商务统计系统,主要用于统计OTA电子商务平台、大型旅行社、重点景区、旅游目的地旗舰店等电子商务经营服务单位的经营数据,并在此数据基础上进行分析,以指导全省旅游电子商务的发展。

第五是浙江省多语种旅游网站。在互联网时代的今天,多语种网站对境外旅游宣传营销起着至关重要的作用,因此这是接下来浙江智慧旅游的建设重点之一。

第六是全省旅游电子合同。这不仅能方便广大游客完成旅游预订网上交易全流程,还能帮助旅行社节约运作成本,建立客户管理系统,并提高旅游管理部门的监管水平。目前旅游电子合同的开发已进入试用阶段,届时广大游客通过浙江政务服务网签订及查询电子合同。

除了建设上述六大项目,浙江还会大力开展旅游网络营销,广拓渠道,创新传播,提升网络宣传营销水平,并依托阿里巴巴、淘宝旅行等电商平台的优势,建立旅游电子商务生态链,扶持旅游商务平台,培育旅游电子商务人才队伍,将浙江的旅游电子商务提升至新高。

(案例来源:华夏经纬网2014年9月28日)

四、国内景区旅游的技术革新

景区景点是旅游业发展的核心要素,是旅游消费活动的最终载体。景区景点的数量和品质直接影响到一个地区或者国家旅游业的发展水平和在国内国际上的竞争力。与酒店、旅行社和交通工具等旅游要素相比,景区具有较强的不可替代性。在观光游阶段,景区毋庸置疑是第一主角,也是最为受益的旅游子行业;在休闲度假游阶段,景区的角色分量虽然会有所弱化,但也是决定该休闲度假区域是否具有较强竞争力的关键条件。因此某一地区或某一国家要想发展旅游产业必须要在开发景区资源上下足够的功夫,而那些先天就拥有优质自然景观的地区或者国家无疑是含到了"金汤匙"。中国历史悠久,地大物博,是国内外最佳旅游胜地。丰富的旅游资源,以及名胜古迹旅游业发展引人注目。世界旅游组织预测,到2015年,中国将成为全球第一大入境旅游接待国和第四大出境旅游客源国。届时,入境旅游人数将超过两亿人次。中国在旅游业上的快速发展,得益于中国几千年的文化吸引和美丽生态自然风光的吸引。随着出入境旅游的兴起,近几年,国内景区在规模上的发展也非常迅速。旅游行业的飞速发展,也给景区自身带来了前所未有的挑战,景区不仅要面对行业内现有对手之间的竞争,而且面临新进入者的潜在进入威胁,替代服务的威胁。可以说,景区的竞争已经到了白热化竞争阶段,各地主题旅游模式同质化严重,主题公园、温泉度假、休闲旅游、乡村旅游、沙滩海景等等随处可见,大同小异。如何在激烈的竞争中脱颖而出,赢得良好的口碑,景区的服务模式尤为重要。

景区是旅游价值链的最后一个环节,也应该是整个价值链中最重要的环节。因为它在游客产生旅游动机上,却起着至关重要的作用。但是,对比位于旅游价值链上游的饭店和旅游中介,国内景区旅游在新技术采用方面,显得相对保守。近几年,饭店和以旅行社为代表的旅游中介都充分利用信息技术和网络技术发展电子商务,取得了很大进展。但是,景区的电子商务发展,还相对滞后。旅游电子商务不是互联网和传统旅游的简单嫁接,而是一种网络技术升级和旅游价值挖掘的融合。目前,旅游电子商务行业的竞争日趋激烈,而决定未来胜者的关键除了企业的观念意识之外,技术的革新发展也是极为重要的一环。

手机二维码就是电子商务技术革新的代表。作为一项目前比较成熟的技术,二维码门票是指景区、电影院、游乐场等场所的门票以二维码的形式发送至客户手机,使用时只要将门票上的条码对准门禁处的"电子眼"扫描一下,便可顺利通关,平均两秒钟便可验一张门票。借助二维码,景区可以实现目标受众锁定及商务管理优化,游客则可获得一种"绿色凭证,轻松畅游"的全新体验方式。手机二维码技术正在成为景区电子商务的主要创新点。

上海欢乐谷作为中国最大的主题公园,以"动感、时尚、欢乐、梦幻"的著称,位于上海松江区佘山国家旅游度假区核心区域,占地90公顷,建于2009年8月。搭乘雄伟壮观的国内首台木质过山车,在丛林里穿行飞跃,在雨林里分享奇妙,在娱乐中体验冒险的真实,在自然中感受野趣;乘坐特制船只卷入海湾的风暴漩涡中,激流勇进,体验26米浪尖飞驰而下的刺激;漫步上世纪二三十年代的老上海,青砖灰墙、石框黑门、格子窗户、旧式消火栓、路灯、黄包车、老邮筒,让人迷醉……这些都是"上海欢乐谷"给人们带来的惊喜,它包含了"阳光港、欢乐时光、飓风湾、金矿镇、欢乐海洋、上海滩、香格里拉"七个主题区,百余项娱乐及观赏项目,12座顶级游乐设备,逾万个表演场馆座位。

上海欢乐谷自启动"立体票务工程"后,其网络预订业务选择了与驴妈妈旅游网进行合作。双方达成独家合作协议后,游客可以上驴妈妈旅游网进行网上订票和网上支付,凭手机二维码电子票入园,在通过景区设置的贵宾通道时,用手机在Pose机上一刷,即可快速完成景区验票检票过程,在节假日黄金周游客高峰时期,这大大减少了游客等待时间,这也为景区服务标准投上了良好的一票。同时,对于景点的游玩交通指南,景点的详细解说,景区配套休闲娱乐设施,卫生安全等信息,景区一般很难准确传递给游客。传统意义上,游客需要景区向导的帮助,由于工作人员的业务素质,往往影响景区的综合服务水平。而如今,游客只需要对着上海欢乐谷景区的路标路牌二维码,拿出手机一扫,就可以知道服务的准确位置以及服务类别。这不仅仅方便了游客,同时,也节省了景区整体运营成本,提升了游客整体游玩体验。对于这些"二维码用户",今后也将成为景区及旅游电子商务企业长期的目标潜在客户,后者能借此实现管理的数据化。对那些人流大、散客多的成熟景区,如欢乐谷、周庄、上海野生动物园、扬州瘦西湖、崇明东平森林公园等景区,通过与驴妈妈旅游网的合作可以实现散客门票的网络预订和二维码通关。在未来,游客可以在乘车的过程中,甚至利用走路的间隙,随时随地通过手机轻松完成预订景区门票,获取手机二维码无纸化门票服务。手机二维码在景区景点的广泛运营,是一个潮流趋势,更是游客期待的新型服务模式。

(案例来源:驴妈妈旅游网)

思考与练习

1. 西湖浏览网的市场定位是什么?

2. 简述西湖浏览网站的特色。

3. 虚拟紫禁城的设计思想是什么?

4. 透过虚拟紫禁城,你如何看待虚拟旅游?

5. 智慧旅游嘉年华是如何诠释智慧旅游的?

6. 谈谈景区旅游技术革新的重要性。

课后实践

目前,景区电子商务主要是通过网络销售门票,以及预订景区内的餐饮和酒店服务,其次是通过网络平台开展营销和促销活动,主要是以网络广告的形式,少数景区已开展搜索引擎的网络营销。据此,完成以下练习。

1. 访问 http://www.toxihu.com/(西湖浏览网),尝试利用该网站订购景区门票和酒店客房,为一次完美的西湖之旅做好准备。

2. 尝试下载虚拟紫禁城客户端,体验虚拟游的乐趣。

第六章 交通电子商务

去哪儿涉足在线旅游小交通服务

近日,去哪儿无线 iOS、Android 和触屏版同步发布车车频道,涉足在线旅游小交通业务。旅游用户使用车车第一季推出的出租车打车引擎功能,即可在全国 24 座一二城市使用在线预约出租车服务。车车,以同音重叠的方式强调产品服务中最核心的元素——车:用户在旅行过程中的用车需求,可以通过去哪儿无线平台,跨城市无缝对接到当地优质在线出租车预约服务提供商。车车频道坚持一贯的不加价原则,并致力于为旅行用户提供更多用车选择,未来会陆续开通更多城市交通服务。

延续数月前推出的出租车送机服务成功合作模式,车车频道联手国内六大优质在线出租车预约服务提供商:嘀嘀打车、快的打车、摇摇招车、大黄蜂打车、易达打车和打车小秘,为用户提供高成功率、多选择性的即时叫出租服务。与传统商务租赁车模式在线化的用车服务不同,用户使用去哪儿无线车车无需提前数小时预约,LBS 自动定位用户所在地后发送订单,不超过 90 秒即可成功叫车。

去哪儿车车频道定位是解决用户在旅行过程中,往返酒店、餐厅和旅游景点等地的用车问题,送机服务解决的是用户往返机场需求。去哪儿网作为中国最大的机票业务在线销售平台,机票交易量占在线机票市场的近一半。所有在去哪儿无线购买机票的用户在确认订单后,系统会提示可以直接使用支持即时叫车和预约叫车两种模式的送机服务,但这样的不能完全覆盖海量用户多种场景的需求。在去哪儿无线各首页单独设置服务入口,需要送机服务的用户可以手机自动定位所在地区城市机场信息,避免繁琐的手工输入和查找。

打车软件因资源投入、政策风险、地域差异等行业特有因素,在国内各地的发展存在明显地域性差异。用户在不同城市使用当地优质的在线叫车服务,需要下载安装不同的打车应用。去哪儿无线车车频道通过在海量平台覆盖和严格供应商选择机制,让用户通过统一的叫车平台实现多城轻松叫车,简化旅行中的异地难题。同时,借助车车频道的向海量优质用户进行服务提供,各大打车软件也可快速高效推广品牌知名度和拓展市场占有率。

针对各地政府近期出台一系列政策法规,去哪儿无线增值业务总监李乔表示,从产品设计初始阶段,无论送机服务还是车车频道内就没有开发加价或付费打车的功能。为了保证用户使用服务前用充分知情权,在用户确认发布用车订单前,会对用户进行提醒当地出租车计价规则。如即将实施在线叫车与电召服务收费标准看齐政策的北京,用户在车车频道页面都会看到相应提示,即使刚到京旅行的外地用户也能轻松选择明白出行。

关于去哪儿网(Qunar. com)

去哪儿网(Qunar. com)是全球最大的中文旅行平台,其网站上线于 2005 年 5 月,公司总部位于北京。去哪儿网通过网站及移动客户端的全平台覆盖,随时随地为旅行者提供国内外机票、酒店、度假、旅游团购、及旅行信息的深度搜索,帮助旅行者找到性价比最高的产品和最优质的信息,聪明地安排旅行。去哪儿网凭借其便捷、先进的智能搜索技术对互联网上的旅行信息进行整合,为用户提供实时、可靠、全面的旅游产品查询和信息比较服务。

根据 2013 年 1 月艾瑞监测数据,在旅行类网站月度访问次数统计中,去哪儿网以 7 474 万人次高居榜首。截至 2013 年 6 月底,去哪儿网可实时搜索约 1 250 家旅游供应商网站,搜索范围覆盖全球范围内超过 468 000 家酒店、约 125 000 条机票航线、186 000 条度假线路、8 500 个旅游景点,并且每日提供逾 16 400 种旅游团购产品。去哪儿网移动客户端"去哪儿旅行"是中国旅行类最受欢迎的移动应用,其拥有约 4 300 万的激活用户量。根据中国互联网络信息中心(CNNIC)发布的《2012 年中国网民在线旅行预订行为调查报告》,去哪儿旅行是手机旅行信息查询用户安装最多且使用最多的移动客户端。

(资料来源:中国网 2013 年 8 月 9 日)

案例思考

1. 这种打车服务在旅游电子商务中的优势在哪里?
2. 具体运行过程中可能会出现的问题有哪些?
3. 还有哪些旅游交通可以应用电子商务中的信息化手段?

第一节　交通电子商务概述

一、交通电子商务定义

交通电子商务是通过电子商务,实现交通企业各经营环节的电子化管理,以提高交通运行管理的效率和效益。

二、交通电子商务的内容

(一) 信息发布与咨询服务

交通信息发布的内容发布航空公司机票的航班、行程、时间、价格;发布铁路与长途汽车客票的车次、行程、时间及价格。与同行业合作伙伴联合发布相关信息,包括航班和行程、旅游常识、旅游线路、天气预报、民俗趣事等。当然,任何人都可以网络的信息化手段与旅游交通企业进行实时咨询,如移动资讯、网络咨询。

(二) 提供个性化的产品及服务

交通部门提供不同时段的票务,这些票务有各自个性化的价格。消费者通过网络预订,可以选择自己喜欢的出行时段、交通工具、不同的票务。交通公司也可以通过网络信息平台获取消费者的新需求和爱好,并针对性地提供服务,提高满意度和竞争力。

(三) 在线预订服务

通过网站,客人在线预订自己需要的车票机票,并通过网络直接支付,简化了原有的购票程序。

(四) 售后服务及论坛交流

旅游交通企业或部门通过网络论坛和社区,建立一个企业与客人相互交流的沟通平台,通过旅游论坛中的帖子和邮件反馈及时收集客人对企业的意见,并给出合理的答复和解决方案。通过 BBS 或 QQ 群平台,构建一些具有共同情趣的虚拟空间,定期举行一些活动,从而增进社区成员的感情,口碑相处吸引更多的客源或消费者。

三、交通电子商务的动因

(一) 外部信息化与电子商务环境的驱动

以信息化为代表的科技进步以及现代商业形式的晋级,将推进旅游交通的转型晋级。跟着信息技术和知识经济的开展,用现代化的新技术、新装备改造和提升旅行交通,正在成为新时期旅行业发展的新趋势。而在电子商务模式下,可整合旅游的上下游资源,提供各种信息共享,实现在线交易与业务处理,通过旅游服务质量反馈与控制加强旅游电子商务平台的规范化建设。

(二) 旅游者需求的驱动

旅客的个性化需求改变也要求旅游交通在设计、操作过程中发生变更。在这一进程中,科学技术不只创造出很多新的旅行业态和新的旅行需要,引导新的旅行消耗,还将极大地推进运营方法创新和商业形式创新。

(三) 旅游交通企业自身发展的需求

旅游交通企业在发展过程中不可避免的遭遇品牌管理、营销管理、客户关系管理、人员绩效评价等问题。一个完善的电子商务平台恰恰包含了品牌管理子系统、营销沟通子系统、网上销售子系统、客户关系管理子系统、绩效评价子系统、数据库支撑平台这六大模块,旅游交通企业在发展到一定阶段时,必须借助电子商务模式全面整合相关要素,识别客户需求,提升自己的核心竞争力。

(四) 同行业竞争的压力

随着电商的崛起,旅游交通企业的价格战也随之打响,各家企业不惜成本迎战,提升市场份额。在 B2B 的资源平台上,盲目地降低利润会使企业走向更大的困境,只有加强行业内的合作,拓宽新的营销渠道,增强自身实力,才是根本的出路。

思考与练习

1. 旅游交通中电子商务应用的技术有哪些？
2. 促进交通电子商务发展最重要的原因是？

课后实践

利用所学知识，提出一到两种可做对接的旅游交通模式，旅游大巴、高铁与航空的电子商务对接模式。

第二节 航空公司 GDS 的历史与发展

中国政府承诺加入 WTO 后，民航将在计算机订座系统领域开放跨境服务和境外消费，外国计算机订座系统可与我国的计算机订座系统联网

一、全球分销系统的发展历史

最早的订座系统叫 ICS(lnventory Control System)即"编目航班控制系统"，是西方一些大航空公司为实现更多、更便利的销售在 20 世纪 60 年代建立起来的以计算机订座控制和销售为主要功能的网络系统。该系统一般由一家航空公司单独与计算机公司联合建立，并只限于服务其本航空公司。随着国际航空公司业务迅速扩展，各航空公司本身通过 ICS 系统售票意义已经不大，而且成本较高，同时各代理人也产生能够同时分销多家航空公司产品的需求。在这种情况下，航空公司通过协议建立了同时与多家航空公司 ICS 相连接的 GRS，随后又开发了 BSP，这是由国际航空运输协会 IATA 根据运输代理业的发展和需要建立的供航空公司和代理人之间使用的销售结算系统。

计算机订座系统(Computer Reservation System，以下简称 CRS)就是对相关的旅客购买机票、预订座位的信息进行数据处理的一套电脑程序。这套系统中的预订信息包括航班承运人的航班时刻表、座位情况、票价及其票价规则，以及旅客的姓名、地址、全部旅程的出发地、中转地和目的地及其航班数量等，甚至还包括常旅客计划的状况、座位和餐食等情况。20 世纪 90 年代，各个航空公司之间通过一些并购活动，最终剩下 Sabre、Gal-Ileo、Amadeus、World span 等全球性的 GRS 服务商，一家区域性服务商 Abacus，以及 Infini、Topaz 等两家地区系统。

随着 CRS 不断地发展壮大，订座系统也经历了一系列的发展和变化。GRS 从仅为某个航空公司内部的订座系统，到多个航空公司共享的订座系统，最后逐步发展成为不仅提供航空客票预订与出票业务，而且提供预订酒店等其他产品的全球分销系统(Global Distribution System，简称 GDS)。

GRS 增加了出租汽车、预订发车、旅游以及旅船等新业务，还向航空公司销售其他

专业化的服务,如员工、航空器调度、行李处理的软件和信息技术服务,这些都意味着GRS开始发展成为向GDS行业的发展趋势,在全球范围来说,尤其是在发达成熟的国家地区的市场,呈现出业务集中发展的一种趋势。机票分销行业在各国各地区的发展并不平衡,经过激烈的竞争和整合,行业集中度变得更高。对于以我国大陆为代表的新兴市场,分销业呈现出繁荣发展的态势。就总体而言,无论是哪个市场,代理人行业的机票销售额都在增长,因此机票代理无论是现在还是将来,都将是航空分销不可缺少的中间环节。

GRS还进入了其他的IT业务领域。大多数CRS服务提供商都会在多元化战略上采取往上以及往下延伸的策略,即上游多元化和下游多元化。很多CRS提供商采取的上游多元化策略都会不相同,但是他们都会有共同特点,那就是主要利用拥有的信息技术管理的专门知识,向航空公司、航空公司联盟、多航空公司门户网站、旅行社和分销商提供专门软件(离港系统、飞行运行系统等)开发、外包等业务。

二、国内 GDS 的发展

按照国际航空运输协会IATA的规定,我国于2008年5月底停止发售纸质机票,全面推进电子机票。航空公司的行业竞争进入了一个新的阶段。

(一) 国内 GDS 产生的背景

随着互联网的迅速发展,国际航空旅游业从过去单纯的GRS发展到了GDS,并已经开始全面推广使用电子机票。相对而言,中国航空旅游业发展就比较滞后。我国的GDS市场供给方主要是中国民航信息网络股份有限公司(简称中航信)、外航驻中国办事处以及国外GDS在中的非法终端3各方面。目前,中航信运营者我国民航唯一的航班控制系统发(ICS)和计算机订座系统(CRS),而且是国内唯一向分销代理人、售票处和消费者提供航空运输服务产品的公司,国内机票出票业务主要有中航信的凯亚系统完成,具有绝对的垄断地位,处理了占我国商业航空公司总预订量97%的订座。

(二) 国内航空公司建设 GDS 的需求分析

1. 我国航空旅游运输量逐年递增

根据国家民用航空局预计,2005—2010年,国内航空运输年均增长的速度将保持在10%左右,旅客年均增长8%;中国航空工业第一集团公司近日公布的预测结果显示,未来20年中国航空客运周转量年均增长率将达到8.4%;中国民用飞机市场预测年报(2003—2022年)报告预计,到2022年中国客运周转量将达到6 277亿人公里。从这份报告可以看出我国航空旅游也存在很大的市场,需求量的迅速增加需要有新的技术来支持。因此,国内4大航空公司都纷纷启动新航线,引进新的飞机和新的技术以适应目前高速增长的市场需求。国外航空公司也非常看好中国市场,德国汉莎、英国航空、美国联航等也竞相开辟到中国的新航线。随着航空旅客运输量的迅猛增加,在中国定做和出票的需求量也会相应增加,从而对GDS处理能力产生巨大的需求。

2. 传统销售代理改革的需求

根据统计,1995—1997年间,中国三家主要的航空公司国际航空公司、东方航空公司,南方航空公司就向其代理人支付手续费分别为 12.73 亿元、13.96 亿元和 15.86 亿元。传统的销售代理业占据航空公司销售成本的很大一部分。然而,GDS 的引进将会很大程度地降低销售成本。GDS 利用网络,一头通过连接酒店、航空公司、旅游景区、旅游车船公司,保险公司等产品供应商;另一头连接消费者,消费者可以通过 GDS 系统获得及时、丰富、详细的市场信息等。

3. 旅游多样化的需求

根据民航部门 2001 年调查显示,公务商务旅客占 64.41%,休闲旅客占 35.59%。从而可以看到我国民航国内旅客仍是公商务旅客为主。但是实际上,仍然有 30% 的休闲旅客是由公费支付旅费。由于我国航空旅客的购买行为更多是由公款支撑,所以航空市场需求与国民经济的相关度高。《中国民用航空》杂志的 2002 年统计数据表明:民航乘客比例中,休闲旅游所占比例为 41.99%,比 2001 年上升了 6.4%,从这可以预测未来休闲旅游会占主导地位,成为航空运输量的主要主城部分。另外,随着旅游业进步,旅客的需求将会更加趋向于个性化和多样化。销售代理人或航空公司如果仅仅提供同质的航空产品,已经不能满足旅客的需要,因此必须提供与旅行相关的个性化服务,包括宾馆、租车等一站式服务。由此可见,航空旅游对我国 GDS 的多样化需求将是很迫切的。

4. 旅游业发展的需要

通过组建 GDS 可以更加密切旅游企业之间的网络关系,更加优化我国旅游业与航空企业之间的关系,这非常有利于我国旅游企业的集团化发展和网络化经营,也有利于形成旅游、航空各个方面的紧密的利益共同体,增强国际竞争力。对于我国酒店业而言,建立 GDS 不仅可以为各酒店提供一个非常好的营销手段,而且还可能会增加酒店业的销售能力,提高了酒店销售水平。对于旅行社而言,建立 GDS 有利于旅行社提高其科技含量,还可以为旅行社节省经济成本。我国旅行社业务运行的科技含量都比较低,大部分还停留在办公室自动化阶段,只有部分使用国际互联网,只有少量企业开始应用管理信息系统辅助管理。随着我国加入 WTO,大量国外旅行社的进入,将会给国内旅行社带来巨大的冲击。所以引进 GDS,有利于我国的旅行社迎接全球化的竞争。

(三) 国内 GDS 的发展战略

航空公司为了适应市场发展的需要,首先应该向国外航空公司学习,引进先进的系统。其次国内航空公司要尽快调整销售战略,采取多种措施压缩销售成本。还有,航空公司应当推行和鼓励旅客使用电子客票,大幅度地提高电子客票的比例,充分利用网上销售方式凭借呼叫中心等手段,提高直销的成果。在委托代理人销售时,要改变代理佣金的发放政策,逐步改为网上销售代理。

销售代理商首先应尽快转换销售模式,逐步实现传统向网络的转型,尽快适应电子客票的需求。其次,销售代理要尽快改变盈利思路,要从只为赚取代理佣金的现状,转换到全方位的旅行预订服务,如预订机票、酒店、租车船等。销售方法的多元化全面化能在激烈的竞争中胜出。最后,销售代理企业还是要不断地提高服务的信誉和质量,进一步地巩固自己的客源。

信息技术服务提供商首先要迅速地获取国外最新技术的发展,面对外国全球分销系统要理性地对待。其次,要加强技术开发,结合自己国家的实际情况。积极利用自己国家的资源优势,开发出适合自己国家的信息技术。最后,对于好的信息技术,要及时得推广,尽量降低系统使用的门槛,为航空公司和代理人提供先进、周到的技术支持。

政府管理部门首先要加强政府的宏观调控,要统揽全局,不仅要鼓励航空公司使用GDS,还要鼓励其他行业,如酒店、旅行社等加入到其中来,要从全局出发。其次,因为我国民航发展的封闭性,对市场的开放程度比较低,GDS领域竞争程度低,也很可能会形成垄断,这就需要政府进行宏观调控,开发GDS的市场。最后,因为我国对GDS市场开放,必然会吸引大量国外的公司希望可以通过合理的途经进入我国的市场,这样国外航空公司的进入必然会和国内的航空公司形成激烈的竞争。政府应该制定相应的约束条例和规定条例,促成一种良性的竞争态势。

三、新型航空售票的形式

随着 IT 技术尤其是网络技术的发展,航空售票形式也发生了变化。

(一) 背景概述

GDS 把航空公司、酒店、出租汽车公司、旅游产品等信息集中组合成网络状态,节省了旅行社庞大的通信费用,提高了旅游销售的效率。但相对于因特网局限性亦很明显:

(1) 只限于完成预定任务,而不能承担营销和交易中的其他工作;

(2) 不能够直接面向最终消费者,只能面对旅行社、机票代理等销售中介机构,所有的大型 CRS 服务提供商在使用下游多元化时,就是希望直接和客户、个人或者公司发生联系,而不需要通过传统的中介——旅行社,终端技术的滞后性影响了 GDS 的业务发展;

(3) GDS 的终端界面常常不太易懂,需要使用者对计算机语言句法具有相当高的熟知程度,产品的多元化势必使终端界面更加复杂,这无形中形成了 GDS 业务扩大的技术壁垒。因此,设计人性化的界面,例如窗口系统、下拉式菜单和选项对话框,将使用户不必掌握全球分销系统的句法或类似的专门知识应用系统,这对市场多元化至关重要;

(4) 作为封闭系统,GDS 使用特定的客户端软件;并通常是基于增值网的,要求接入 GDS 的旅游代理商必须向 GDS 经营商申请,交纳较高的接入费用并根据业务量向 GDS 经营商交纳佣金。

可以看到传统 IT 技术下的 CRS 系统已经成为航空公司受制约的瓶颈,因为 CRS 系统导致销售不能直接达到代理和潜在的客户,这就导致航空公司需要支付巨额的订票费用等,从而导致航空公司成本的增加。

(二) 航空售票形式的变革

1. 虚拟旅行社

虚拟旅行社实际就是把传统的有型销售代理功能通过互联网的形式提供给旅行者以及航空公司。目前,主要的一家虚拟旅行社 www. travelocity. com 为 Sabre 拥有,另一家主要的虚拟旅行社速达旅行社(Expedia)提供订票引擎。

虚拟旅行社有以下三种形式：

(1) 传统 CRS 服务提供商拥有的虚拟旅行社：旅之城就是一个典型的例子。旅之城是一个基于互联网技术并且使用 Sabre 订票引擎的在线销售代理平台。航空公司不仅要向旅之城支付费用，还要向 Sabre 支付订票费。

(2) 独立的网上销售代理或者称作电子订票服务商：www. expedia. com 就是一个代表。它的 CRS 提供商 Worldspan、航空公司以及旅客之间的关系和支付流与传统销售代理下的机票销售类似。

(3) 传统旅行社的网站：为了和新兴的网上客票销售进行竞争，一些传统旅行社也推出了自己的电子商务网来进行客票销售。例如美国 CARLSON 旅行社建立的 Carlsontravel 网站(www. carlsontravel. com)。

因为这三种虚拟旅行社都在使用 CRS 系统为自己提供航班、座位和票价等信息，因此虚拟旅行社的出现并没有削弱 CRS 服务提供商的实力。

2. 航空公司网站

在 2002 年的一份报告中，发现当年美国主要航空公司的经营净损失约 100 亿美元，其中，机票分销成本就高达 70 亿美元。为了压缩运行成本、削减分销费用，美国主要的航空公司纷纷改变了机票分销战略。过去航空公司不仅要给 CRS 提供商支付预订费，而且航空公司还要给代理人支付佣金。如果航空公司使用了互联网，在自己的网站和网上销售代理人处理票务，不仅可以绕过 CRS 节省预订费，还可以大幅地减少销售代理人的佣金支出，这些变化都会成功地使航空公司的总分销成本降低。

四、电子客票

国际航空运输协会宣布，从 2008 年 5 月底起，停用纸机票，全面改用电子机票。电子机票全面实现是航空公司电子化进程的重要标志。

电子客票(Electronic Ticket，简称 ET)是普通纸质机票的一种存在于计算机系统内的电子映像，是一种电子号码记录。电子客票的主要功能：第一，1 张 ET 可订购多个航空公司的航段；第二，根据相互的协议，所有 ET 伙伴公司都可获取 ET 数据，更改 ET 航段状态。包括显示 ET，获取航空公司的控制，更改航段状态，到登记、起飞、打印、重订、退票等。

五、常旅客营销

常旅客计划(frequent flyer program)是航空公司通过里程累积等方式来吸引经常乘坐飞机旅行的旅游者，达到增加或保持公司的顾客，提升公司竞争力的目的。常旅客的网络营销正得到越来越广泛的应用。

(一) 常旅客计划概况

常旅客计划首先出现于民航放松管制后的美国。20 世纪 70 年代末，由于放松管制带来的激烈的市场竞争，迫使各航空公司寻找新的生存机会和竞争战略，以吸引更多的乘客,获得更多的收益。在实践中,航空公司发现一部分经常乘坐飞机的乘客为航空公司带来举足轻重的利润,在此背景下,美利坚航空公司(AA)于1981年率先推出名为AA Advantage 常旅客计划,随后各航空公司纷纷效仿推出各自的常旅客计划。常旅客计划已和产权联盟(EA)、收益管理系统(RMS)、轮辐式航线网(HSM)并称为航空公司的4大经营战略。

(二)国内航空公司的常旅客计划

我国航空公司于20世纪纷纷建立起自己的常旅客计划,从国际航空公司、南方航空公司、东方航空公司3大航空公司开始,到山东航空公司、厦门航空公司等中小型航空公司,短短几年的时间国内航空公司已建立了数十个常旅客大纲:乘机次数累积超过182万人次,里程累计超过22亿公里,销售额累计达16亿人民币。常旅客计划调查,调查结果分析如下:

(1)我国常旅客计划虽然起步较晚,但发展较快,面对着国内航空公司加入国际航空联盟步伐的加快,国内航空公司常旅客计划向国际标准的靠拢将更加迅速。就目前来看,常旅客计划对航空公司顾客忠诚度方面的贡献已经初步显现。调查数据显示,有25.8%的被调查者只选择其所持常旅客卡所在的航空公司,有60.5%的被调查者在条件相差不多时,会优先选择其所持常旅客卡所在的航空公司。

(2)与此同时,另一个调查数据也显示了我国航空公司在常旅客忠诚度方面还有相当长的路要走。在所调查的拥有常旅客卡的旅客中,30.3%的旅客拥有一家航空公司的常旅客卡,而高达15.2%的旅客拥有常旅客卡,这两个数据一方面显示我国航空公司的常旅客中有相当一部分是忠诚度特别低的旅客,另一方面表明国内航空公司常旅客计划的入门门槛极低。

(二)中外航空公司常旅客计划案例

国外优秀航空公司的常旅客计划是国内学习的目标,如美联航和美西北航空是常旅客计划最早发起和使用的航空公司,同时也是当前世界各大航空公司常旅客计划中的杰出代表。由于篇幅所限,只对美联航的常旅客计划进行分析。

常旅客计划的形式一般包含里程卡及相关服务:

1. 里程卡

里程卡是航空公司发给常旅客的里程累积的有效证明,是识别常旅客的主要依据。国际上通行的里程卡一般分三级,即白金卡、金卡、银卡。

表6-1 美联航里程卡基础信息

有效期		不失效,18个月内账户有活动
白金卡	定级	16万公里/年,100个航段
	保级	同上
金卡	定级	8万公里/年,60个航段
	保级	同上

有效期		不失效，18 个月内账户有活动
银卡	定级	4 万公里/年，30 个航段
	保级	同上
头等舱里程系数		1.5
商务舱里程系数		1.25
全价经济舱系统		1
折扣经济舱系数		1
不累计里程舱位		免费

国外航空公司对里程卡的有效期限制极小，只要求账户有用的即可。因为国外航空公司在常旅客计划上通常与酒店、银行、出租车等相关服务行为有密切合作，只要顾客在这些相关行业消费就可以保证里程卡有效。

2. 常旅客计划的相关服务

总体而言，国外优秀的航空公司常旅客计划入门门槛低，服务项目贴心，容易让旅客产生直接的愉悦感受，从而提高顾客忠诚度。

（三）常旅客计划的发展趋势

加强航空公司的管理，实现以顾客为中心的企业发展与经营理念，是国内航空公司扭亏增盈的关键，而进一步深化常旅客计划的运作时航空公司持续发展的捷径。为此需要采取下面的几个发展措施：

（1）不断扩展常旅客计划的内涵。国内现阶段常旅客计划的特点是多数航空公司仅通过乘机的里程累积办法来实施优惠，难以满足常旅客的全面需求和让渡价值最大化，因此扩张常旅客计划的内涵，使之与银行、酒店、旅行社、其他航空公司等领域，建立全方位的常旅客服务。

（2）着眼于细微之处。在常旅客购票、值机服务、登记等环节，特别是在航班延误等不正常的条件下处理好旅客与航空公司的关系；重视常旅客对公司的投诉，并通过一定的方式（如旅客投诉卡）把投诉记录下来，并给予适当的奖励，以达到不断改善公司的服务，增强公司的竞争力。

（3）把常旅客计划与多级票价系统、收益管理定价系统有机结合，实现适合我国特点的民航定价体系，适应国际范围内由开放天空所带来的激烈竞争。

（4）以常旅客计划为基础，推行顾客关系管理（CRM），真正把以顾客为中心落实到航空公司的所有经营管理活动中，努力营造顾客第一的企业经营理念，实现整个民航管理的飞跃。

思考与练习

1. 早期的航空公司信息技术应用包括哪些领域？有何特征？

2. 有人认为,随着互联网的出现,GDS 将会逐渐走向没落和消失,对此观点你是赞成还是反对?

3. 上网浏览国内外大型航空公司的网站,比较它们商务模式的特点?

课后实践

收集航空售票形式变更的资料,构思一下结合电子商务后,航空售票可以采用的模式。

第三节　铁路、公路电子商务

航空交通是旅游交通中最早开展电子商务的产业,目前已全部实现电子票务,实现了航空的无票旅行。在航空产业的带领下,这几年我国铁路、公路等交通电子商务已开始全面实施,铁路的"无票旅行"已经开始,因为进入"高铁"时代,已开始全面启动电子票务。公路交通虽然起步较晚,由于公路民营投入的比例逐渐增大,网络订票的电子商务已经在公路交通业全面展开,旅游者通过网站就能随时得到电子票务。

一、铁路交通电子商务

随着信息化时代的到来,现代交通业竞争也和其他旅游业一样成为名副其实的信息战。铁路交通要在这场信息战中取胜,面临的主要问题就是如何完成从传统经营方式向现代经营方式的转化,积极利用信息技术开展电子商务,用电子商务创造自身的竞争优势。铁路交通在高铁出现以前,电子商务几乎空白,进入高铁时代,由于交通竞争的压力,铁路交通的电子商务进入快速发展轨道。

(一) 我国铁路信息化的发展历程

信息化是电子商务开展的基础。我国铁路信息化经历了两个大的阶段,第一阶段:20 世纪 70 年代初至 90 年代初,铁路信息化建设基本上是小规模的单项建设,部门级建设采用的也多是初级应用,如办公数据处理系统;第二阶段:20 世纪 90 年代中期至今,主要是综合性企业级系统,并进一步向行业性系统深化,建设了包括全国性的运输管理信息系统、铁路客票预订和发售系统等业务管理信息系统。

在经过长达数十年的快速发展后,中国铁路已经拥有了以路网、机车、车辆、仓储、信息系统等为代表的巨大资源。具体有:拥有中国规模最大的运输设备资源和储藏能力强大的仓储资源,并具有极为完善的铁路运输组织;拥有规模仅次于中国电信的铁路专网通信网络,而且许多站段拥有局域网;已经建立起了运输行业中最为庞大的信息网络和种类最齐全的信息系统,具备了良好的网络基础设施;我国铁路拥有包括计算机、通信、网络、营销、管理在内的多方面人才,所有这些为开展电子商务建立了良好的基础。

持续增长的、巨大的市场需求是铁路电子商务应用的外部动因,铁路电子商务系统的总体框架,由一个全路的门户站点、电子商务应用平台及铁路现有内部信息系统三部分组成。为此,我国铁路已经开始从铁道部政府站点、铁路物资总公司中铁贸易网及中铁物流网、中铁快运有限公司、铁路集装箱中心人手进行试点工程的建设,开发相关的电子商务系统并进行实验,与之相配套的物流配送体系也开始逐步设计、建设和推广。

我国铁路已经建立了覆盖铁道部、铁路局和主要站段的计算机网络系统和三大通信基础网(传输网、交换网、数据通信网),先后开发了一大批应用信息系统,这些信息系统划分三个方面,其中,铁路运输管理信息系统(TMIS)是铁路信息化的核心,而铁路客票发售预订系统(SMART)、货运营销与生产管理系统(FMOS)是面向用户的管理信息系统,要处理对客业务的运作。

(二) 我国发展铁路电子商务的意义

我国铁路电子商务对现代社会的发展以及经济建设都具有重要意义,由于铁路具有独特资源优势,电子商务的出现成为铁路交通发展的重大机遇,也成为改善服务的重要举措。电子商务的发展对铁路交通具有以下几方面的现实指导意义。

1. 有利于建立全国性的资金结算体系

铁路在"信息、资金、物流三位一体"的电子商务体系中已具备天然优势。作为铁路电子商务的基础与核心,铁路的 TMIS、DMIS、客票系统、集装箱管理系统、行包系统等业务管理系统正在建设和完善中,为铁路电子商务系统提供了关于客运、货运、集装箱、行包等运输作业的基础信息流,并提供了通向所有运输作业场所和经营场所的信息传输渠道,具备相对完整的铁路电子商务系统业务信息基础。在此基础上,铁路正在建设的资金结算系统、清算系统、客货精密统计系统和成本计算系统,为铁路电子商务系统提供了交易结算的电子手段。经国家批准,铁路和作为铁路计算与拨款业务传统伙伴的工商银行和建设银行共同建立了结算中心,为铁路电子商务系统建设提供了内外结算的基础。

2. 有利于铁路交通的市场营销

发展电子商务是改善铁路市场营销方式、扩大市场份额的一个突破口,电子商务发展的同时也促进了物流业的繁荣和运输市场的扩大,同时物流组织的改善又会进一步促进电子商务的发展。电子商务是一种经营手段,它和网络营销紧密联系在一起,有利于铁路交通业务的发展。如网络售票、货运业务、物流配送都需要网络营销的推广。电子商务在丰富铁路市场营销方式的同时,也将促使铁路利用现有资源,发展运输代理、物流配送中心、信息增值产品及延伸服务,进而从单纯的物流承担者转向物流组织者,促进铁路与相关行业的协作,由此带动相关服务业务的拓展,使铁路获得新的增长点,这是铁路电子商务发展的巨大优势。

3. 有利于树立铁路服务形象

电子商务为铁路现代企业形象的建立带来了难得的机遇。电子商务在铁路客货运输中的推广应用,将是铁路走向现代交通的一个里程碑,能在客户和社会中有效地树立起现代铁路服务形象,从形式和内容上都有利于促进铁路交通的发展。电子商务的规模越大,市场对铁路运输业的需求就会越大,尤其是旅游业的发展,更需要铁路的电子商务,这是铁路电子商务发展的外部动因,也是其他行业难以相比的资源优势。

4.有利于铁路内部信息系统的整合

电子商务涉及铁路内部各个系统的信息资源,而铁路内部存在各种形式的信息系统,以往这些信息系统之间很难进行数据交换。电子商务的出现,由于外部商务无缝连接的需要,需要对这些信息系统进行整合或集成,因为电子商务需要以这些信息系统的资源为基础。在技术实现上,电子商务系统主要侧重于在数据层面之上和服务层面上实现应用的整合和互操作,实现内部信息系统的网络化整合。近些年来以 Web Service、ebXML 为代表的"第二代电子商务"技术以及 SaaS 云计算技术的应用,为促进铁路内部信息系统资源的整合以及电子商务开展提供了新的技术支持。

(三)我国旅游铁路电子商务的基本内容

旅游铁路电子商务是为旅游或旅行提供服务的一种电子商务,它是铁路电子商务中的重要组成部分,这种电子商务强调的是在线服务。因此,旅游铁路电子商务主要表现在以下五个方面的内容:一是交通信息查询服务。为旅游者发布全面的铁路部门及其服务机构的设置职能的相关信息和铁路能够提供的全部运输服务信息,包括列车时刻、托运、保险等各种业务信息;二是信息反馈服务。旅游者通过网上社区或 E-mail 可以动态提出旅行咨询需求、旅行意见、索赔要求、问题咨询等信息,需要相关服务部门的及时回复;三是在线订票和购票服务。旅游者不但可以在线预订车票,还可以通过电子现金、电子借记卡、银行信用卡、电子钱包等开放的兑付手段完成购票、退票等业务,并提供个性化、时段性的产品服务;四是代理人服务。为饭店、旅行社和大的团体代理购票,提供预订、优惠、折扣等在线洽谈、查阅和即时服务;五是其他旅行相关服务。旅游者可以在线完成托运、保险、索赔等其他与铁路运输相关的业务,包括网上资金结算和其他查询服务。这样,旅游者就可以 24 小时在线随时浏览、随时查询、随时办理、随时反馈获取铁路旅行相关的服务。

二、公路交通等其他电子商务概况

公路是短距离交通的主要形式,近年来我国公路交通呈现飞速发展,尤其是高速公路,为旅游交通奠定了坚实基础,也为旅游目的地的建设和通达率作出了贡献。在电子商务的浪潮下,公路交通的电子商务也呈现了良好的发展势头,成为交通电子商务重要的内容,消费者短距离出门旅行,可以很方便通过网络购买各种公路票务。

(一)旅游公路电子商务的内容

和旅游铁路电子商务一样,旅游公路电子商务是为旅游提供的一种服务,是公路电子商务中的重要组成部分。旅游公路电子商务是解决旅游者"行"的便利性问题,不管是旅游者出门到达目的地,还是在目的地游览景区或景点,都离不开公路的订票和购票问题,因此公路票务是电子商务的核心内容。如旅游前的公路订票、旅游中的交通票务、旅游后的公路票务等。电子商务可以通过多种形式解决旅游中的购票问题,如下所述。

　　◇　通过公路交通服务公司的网站购票;

◇ 通过第三方中介服务公司的网站购票;

◇ 通过手机移动终端直接向交通服务公司购票;

◇ 通过手机移动终端向中介服务公司购票;

◇ 通过交通服务公司的 CRM 系统直接购票。

旅游公路电子商务可以为旅游消费者提供多种个性化的服务产品,如定时的包车服务、团购服务以及各种形式的回程票服务等,这些服务都比购买单张的票务要便宜得多,不同的时段可采取不同的价格,以达到交通高峰时段的分流作用。除此以外,旅游公路电子商务还包括客户咨询问题、网络营销等内容,客户咨询可以解决旅游者的不确定因素,提供便利的信息服务;网络营销解决与旅游者互动的问题,把公路相关的产品信息及时传达给消费者,并培养与消费者忠诚关系。

(二)公路电子商务系统架构

公路电子商务由于起步较晚,且发展模式多样,所以没有像铁路电子商务那样有统一的系统架构,各公路交通服务公司都是自己摸索开展电子商务的路径。一般公路电子商务系统的概念架构主要从以下几个方面入手考虑:一是考虑旅游者网上信息查询和订票的系统架构,系统可以考虑网上售票、手机售票、会员售票、公众机构(银行、电信等)联网售票、无线移动售票、自助售票机、信息亭售票等结构形式,形成完善的公路客运电子商务平台架构,提供多样化的便利服务及营销渠道,由此提高公路业务的覆盖面、扩大业务渠道;二是在公路交通服务公司内部建立 Intranet 网,加强公司内部与外部的信息流通,有利于电子商务系统架构的实现。如开展 B2B、B2C 需要内部网的无缝连接支持,这样可以降低业务处理成本,提高管理工作质量,增强交通服务企业的竞争力;三是内部管理信息系统,包括 MIS、CRM 等系统,这些管理信息系统是开展电子商务的基础,通过信息化管理能够降低管理成本,达到内部资源优化配置,有利于电子商务系统的整合。

除了公路交通电子商务系统 GPS,旅游者出行还包括自驾车、租车等方式,所以,根据实际旅行的需要,为自驾车提供 GPS 导航以及网上自驾车拼团网站等都是新型的电子商务形式,为自驾车旅游构建系列可用的信息网 318 子商务平台,进一步完善旅游交通的电子商务服务体系。此外,在西藏、新疆等一些特殊的偏远地域,可以发展租车固定网点和租车网上信息等电子商务手段,让租车旅行更加方便、实惠和有安全感。

思考与练习

1. 我国发展铁路电子商务有什么重要意义?

2. 我国旅游铁路电子商务的基本内容是什么?

3. 电子商务可以通过哪些形式解决旅游中的购票问题?

4. 简单介绍公路电子商务的系统架构

课后实践

1. 在 12306 上尝试购买火车票,比较你在淘宝或者其他电子商务网站票务预订的经历,给 12306 提出改进建议。

2. 你所在的城市有公路汽车票的网上订票服务吗? 如果有,尝试使用。

第四节　交通电子商务典型案例

一、春秋航空:电子商务赋能廉价航空

和其他传统电商有所不同,电子商务已经是春秋航空低成本战略最重要的主体。

5 年前,王正华依托春秋旅行社的业务拓展创办民营廉价航空公司——春秋航空有限公司(下称"春秋航空"),这也是首个中国民营资本独资经营的低成本航空公司(廉价航空公司)。

春秋航空一出生就面临了残酷的市场竞争,在国有航空公司林立的市场里,国有大型航空公司经验丰富、实力雄厚,并且早就占据了自己的市场地位。但是春秋航空从成立之初,就把电子商务确立为公司的"基因"。

"春秋航空在筹备阶段,当时民航局领导要求我们,是不是能够不要像其他公司一样,能够做一个试点,可以长时间建立自己的离岗订座系统。在中国民航业来讲我们是第一个吃螃蟹,很多传统公司他们花很多力量在做这些事情,但是因为种种原因都没有取得很大成功。对这件事情来讲,做起来需要承担很大风险。"春秋航空高级副总裁王煜说。

在办航空公司之初,春秋大量走访了发达国家一些比较成功的航空公司,包括美国西南航空和欧洲航空公司,从他们那边来看,基本上通过网上直销业务方式。"既然欧美航空公司他们在这方面能取得成功,在中国我们也一定能够建立自己的 B2C 电子商务模式。"王煜这样补充。

开航 5 年来,春秋航空来自于 B2C 的销售额高达 80%,这家年轻的航空公司还蝉联中国航空公司客座率第一名,年年持续盈利。这家年轻的 B2C 航空公司并不满足,目标是来自 B2C 的销售额达到 95% 以上。

在中国民航业普遍巨亏的 2008 年,春秋航空居然没有亏损、还保持盈利,提到这一点,春秋航空高级副总裁王煜先生很自豪。"电子商务(B2C)战略就是春秋航空低成本战略的重要组成部分。"王煜指出。

如果不自主开发航空机票订座系统,那么春秋航空机票无法自己独立销售,也无法实现低成本运营,只能是死路一条。但是 5 年前,绝大部分人都在质疑,一个新生的民营航空公司怎么能自己开发出不依赖中航信的机票订座系统。

通过几次对美国的西南航空、欧洲 ESAYJET、瑞安航空等成功的低成本航空公司考察学习后,春秋航空的董事长王正华坚定了信心,坚持自己的 B2C 电子商务模式。经过锲而不舍的努力,春秋航空在开航前成功开发出自己的订座系统并投入使用,也成为中国第一家拥有自己订座系统的航空公司。

得益于自己的订座系统,让春秋航空的 B2C 战略得以实施。和国内航空公司以代理人为主的销售模式不同,春秋航空直接在自己的官网上卖机票。"从刚刚开航时 B2C 卖出 2 000 多万机票,每年高速增长,2010 年来自于 B2C 的销售额达到 24.5 亿之多,预计 2011 年我们由 B2C 卖出的机票会超过 40 亿。"春秋航空信息技术部总经理郑连刚表示。

B2C 收入占到总收入从最初 30%增长到 2010 年的 80%,这样的比率,让春秋航空也成为国内第一家以 B2C 为主的航空公司。

正因为 B2C 的基因全面贯彻在春秋航空的成长历程中,春秋航空也实现了低成本营销。在这家没有代理人的航空公司,顾客大部分通过上网直接购票,即便是打电话到春秋航空的 Call centre,接线小姐也会耐心地告诉你如何在春秋航空的官网上自己操作购票,而不是她们代劳。

在春秋航空的官网上,时常有 99 元的特价机票放出,"99 元特价机票"成为春秋航空的营销特色,让不少春秋航空的粉丝追着放票,并且口口相传吸引了不少春秋航空的新顾客。这些年,春秋航空利用电子商务实现了降低 69%的营销成本。而且 2009 年春秋航空的机票价格和同行业相比低 36%。

2010 年 8 月,春秋航空的电子商务从电脑终端到手机终端,"3G 掌上春航"平台刚刚一上线就获得不少春秋的老粉丝的拥趸,手机终端出票量占总票量近 3%,最新的数字是已经达到 4%的水平。预计 2011 年,手机终端出票量会占到整个购票比例的 8%—10%,也因此迈出了电子商务向移动商务探索之路。

除了通过网上跟手机这种方式之外,春秋也把电子商务从传统平台普及到了机场自助终端。在中国,春秋是最早开发在机场自助服务之一的航空公司。

2010 年,春秋航空发展到 21 架空客 320 飞机,50 多条航线,并且开始拓展了国际航线。"跟其他'老大哥'公司相比飞机数只有他们一个零头,但是春秋的网上流量已经超越'老大哥'的水平。"王煜说,同时,春秋也通过各种各样平台,走直销路径,并且经常会利用一些,包括微博、博客、和其他一些渠道来通过社会媒体拉近与旅客的距离。

2010 年,春秋的电子商务部分预计实现 24 亿元的销售收入,而利润高达 4 亿,拥有让人美慕的利润率。并且这些数字还在不断增长中。"我们现在还有少量的实体门店提供咨询、服务和帮助顾客买票,而且在不久的将来,我们期望 B2C 率达到 95%以上,成为一家几乎完全电子商务购票的航空公司。"王煜表示。从未来看,电子商务是春秋航空整个业务的一个主题。事实上,春秋航空公司不仅是一个低成本公司,也是一个创新公司。

(案例来源:商业价值 2011 年 1 月 24 日)

二、新版 12306 携手支付宝推铁路改革迈入"电商时代"

　　2013 年 12 月 6 日,中国铁路客户服务中心 12306 网站新版上线试运行,此前 12306 电脑端的官网已开通支付宝,虽然还没到春运旺季,每天已有近 15 万人次通过支付宝购买火车票。

　　新版 12306 网站新增自动查询、自动提交订单、自动有票提醒这些较为吸引大众关注的功能以外另一较为吸引大众眼球的便是新版 12306 吸收互联网公司的"营养"——除了各大网银,网上购票的旅客还可以选择支付宝进行付款。

　　相信熟悉"淘宝"的"亲们"对于支付宝的使用可谓轻车熟路。而铁路部门新版 12306 增设支付宝付款功能无疑增加了 12306 网络售票的受众群体,使得更多社会大众可以通过网络支付的方式买到火车票。这种从排长队买一张火车票到足不出户轻松买火车票的转变,笔者认为这也是铁路实行铁路改革的转变之体现。

　　首先,新版 12306 增设支付宝付款功能,给予更多网络达人通过网购火车票的便利,使得更多旅客能够通过更加便捷的方式完成火车票网购的流程,增加了铁路网络购票的受众面。据 12306 网站客票系统监控中心统计,截至 12 月 9 日 17 时,当天 12306 通过互联网和手机两个渠道售出的票已经达到 80 万张,其中 6 万多张是通过手机售出。这就为铁路网络营销的客源开辟了更为广阔的空间,满足了更多社会大众的需求,也是铁路改革意义的重要体现。

　　其次,新版 12306 增设支付宝付款功能是铁路部门根据市场发展的需求对自身网络营销的一种加强和推进。如今我们已进入网络时代,电子商务星火燎原的发展势头亦使铁路部门看到改革转变的势在必行。因此,铁路部门借改革之机,在春运来临之际,推出增设支付宝功能的新版 12306,是铁路改革贴近市场,增强自身网络营销,满足市场发展需求的实际行动落实,加快推进铁路"电商时代"的到来。

　　再次,新版 12306 增设支付宝付款功能是铁路部门不断完善自身为旅客提供更为优质、便捷服务的体现。乘客购票时只要选择支付宝支付,输入支付宝账户以及支付密码后,就可以用余额、余额宝、快捷支付三种方式付款。支付宝付款成功一次后,12306 客户端可自动保存乘客的支付宝账户信息,以后不需要重复登录,直接在页面选择已保存的支付宝账户即可实现付款。通过此举,铁路部门为客户提供了更为便捷化的服务,这亦是铁路改革的转变方向及目标。

　　自铁路改革以来,铁路部门对客运、货运等的组织改革从未停止过,面对春运的即将到来,新版 12306 增设支付宝付款功能便是铁路改革不断贴近市场,满足社会大众需求的转变。新版 12306 携手支付宝,推进铁路进入"电商时代",这是铁路改革又一有力举措。

　　　　　　　　　　　　　　　　　　　　　　　(案例来源:中国网 2013 年 12 月 11 日)

三、PP租车:做基于地理位置的陌生人租车生意

如果你并不是一个需要经常用车的人,或许你会考虑租车出行。除了目前市面上较为老牌的神州租车和易到用车外,你还有一个便捷的选择。PP租车是一个P2P汽车租赁平台,车主可以在这个平台上发布汽车租赁信息,租客通过基于LBS的移动应用就近租车。

图6-2　PP租车系统页面

PP租车的"前身"是新加坡的iCarsclub租车社区,新加坡当地约千分之二的车主加入了他们的租车社区。他们最近成立了北京分公司,正式进入中国市场。与传统汽车租赁平台最大的不同是,PP租车自己并不拥有车队,他们只提供一个方便租客与车主需求对接的交易平台。因此不同于传统汽车租赁平台,除了租客,有闲置车辆的车主也可以在这个租车平台上获益。

PP租车的使用流程大致如下:

1. 租客搜索附近的车,确定用车时间和地点,预定和付费;
2. 车主收到预定请求,查看详情和租客信息,选择同意或拒绝预定;
3. 系统通知租客车辆位置;
4. 租客找到车辆,用手机应用开门,对照车内车况单检查车况;
5. 用车内钥匙开启引擎;
6. 按时还车或延长预定;
7. 车主或下个租客检查车况。

目前PP租车仅接受已在北京注册、车龄不满8年且里车况良好的车辆,他们会在注册的车辆内部安装用于实时定位管理和无钥匙开锁的硬件系统。由于每次租车行为发生之前,车主都需要进行确认,故车主可以根据租客的信息资料、其他车主评

论、租车次数等信息来决定是否要租车给对方,以类似淘宝评价的模式来确定双方的信用。

车主可以在自己的车辆描述中明确列举租客需要遵守的任何条件,例如可以要求对方仅在固定的区域内行驶,也可以事先向租客对行驶里程作出限制。此外,车主可以选择与租客"当面交接车钥匙"或"用手机无钥匙取车"。无钥匙取车的实现方式是:将车钥匙存放在安装硬件的车辆内,租客可以通过移动应用来打开车门。

为了保障车主的利益,PP租车对租客做出了资格要求,驾龄需达到两年以上,罚分不超过三分,且三年内无意外发生。租客还需要上传本人的驾照、身份证信息,并绑定银联电子支付。

在燃油费用方面,车主需要在租用期开始前保有至少四分之一的存油量,租客在战友车辆前需检查并记录存油量,并在归还车辆之前保证油箱至少留存四分之一的存油量。租客需要按照租用期内行驶的里程数缴纳燃油费。

在事故责任划分方面,由车主保单和爱车汇保单供保,额外责任及违规均由租客负责。如若发生轻微车损,需按车况记录单定责。

由于P2P租车目前在中国尚属于新鲜事物,仍然处于教育市场的阶段。为了打开市场,PP租车目前减免了车主1 000元的设备费用,并且暂时不向车主收取平台费用。这种"赔钱赚吆喝"的方式很容易让人联想到打车应用,但不同的是P2P租车市场暂时没有多少竞争,压力相对要小一些。

PP租车的联合创始人王嘉明告诉PingWest,目前他们的目标是在半年内做到北京千分之二车主市场,他们当初在新加坡用了同样的时间实现了同样的目标。王嘉明称,北京上海超过500万人有证无车,且700万辆车的车主中有17%愿意出租自己的车。虽然PP租车从上周起才开始正式进行北京地区的市场推广,但目前他们开锁硬件系统的安装量已经达到了供不应求的状态。

(案例来源:PingWest 2013年11月30日)

思考与练习

1. 设想航空订票未来的趋势是怎样的?
2. 航空订票可能会出现的弊端有哪些,是否能提出自己的解决方案。
3. 12306存在的问题有哪些,你觉得可以完善的方面有哪些?
4. 租车如何在交通电子商务中有更好的衔接?

课后实践

在携程网网上进行机票预订:
1. 在携程网上注册一个账号,并登陆。

2. 根据你的行程,选择点击"国内机票"或"国际机票"。

3. 选择航程类型(往返,单程或者联程)、出发城市、目的城市、出发日期、出发时间(如果选择了返程,则还需要选择"返回日期"和"返回时间")。

4. 填写"送票城市"、"乘客类型"、"乘客人数",选择舱位等级等。

5. 单击"查询并预订"。

6. 然后,选择你需要的航班,单击下一步,填写登记人信息和联系人信息,再往下选择出票时间、行程单配送方式和支付方式(可以使用信用卡支付)。

7. 然后是支付机票款(作为练习,此处不必付款)。

第七章　餐饮电子商务

开篇案例

GrubHub:全美最大的餐饮配送网

O2O 大潮下,国外的 Uber 模式不断地被国内媒体和创业者提及,而另外一个在O2O 领域做得相当出色,甚至在今年上市后,市值已接近 30 亿美元,却较少走入创业者的视野当中。在最近国内外卖订餐服务饿了么和美团外卖大打口水战的背景下,笔者为大家揭底美国最大的餐饮配送网 GrubHub,深入分析这个上市首日市值即暴涨35%,如今市值 28 亿美元的平台是如何炼成的?

GrubHub 的总部位于芝加哥,是一家为用户提供网上及手机订餐服务的公司,成立于 2004 年,由两个程序员 Matthew Maloney 和 Michael Evans 共同创立,起初以校园为切入口做餐饮网络外卖。Grubhub 于 2014 年 4 月正式在纽交所挂牌上市,其发行价为 26 美元,超出预期价位,且上市首日暴涨 35%,最高达每股 40.79 美元。之后维持在每股 35 美元左右,市值达 28 亿美元。

Grubhub核心竞争力	
市场领导地位	• Grubhub是美国最大的外卖平台,覆盖了全美600个城市2.88万家餐馆,拥有340万活跃用户;
强大的双方网络效应	• 随着Grubhub继续增加列式餐厅,对食客而言Grubhub会是更具吸引力的平台;而随着公司继续增加平台上食客,产生更多的订单,对餐厅而言也更具吸引力,对餐厅和用户是强需求;
成长性与周期性并重	• 易于使用的点餐系统和愉快的用户体验都将激发新的食客尝试GrubHub,同时也促使现有的食客让GrubHub成为一种生活方式;
产品创新	• 推出移动应用程序和面向餐厅的产品,如OrderHub和Boost; • 其中移动端贡献收入比增长迅猛:2011年末至2013年末,手机移动端收入占比从20%增长到43%;
吸引人的商业模式	• 可扩展的平台使公司能够在低增量成本的情况下处理更多的订单; • 并且随着平台不断壮大,许多餐馆都选择支付额外费用来提高曝光率以接触到食客得到更多订单,而这导致了更高的整体佣金率。

数据来源:公司信息

图 7-1　GrubHub 核心竞争力

GrubHub 承诺绝不向个人用户收取任何费用。那就意味着 GrubHub 的收入只能来自餐厅。GrubHub 对餐厅的承诺是:我们给您带来订单再收费,建设费,预订费,菜单变动费等等统统没有。GrubHub 按订单数向餐厅收取佣金(佣金比例在 10%—15%),但 GrubHub 并不针对餐厅的列示部分收取费用,这也意味着他并不提供(付费就可以获得列式靠前的排名)。不过,餐厅可付费获得更高的曝光率。

Grubhub 与中国的送餐网站对比

中国最大的店铺群体就是遍布大街小巷的餐馆,而这些餐馆 90% 都是非连锁相对独立封闭的,没有完整及时的信息流在一个平台上让消费者共享,在这一波 O2O 浪潮外卖过去之后,送餐网的普及将让就餐、订餐、送餐变得更便捷。就这样的市场特征而言,与美国的餐饮市场是比较类似的。根据调研数据,2013 年全国餐饮消费总额为4 500 亿元,按照 16% 的餐饮年增幅,到 2016 年全国餐饮消费总额预计达到 7 000 亿。而其中,外卖占全国餐饮消费总额的 10%,因此到 2016 年,外卖市场规模预计达到700 亿。包括 NGP、经纬创投等在内的投资机构普遍认为,在线订餐是典型的 O2O 模式,市场需求旺盛、用户粘性高、成长空间大,因此其才会选择做出重点布局。

未来的行业趋势是加强在移动端方面的投入和推广,同时进行产品创新。送餐平台的行业进入门槛并不高,但用户培养期较长,且行业竞争激烈。既要有优秀的线上产品能力,高效的线下运营团队支撑,还要有充足的资本进行支持,整个产业链条较长。

从现有的数据可以看到,饿了么、美餐网等平台已经在这一领域深耕了 3 年以上,美团等新兴 O2O 平台最近也推出了"美团外卖"加入到了外卖订餐的大战之中。饿了么在今年 5 月份宣布获得大众点评 8 000 万美金战略投资后,实现了爆发式的增长。根据饿了么 CEO 张旭豪最近提供的数据显示,饿了么如今已经扩张到了 200 个城市,覆盖 18 万商家,日均产生 100 万订单量。2014 年 1 月,在团购领域风生水起的美团网正式上线外卖服务,且目前势头强劲,8 月初由几十个覆盖城市到现在的 163 个城市,不经意间便翻了两倍多。

从业务模式上,饿了么、美团外卖、美餐网、和 Grubhub 都比较相似。而 2013 年由阿里新推出的淘点点则有其独特的商业模式,希望将餐饮行业做成"淘宝+天猫"的模式,即每个菜品都是一个 SKU(库存商品),一些热销的菜品,相当于淘宝中的热销款。将餐饮服务变成商品,让买卖双方直接交易。

商业模式上,和 GrubHub 靠订单抽取佣金相比,国内的外卖订餐网站还利用了更多的方式规划自己的盈利模式。

除了按订单收取佣金意外,大概的盈利模式包括以下几种:

1. 管理费用:为了吸引商家的入驻,免除入驻平台的费用,减少商家的疑虑,只在商家月销售满一定金额抽取一定的管理费用,实现双赢。

2. 竞价排位:将平台最前面几个铺位作为广告铺位,根据商家的竞价,收取月租,在实现商家推广的同时,又尽量避免了用户体验的降低,最终实现盈利。

3. 增值收费:平台定期开展活动,参与的商家收取一部分费用。

4. 广告收费：包含两部分，一是线下的宣传单推广，二是线上的横板广告等。线下，以平台名义传发整合宣传单，收取宣传单版面费用；线上，平台横板广告费用。

外卖O2O是个大市场，可以称得上是用户的刚性需求。GrubHub不断地被资本看好也证明了这一点，Grubhub在美国的成功上市，多少刺激了中国订餐网市场的竞争白热化。有投资者认为，Grubhub的市值相对被高估，IPO前GrubHub设定的发行价区间仅为＄23—＄25，而现在的价格是＄35上下。纵然GrubHub所在行业潜力无穷，未来成长性空间较大，考虑到行业进入门槛较低，用户粘性不够等因素，公司的高速增长是否能够支持目前如此高的市盈率？一个新的商业模式，新的公司还需要时间来证明其执行力和增长空间。

而我们也同样认为，在"民以食为天"的更大的中国市场上，也将诞生可能体量数倍于GrubHub的外卖平台。

（案例来源：估股网2014年10月13日）

案例思考

1. 与国外相比，国内外卖电子商务平台可能遇到的问题有哪些？
2. 你心目中好的外卖网站应该具有的要素有哪些？
3. 如何提高用户的忠诚度？

第一节　餐饮业概述

民以食为天，从古至今饮食就是人们生活最基本的需求。随着社会的进步，人类生活方式的改变也影响了饮食的形态。餐饮业作为一种兼具制造业及零售业的行业，在引入信息技术之后，也发生了很大的变化。

一、餐饮业的定义与发展现状

餐厅从来都是人群聚集的场所，特别是在现代社会中，餐饮业与娱乐、休闲的结合日益紧密。餐饮业的流传与发展已经形成民族文化的一部分，甚至成为区域性的特色与观光旅游点。

餐饮原义是指提供可以令人恢复精神元气餐食的场所，而在当代被引申为"一个营业场所，而在这场所中为了现场的消费而准备食物、提供食物及销售食物"。由此可知，餐饮业可以概括为"为了满足客户差异性的饮食需求与期望，提供餐饮的场所、服务及设施，以此获得经营者的特定目标并赚取合理利润的商业行为。"

餐饮业从最简单的路边小吃店，发展到后来的小餐馆、家庭式餐厅、快餐厅以及高级餐厅，到现在的休闲式茶坊、酒吧、咖啡厅等，都隶属于餐饮业。餐饮业这个满足人类生活需求的古老行业，随着科学技术的进步，其经营的形态和操作的方法已有长足的进步。

欧洲餐饮业的起源可以追溯到古罗马帝国时代，由于当时宗教活动与经济活动的频繁，使得旅途中的人们对外出就餐产生需求。为了满足这项需求，一种为旅行者提供基本餐食的小客栈便应运而生，但是真正较具有餐厅规模及形式的餐厅则是以 17 世纪在英国出现的"咖啡屋"为代表。从此之后，这种类型的咖啡屋便纷纷成立。

美国则是在 1634 年由 Samuel Coles 在波士顿设立第一家酒馆，这也是美国的第一家餐厅。而一直到 1670 年美国才出现了第一家咖啡屋，同时美国人也开始学习法国菜的烹调。Delmonico 是美国第一家专业的法式美国餐厅，1827 年在纽约开业。随着工商业的发展，20 世纪 60 年代美国的连锁快餐店开始发展，并且以提供标准的食物品质及快速的服务为特色持续地成长。时至今日，美国的快餐业瓜分了大半餐饮消费市场，特别是连锁经营的麦当劳、肯德基已成为国际性的餐饮企业。

中国餐饮业发展历程与西方大致相同。秦汉时期，商业兴起，为了满足往来贸易商人的餐饮需求，出现了提供餐饮的客栈。唐、宋、明、清时期由于经济繁荣，加上水陆交通运输发达、往来贸易频繁，餐饮业迅速发展。例如唐代除了设置货栈及邸店供存与住宿外，也有店肆可以满足商人们餐饮的需求。到了宋代，街巷中开始出现小食担，同时为了满足各种类型旅客的需求，还出现了商会店、北食店、川食店、羊食店及素食店等不同的菜肆和小食摊。随着时代的演进及清朝末年中西文化冲击交流的影响，在北京出现了现代化的西餐厅。

第二次世界大战后，餐饮企业越来越多，但都以手工经营和管理为特征，包括食品的制作、客人的点菜、服务员的上菜和收银员的结账等。从 19 世纪 80 年代第一台木制外壳的收款机产生到现在已经 100 多年了。随着计算机技术的发展，收款机系统也经历了 3 个阶段：第一代收款机是单独使用的，没有联网功能；第二代收款机是在 20 世纪 90 年代流行，它将若干餐厅中的多台的收款机联成网络，通过转换器与餐饮管理系统连接，以满足客人的各种需求，同时具备了一些管理功能。这款收款机既可以单机操作，又可以联网使用，现在仍有许多餐饮在沿用这种做法；从 20 世纪 90 年代开始，开始流行第三代收款机，这种收款机像 PC 机一样，能够与餐饮管理系统联网，在布线、故障处理、收款效果、网络处理上均很方便。到了 21 世纪，"无线餐饮系统"集无线网络通信技术与手持移动电脑终端技术于一身，代表着当今餐饮行业解决方案中最前沿的领先科技。这种高端技术应用在餐饮行业中，始于 2001 年美国洛杉矶的一家高档餐厅，国内则是 2002 年 3 月上海的一家高档餐馆引入了这种无线餐饮系统，促进了餐饮行业信息化管理和发展。

二、餐饮业未来的发展趋势

随着人们收入提高，生活形态的改变，外出就餐的人流日益增多，而餐饮业的发展空间也因此大增。再加上双休日的政策，餐饮业具有良好的市场前景，竞争也日趋激烈。消费者的需求变化是值得注意的，但对未来潮流的发展也不容忽视。简而言之，餐饮业未来大致将朝精致与快捷两极化、主题专门化、复合式经营和餐饮服务电子化 4 个方向发展。

（一）精致与快捷两极化

目前餐饮经营的形态已逐渐趋向精致与快捷两极化发展。也就是说，其中一种的发展趋势是向精致餐饮、高价值及高品质服务的餐厅发展,而且在餐厅的硬件设备,例如外观设计、内部装潢、餐具器皿及桌椅等,也极为讲究,希望顾客能有被视为上宾及宾客至如归的感觉;另外一种则是提供快捷、方便、卫生而且价格较低廉的连锁快餐店,它除了提供标准的只制式餐饮外,也根据营业的特色,提供外卖货外送等服务。

(二) 主题专门化

现代餐饮业市场中,有特色的餐厅越来越多,将菜式通过不同的组合变化,推出快餐、及特餐及商业套餐。这类餐厅不但简化了原料的采购及储存,同时也能精简厨房的人力。除此之外,未来餐厅所销售的餐饮种类势必将日趋简单化,并以专门化经营为经营理念。例如目前在餐饮市场中出现的墨西哥餐厅、清粥小菜、澳洲岩烧牛排等主题明确的餐饮行业。

(三) 复合式连锁化经营

复合式经营模式主要是指餐饮业与其他行业结合。例如健身房或俱乐部附设的餐厅,或是由于电脑网络的兴起而产生的网络餐饮以及可以利用餐饮现有的设备开设烹饪教室课程等。这种结合主要是以方便顾客、开拓客源及充分利用现有的设备为前提,并以增加营业收入为目的。连锁经营则是一种商业组织形式和经营制度,指经营同类商品或服务的若干个企业,以一定的形式组成一个联合体,通过企业形象的标准化、经营活动的专业化、管理活动的规范化以及管理手段的现代化,使复杂的商业活动在职能分工的基础上实现相对的简单化,把独立的经营活动组合成整体的规模经营,从而实现规模效益。这种经营方式自 19 世纪中后期在美国产生以来,至今已有 130 多年历史。目前它已成为国际上普遍采用的一种企业经营制度,被广泛应用于制造业、零售业和服务业等众多行业,并出现了国际化连锁经营的趋势,麦当劳、肯德基就是连锁经营的成功典范。

(四) 服务电子化

在商业信息化的今天,餐饮业仅仅靠传统的手工经营,显然已经无法满足客户口味、要求经常变化的需要,也难以实现企业获取最大利润的目标、如何提供方便、快捷、高质量的服务,是投资者必须考虑的问题。信息技术的高速发展,正好为这种高效服务提供了可能。对内,顾客的订位、点菜、结账等环节都可以使用电子化产品来完成,力求服务更准确到位;对外,可以通过网站、短信等途径广泛开展宣传,从而吸引更多的顾客光临。总之,使用信息技术就能掌握最新的消费趋势,实时吸收经营管理新知,结合并利用最新信息,以适时调整餐厅的经营方向。

思考与练习

1. 试举身边的例子,说明餐饮业电子商务化的应用。
2. 如果让你拥有一家餐厅,你希望有哪些新技术可以应用?

课后实践

比较麦当劳、肯德基在电子商务中的应用,根据所学的知识,结合其实际情况,完成比较报告一份。

第二节　餐饮业经营与管理信息化

在餐饮业兴盛的背后,同行的竞争也越来越激烈。通过信息化手段改善经营管理已成为餐饮业内的共识,成为一些餐饮企业的制胜法宝,餐饮行业内信息化建设之风也逐步兴起。

一、手工方式对餐饮服务质量提升的制约

以一次顾客来店消费为例,在采用传统管理手段的店铺中,顾客来店消费,首先由迎宾员根据顾客人数将顾客带到合适的席位安排就座。接着服务人员提供菜单让顾客点菜,点好菜后服务人员将菜单传给厨房,厨房根据菜单做好菜出堂,顾客开始享受美食,消费完毕菜单交由前台结账,一次消费就由此完成。

事实上,这个流程的每一个环节都会影响到顾客对餐饮满意度的评价。很多顾客去酒楼消费之前,都会通过电话进行预订,在使用传统管理手段的店铺中,纸质预订单就成为唯一的管理手段。这样预订的顾客到店内报上姓氏后,需经前台查阅订单才能确认顾客的预约需求,如果预订顾客比较多,店内席位紧张的时段就不能很好地为顾客提供及时的预约服务。一叠预订单查阅就是问题,有限的预订席位安排协调更是问题,服务员根本不能实时掌握席位及顾客变动情况,从而有效地在预订顾客和非预订顾客之间更好地协调紧张的席位。

传统的点菜环节主要包括纸质本菜谱和点菜单,由于店堂内和厨房供应不能时时沟通,经常会出现大堂点菜与厨房信息不同步的冲突。另外,顾客在就餐过程中因缺原料而不能供应的菜在订单上划去都会增加最终结账时出错的概率,难免与顾客产生不必要的误会。顾客不能直接感触的后台供应链管理同样重要。就餐高峰时期,厨房供应相当紧张,会积压多张订单,如何才能把握好煮菜的先后顺序,是严格按订单进入顺序,还是灵活的把同样的菜一起制作? 总之,目的是让顾客不会因久候而产生抱怨。另外,连锁餐饮企业也逐渐多了起来,企业各店的物料基本采用统一配送方式,如何配送到位也是企业做好服务的先决条件。显然,传统粗放式手工经营管理方式很难适应餐饮企业对企业效率的需要。

二、餐饮业对信息技术的需求

在信息化潮流影响下,餐饮企业也开始考虑如何导入信息技术,并将其用于拓展企业的电子商务业务。

(一) 餐饮业电子商务的涵义及类型

21世纪是一个信息时代,随着 Internet 的蓬勃发展,电子商务迅速崛起。电子商务是利用 Internet 提供的信息网络在网上进行的商务活动。网络的出现及普及,对传统餐饮企业的运营模式带来了重大的影响。所谓餐饮业电子商务,就是电子商务在餐

饮业这一具体产业领域的应用,通过现代网络信息技术手段实现餐饮商务活动各环节的电子化,包括通过网络发布,交流餐饮基本信息和餐饮商务信息,以电子手段进行餐饮宣传促销,开展餐饮售前售后服务,也包括餐饮企业内部流程的电子化及管理信息系统的应用等。

目前我国餐饮业大致通过以下五种形式开展电子商务。

1. 第三方建立的综合性网站

这一类网站只是简单地信息发布,主要介绍饮食文化、营养保健、各家菜系、知名餐馆等,如中华美食网(www. zhms. cn),主要内容包括饮食文化。菜系食谱、食补食疗、饮食文化等内容;中国烹饪协会主办的餐饮在线(www. ccas. com. cn)主要介绍中国菜系。名菜及名厨等,为会员和全社会餐饮业提供多方位服务。还有食在中国网、中国餐馆网、山东美食网等介绍中国饮食文化、及地方名特食品。然而,这样的餐饮网做的只是单向信息传播。甚至有可能只是很久没有更新的信息。显然,这种网站不太具有平台盈利的前景。因此,要想让企业实现盈利,就必须让自己成为餐厅与食客的双向互动平台。

2. 有店铺形式网站

据不完全统计,到 2006 年,餐饮业的网站已达到了 400 多万家。这种各自为政的小而全的网站在企业宣传等方面起到了一定作用,但大多数以信息发布为主,不存在网上交易。但也有些餐饮企业的网站已经真正开展 B2C 业务,并且取得了很好的效果。如青岛勇丽餐饮经营管理有限公司(www. yongiee. com. cn),该公司于 2002 年开始进军网上订餐市场,开展“E 餐及时送”业务,建设网上订餐系统。至今,该公司的“E 餐及时送”已发展成为拥有 20 辆送餐车队伍,每天的营业额在 1 万—6 万之间的中型餐饮公司。

3. 无店铺形式网站

这种餐饮业的电子商务经营模式适合没有常规餐饮营业的企业或个人。运用这种模式最著名的是丽华快餐(www. lihua. com)。丽华开创国内“无店铺经营”模式,专营快餐“外送”。该公司自 1993 年创业以来,送餐规模不断扩大,覆盖范围不断推广,送餐量排名全国第一,在北京、上海、深圳、大连、南京、郑州、长沙等 11 个大中城市拥有80 余家快餐配送连锁店。

4. 大型餐饮门户网站

这种类型网站主要让用户通过网络实现对餐饮查询及餐馆的菜谱查询和预订服务,对通过网上预订的客户给予相应的折扣。如饭统网、无忧订餐、易丁网、食神网等,它类似于现在的电话的 114 查询业务。其中饭统网(www. fantong. com)是我国第一家免费预订餐厅、免费提供折扣的专业权威餐饮网站,目前已经成长为全球最大的中文综合性餐饮门户。

5. 连锁企业网站

这种形式发展得较成熟,从原料采购到网络营销,均实现了电子化管理。如百胜必胜客餐厅、肯德基的网站,有网上订餐、下载优惠券等服务。

相比之下,第一类网站主要是介绍性的,网站建立较容易,成本低,但收效甚微,占目前餐饮业电子商务的 60%;其他几类网站具有电子商务的实质,对电子商务技术与管理能力要求高，但只占大约 40%。复杂的消费群体、不同的饮食习惯、就餐地点的空间限制等因素形成了餐饮行业无法实现信息化的现状。由此可见，我国开展餐饮业电子商务任重而道远。

（二）餐饮业发展电子商务的障碍

互联网的迅速发展使其日渐成为社会生活中一个重要组成部分。零售业、银行业、旅游业的人们都在广泛地运用这一高新技术向顾客提供便捷周到的服务，同时也为自己创造了无限的发展商机与巨额的经济效益。如今，这股网络热潮正以锐不可当的趋势冲击着餐饮业的方方面面。所以，业内分析家表示在网络时代，餐饮业主若没有关注、紧跟这股网络风潮，将会错失商业良机。然而，在这股热潮的背后运用电子商务的餐饮企业的发展并非一帆风顺。

1. 餐饮业缺乏对电子商务的认识

电子商务虽然已在我国形成热潮，但大多数餐饮企业，特别是中小型企业，却采取观望的态度，一个重要原因就是观念问题。统计数据显示，国内目前约有 400 多万家中小餐饮企业，中小餐饮企业数量已占到餐饮企业总数的 99%，但是其中仅有 3% 的企业使用电子商务。大多数餐饮企业的管理者、员工对电子商务的理解、认可和接受程度还远不能满足发展电子商务的要求，多数企业还钟情于业已熟悉的传统商务模式，看不到电子商务给企业带来的巨大商机。

2. 从业人员的专业化程度不高

人才一直是制约餐饮行业开展电子商务的瓶颈。沿袭传统惯例，餐饮业进入门槛较低，人才素质普遍偏低，这是个不争的事实，懂得信息技术的人更是凤毛麟角。目前的形势是，我国大多数餐饮企业的老板是从小店发展起来的，家族式管理的居多，还没有发展到聘请职业经理人的程度，许多管理环节都还是"人治"，并没有执行一套现代企业管理制度和监督体制。另外，据经济普查资料，1 400 多家餐饮企业从业人员中，大学本科以上的所占比例仅 2.1%，高中以下的学历从业人员占 90%，即使是已拥有高学历的人才中，具有计算机和网络知识的人才不懂得金融、商贸、经营管理的人才则不通网络知识。

3. 企业网络缺乏持续的更新、维护和推广

从目前我国餐饮门户网站的餐饮企业来看，不仅数量不多，质量也堪忧，设计不合理、无人维护、网络服务不到位、缺乏品牌的知名度，最直接的结果就是缺少注册用户。

4. 餐饮电子商务门户网站的"返佣"盈利模式不科学

目前我国餐饮门户网站的收入主要有广告、餐厅加入网站时所支付的会员费以及网站向餐厅推荐消费者是收取的费用（一般按消费者用餐金额的一定比例收取，即所谓的"返佣"）。在这 3 种收入中，入会费用较稳定，广告收入波动比较大，但"返佣"的盈利模式则最具结算风险，因为客户到餐厅的消费额事先无法预知，这种消费金额的不确定性直接影响了"返佣"的基数。由于"返佣"的盈利模式不能切实保证价值链各方的利益，一定程度上使得餐饮业电子商务平台提供得不偿失，大大挫伤了他们开展电子商务活动的积极性。

三、餐饮业导入信息技术的可行分析

根据餐饮行业的特殊性,将企业的特色菜系推广到网络上,或用于企业内部管理以及接待服务,信息技术都显示独特的优越性。

(一)餐饮业与电子商务的适应性

餐饮业给人的印象是一个较古老的行业,而电子商务则是新兴的技术。但是如果研究餐饮业的特点,就会发现,这一传统行业优势和运用电子商务技术的特点。

(1)我国餐饮业以中小企业为核心,其中国有企业只占1%多,所以大部分的餐饮老板都希望通过电子上降低成本,提高利润。快餐业是对技术最敏锐的现代餐饮业,随着技术、配方、设备和人才的引入,每年以递增20%多的营业额在高速发展。技术革新财富效应对众多传统餐饮业的刺激很大,大家都在寻求一种安全、稳定、绿色、快捷的增值方式。

(2)电子商务从本质上是一种服务经济,其显著特点就是经营方式灵活,一切以客户为中心,二者可以说是异曲同工。餐饮业必须加强技术改造,在引进环保设备的同时,积极开展餐饮电子商务,充分发挥电子商务的绿色环保优势,及受众面广及其他旅游服务套餐的特点,达到环保效益、社会效益与经济效益的统一。

(3)餐饮业是一个大的小行业。大就是大在民以食为天,小就小在它遍及大街小巷,就餐方式多样,经营机制灵活,个性化特点体现得非常充分。电子商务是一种柔性化定制、个性化服务的生产方式,二者具有经济学上的同构性。特许经营、连锁店、品牌效应、电子物流等都是电子商务的强项,正因为餐饮业的分散性,才特别适合与网络的聚集,所以餐饮业不仅适合发展电子商务,而且有可能成为最先盈利的行业。

(二)餐饮业电子商务的策略

电子商务技术的运用,对餐饮也具有变革性作用。那么,还需深入研究信息技术应用以及餐饮业电子商务遇到的困难,增进信息技术与餐饮业的良好融合。

1. 增强餐饮企业与消费者的电子商务意识

业内专家普遍认为,餐饮业相对于电子商务中的其他行业而言,尤其得天独厚的优势:餐饮业以中小企业为主。前面提到,电子商务是一种个性化服务的生产方式,餐饮业长期以来就是个性化、多样化的生产服务。因此,有眼光的餐饮业经营者不应该总是停留在盲目的价格战、地域战阶段,而应在信息化和电子商务领域抢占先机。在国家政府职能部门加快电子商务立法,统一技术标准,建立专门的政策与法规研究机构,加强网络和电子支付系统的基础设施建设,提高强大的软硬件环境和营造深厚的社会氛围的同时,餐饮业内部也应积极宣传普及电子商务的有关知识,增强商业信誉,促进消费者对餐饮业电子商务逐渐形成正确认识。

2. 加快餐饮信息化进程

加快餐饮信息化进程可以通过以下几个步骤来实现。

(1)加快餐饮业内部电子户管理使用电子化和信息化的手段,诸如无线点菜收银系统、互动式桌面触摸点餐系统等,一方面消费者可通过触摸屏选择自己中意的一些菜,然后电脑就会自动显示菜的各种状况(原料、色、味等),同时会把这道菜栩栩如生地

展现在消费者面前,让消费者有直观的认识。另一方面,餐馆管理者可以通过电子化系统查询营业收入统计、员工业绩统计、人均消费额等,结合信息技术手段对各种数据分析,例如财务状况分析、营销决策分析、营业收入分析等。

(2) 在餐饮的物流(采购、分拣、保鲜与配送)环节上,通过电子商务辅助来严格把关。目前餐饮业的成本居高不下,最主要的问题就出在采购、分拣、保鲜与物料配送环节上。保鲜、运输,一转再转,物流成本自然就很高。借助电子商务,能实现电子物流,在餐饮物料的选购面上市场更广阔、信息更灵通,从而便于降低采购价格、优化采购流程和加强库存控制。

总之,科技产品的应用水平将很大程度上决定一个餐饮企业的竞争实力,电子商务首先强调的就是技术含量和标准化建设。

3. 加强餐饮行业的网站建设

连锁经营是现代餐饮业的主要标志,是餐饮企业实现跨区域大规模扩张的有效办法,是餐饮电子商务实现的良好形式。因为餐饮企业的产品"短腿",不能够像其他工业企业那样采用批发、零售、直销等多种销售渠道把产品销往全国甚至全球,只有借助连锁店才能实现跨区域大规模扩张的目的。因此,只有建设好餐饮行业的网络,这种连锁经营方式的采购、外卖、配送才能顺利进行。同时,大力加强餐饮网站的特色建设,广泛开展宣传、广告、订购、咨询、投诉、法律救济等服务,并借助这一运用平台,达到提高整个餐饮行业网络化层次的目的。

(1) 对于消费者来说,网上订餐方便快捷。网上订餐中多功能性的服务还可以让消费者从容地上网浏览餐馆的菜单,或进行价格上的比较,来选择所需要的美食佳肴。另外,消费者可以不受时间限制地进行网上订餐,也可以避免遇到电话订餐占线的问题。

(2) 对于企业来说,网站代表企业形象,是与顾客沟通的桥梁。首先,要对现阶段顾客个性需求作深入分析,多推出菜式和口味,尽量满足顾客的要求;其次,要突出餐饮的深层次服务,如企业精神、特色佳肴、休闲、文化娱乐、在同行业中的特色优势、投诉处理、意见反馈甚至互动交流。网站业务有必要聘请专业的网络咨询公司,在其指导下有计划、有步骤地开展,并由专业人士负责提高网络技术,对网站进行有效维护。

4. 注重餐饮行业的品牌建设和特色经营

调查发现,多次光临的客人可为餐饮企业带来25%—85%的利润,吸引他们再次光临的,首先是服务质量的好坏,其次是产品本身,最后才是价格。因为现在人们对生活质量要求越来越高,外出用餐是享受生活的一种方式。据统计,一位满意的客人会带动8位潜在的顾客;一位不满意的客人会影响20多位客人的光顾意愿,争取一位新客人所需的成本是保住一位老顾客所花费用的6倍。一家饭店只要比以往多维持5%的顾客,则利润可增加25%以上。所以,餐饮企业要尽可能地做到让顾客满意,甚至让顾客感动,以提高客户的满意度、忠诚度进而提高客户的回头率。

5. 规避返佣风险

各餐饮电子商务门户网站应积极开拓其他渠道来达到盈利目标,最重要的还是积极提供强大的内容支持,建构餐厅网络。只要有足够大的用户群,有足够大的覆盖面积,网站的品牌效应才能扩大,利润也会随之而来。网站除了尽量做大、做强,树立品牌,收取稳定的会员年费和广告费用外,要规避返佣模式带来的风险,就要加强与顾客的联系,建立顾客信用等级制度。对此,一个可行的方案是按顾客在加盟该网站的餐饮企业消费金额给了积分,并根据积分给予顾客一定的奖励。其好处是有利于确定餐厅具体返佣基数,从而切实保证价值链各方的利益。

总的来说,发展电子商务是餐饮业不可逆转的趋势,面对知识经济、信息经济的挑战,我国餐饮企业必须正视现实,转变观念,抓住时机,积极发展电子商务。

思考与练习

1. 试举例说明餐饮企业如何规避返佣风险。
2. 餐饮业发展电子商务的优劣势有哪些?
3. 如何在餐饮业中运用更多的电子商务技术?

课后实践

1. 实践目标:
(1) 使学生了解更多的餐饮信息管理系统
(2) 巩固所掌握的理论知识,提高实践能力
2. 实践内容与要求:
(1) 对所在地市不同等级的餐饮企业进行调查
(2) 运用所掌握的知识测评其所使用的餐饮信息系统是否适合其企业
(3) 测评内容:

表 7-1　餐饮企业餐饮信息系统使用调查表

调查内容	评分标准及分值			评分结果
	10 分	5 分	0 分	
餐饮企业是否引入信息管理系统	是		否	
使用范围是否广泛	非常广泛	一般	非常窄	
所使用的软件有几项功能	7 个以上	5 个	3 个以下	
使用此软件的关注点	实用性	售后服务	价格	
采购成本	成本较低	一般	成本较高	
系统使用对日常工作的影响	提高了工作效率	没有变化	增加了工作负担	
使用此系统对客流量的影响	客流量明显增加	效果不明显	客流量减少	

（续表）

调查内容	评分标准及分值			评分结果
	10分	5分	0分	
系统的引入是否提高了消费者满意度	明显提高	效果不明显	有所降低	
使用此系统对企业经营利润的影响	利润增加较多	效果不明显	利润下降	
使用满意度	满意	一般	不满意	

3．组织与实施评价

（1）分小组进行调查，选出小组负责人

（2）小组成员分工协作，共同完成任务

（3）各小组将调查的结果进行汇总并分析讨论

（4）各小组提交实训报告，并对至少五家餐饮企业的餐饮信息管理系统进行评估。

4．各小组成员评估指标及标准

表7-2　餐饮信息系统使用情况调查评分表

被考评人			所属小组名称			
考评内容		考评标准	分值/分	自我评价/分	小组评议/分	实际得分/分
专业知识技能掌握	餐饮信息系统使用情况	熟悉	15			
	餐饮信息系统结构	掌握	15			
	餐饮信息系统需求预测	熟练掌握	20			
	报告完成情况		20			
通用能力培养	学习态度	积极主动，不怕困难，用于探索	10			
	团队分工合作	能融入集体，愿意接受任务并积极完成	10			
	道德自律	自觉遵守纪律，有责任心和荣誉感	10			
合计			100			

注：

1．实际得分＝自我评价＊40％＋小组评价＊60％。

2. 考评满分 100 分,40 分以下为不及格,41—65 分为及格,66—84 分为良好,85 分及以上为优秀。

第三节　餐饮电子商务的发展

移动电子商务是移动通讯技术与电子商务结合的一种新事物,是电子商务发展的一种主要趋势。它是依托移动网络进行数据传输并利用移动终端实现商业交易。它在互联网的基础上将触角伸到了有线网络之外,直接触及到参与交易的人,实现了商务活动与个体活动的紧密结合,大大加快了商业交易速度、降低了交易成本,并可提高信息查询的精准性,为企业的商务活动开创了新的模式。它是一组技术融合发展的产物,也是一种崭新的商业模式。当把移动商务包含的这些技术以及它的商业模式与餐饮行业结合起来的时候,可以使餐饮业更新它的经营方式,拓展它的大众市场,建全它的"软硬"件设施,使餐饮业更具科学化、集锦化和社会化。

一、构建企业站点,丰富企业宣传渠道

(一) 建设企业站点

21 世纪被称为信息化时代,在网上建立自己企业站点已经被认为是一种非常重要的宣传方式,而对于餐饮行业的企业来说更是如此。尤其是对于一些外出旅游的游客来说,来到一个陌生的城市,往往都想尝到一些本地特色的食品,他们往往都是通过网上来获得这些信息,所以在网上构建自己企业站点来宣传自己已势在必行。当企业在网上建设自己的站点之后,客户就可以通过电脑或者手持设备通过有线或者无线网络来获取餐饮企业的信息。

(二) 建设短信服务平台

目前我国餐饮企业在营销推广方面的移动信息化需求已非常迫切,多数企业希望能够在短期内见到实际推广效果,提升店内人气,因此,让企业从最简单的应用入手,使其感受到移动应用能够为自身带来的实际利益,在体验中接受移动信息化产品是餐饮行业信息化的突破口。建设短信服务平台对于实现餐饮企业的精准营销具有显著效果,在餐饮企业可以通过自己的短信服务平台在特定时间对特定用户群发送特定短信的增值服务。对于企业来说,建立自己的短信服务平台具有"个性化"的优势,即见效快、应用灵活、针对性强,能精准直达,锁定目标群体,发送时间地点,都可自由定制,精准发送,广告信息投放实效性强。此外,短信服务平台还能创造新型的客户关系管理方式,对企业经营有所帮助,例如,短信现场互动、短信抽奖活动、短信问卷调查、短信投诉建议、客户积分统计、客户来访统计等。

二、构建客户信息库,加强对客户的管理

商场上流行着这样一句名言"掌握客户就是掌握市场,接近客户就是接近成功",从这句话可以看出客户对于企业的重要性。对于餐饮行业的企业来说,如果做到既能吸

引新的客户，又能抓住老的客户，那么这个企业就能够长盛不衰。那么如何才能做到这一点，除了餐饮企业自身要做到饭菜可口，服务周到这些基本的服务之外，还要加强对客户的管理，对客户的关怀。要对客户进行管理需要建立客户信息库，在信息库中为每一位客户建立一张信息表，表中要记录客户的客户代码（唯一标识每位客户）、姓名、生日、联系方式、积分、会员级别、每次用餐时间、用餐餐桌号码以及点菜目录等信息。这些信息会为将来管理客户提供帮助。比如可以把企业的最新动态如新菜上市、打折信息等，根据信息库中客户所留的电话号码通过短信服务平台发送给客户。或在客户生日、重要节日等特殊日子给客户发送祝福信息等等。通过这些措施可以加强对客户的关怀，增加客户的忠诚度。

三、引入新型营销理念，激励客户

目前餐饮行业一般只是停留在发放贵宾卡来吸引客户长期消费，而缺乏引入新型的营销理念，这严重阻碍了餐饮企业的发展速度。餐饮企业在营销时可以引入会员制度和直销理念。会员制度是将在餐饮企业消费的客户按照规定严格分为若干等级，每个等级享受不同的优惠措施。会员制度的建立的目的是为了配合直销理念来激励客户。

直销理念的基本原理是几何倍增原理，几何倍增原理简单来讲就是 1 变 2，2 变 4，…，n 变 $2n$ 的一个过程。几何倍增原理主要包括这几个方面：市场倍增、时间倍增、效益倍增。市场倍增指的是将客户从单纯"消费者"的角色转化为"消费者＋宣传者"的角色，通过客户的宣传，吸引新的客户将 1 变为 1＋1，再依次循环实现客户倍增。时间倍增指的是直销能够倍增时间，但不是增长，而是让时间减少而完成相当的工作量，这是一种逆向倍增。效益倍增是借助于市场倍增而倍增的，对于餐饮企业来说，用餐客户越多，餐位供不应求，那么就可以实现效益倍增。

将直销理念、会员制度以及移动商务模式三者融为一体应用于餐饮企业的营销的方法就是通过客户转发短信，为饭店招揽新的客户，实现用餐客户的倍增。具体的操作方法是：餐饮企业每次向客户发送短信时，在短信内容的前面加入一个唯一标识客户的代码，如果客户将这条具有唯一标识代码的短信发送给他的亲戚好友，亲戚好友通过这条短信来到餐饮企业用餐，并且在用餐后出示这条短信，那么这些用餐的客户可以享受一定的优惠，而转发这条短信的客户可以得到相应的积分，当积分达到某个值时可以成为更高级别的会员，而享受到更多的优惠。这样就可以激励这些用过餐的客户向其他的客户宣传的积极性。也为餐饮企业招揽了更多的客户。

四、引进新技术新设备，为客户提供增值服务

（一）无线点菜

前文中提到对于餐饮企业为了满足客户与自身之间交互信息需要建立网站，而餐饮企业网站并不单纯可以作为客户了解企业信息的渠道，它还可以使客户能够使用手持设备点菜。餐饮企业可以在其主页下设立名为在线菜单的二级页面，客户在点餐时，

就可以通过手机等手持设备经过无线网络登陆餐饮企业的主页,在企业主页的在线菜单页面下浏览饭店菜目的具体信息,比如菜的原料、口味、价格以及图片等。这样每位客户都可以通过手机来登录企业的主页了解菜单的详细信息而没有必要为每位客户都提供一个纸质的菜单,同时客户在访问企业的主页的过程中也可以了解饭店的一些其他的相关信息,可以为客户留下更加深刻的印象。此为某餐饮管理信息系统的流程。包括消费者专用点菜器、点菜系统示意图、预订点菜流程图。

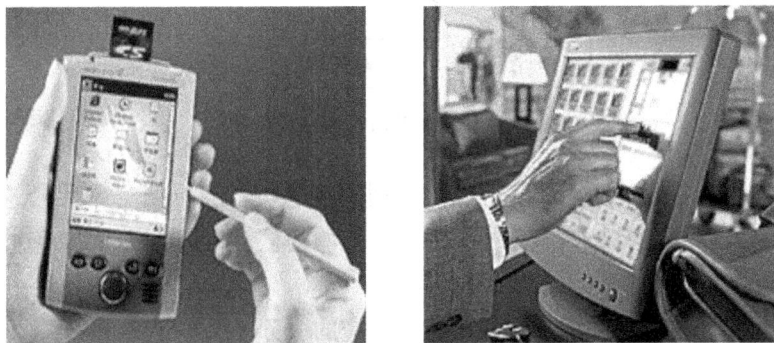

图7-2　专用点菜器

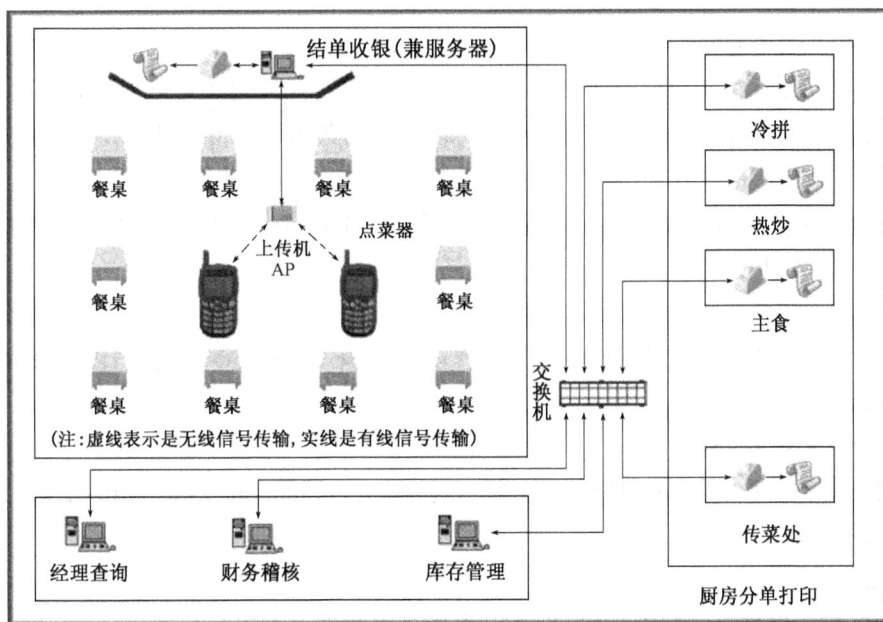

图7-3　点菜系统示意图

电子点菜系统操作实施流程:

第一步:客人选择就餐时间及地点

客人就餐时首先根据自己的就餐时间选择就餐地点,在地点的选择上会考虑饭店的地理位置、交通便利情况、饭店的星级标准、菜式特点、价格等方面,并进行预订。

第二步:进入饭店并点菜

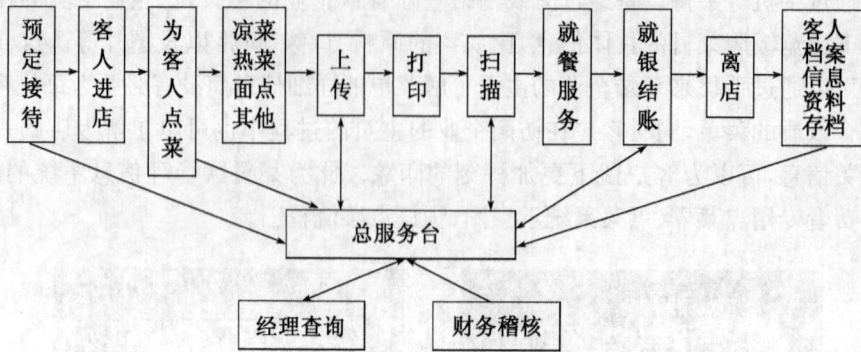

图7-4 消费者预订点菜流程图

服务员将客人所点的菜式输入点菜机,利用点菜机营养价值测评系统提示的测评结果向客人做出相应的提示,点菜结果得到客人的确认后再点确认键,点菜结果就会自动传输到厨房、收银台、库房、餐厅经理等处。

第三步:餐厅各部门根据点菜结果提供相应的服务

凉菜间、热菜间、面点间、酒水间等根据点菜结果分别打印点菜单,并按点菜单制作相应菜式,控制上菜顺序和上菜速度。

第四步:收银服务

收银台根据点菜单汇总账单为客人提供结账服务,收银台还可以对当日(月)的营业数据进行汇总,形成日(月)报表。甚至可以对某道菜的销售情况进行分析。

第五步:客户信息管理

系统终端对消费者消费信息进行汇总并存档,方便客人下次消费时参考。制作客户信息档案,以便保持长久联系。

第六步:经理查询

餐厅经理可以随时进行查询,计算销售量、翻台率、利润率等,根据销售结果调整菜单及经营对策。

第七步:财务稽核

财务处根据系统终端提供的信息对销售过程进行对账、审核,避免出现跑单、漏单等现象发生。

(二) 移动支付

当客户在餐饮企业消费后,可以通过手机等手持设备来进行支付,而无需随身携带现金或信用卡。客户在餐饮企业用完餐后,可以通过手持设备登录网上银行,通过网上银行将在餐饮企业消费的金额转入餐饮企业的账户,等待餐饮企业确认之后,就完成了此次移动支付。

五、加强餐饮行业的移动商务人才培养

没有现代化的经营管理人员,就没有现代化的餐业,人才一直是制约餐饮行业发

展移动商务的瓶颈。所以要加强这方面人才的培养和引进,在一些专业学校要对相关专业做出调整,让懂信息技术的人懂餐饮,让懂餐饮的人通晓移动商务,让复合型的人才去顺应市场发展的潮流。

思考与练习

1. 与 PDA 方式相比,IC 卡手持 POS 机的优越性表现在哪里?
2. 电子点菜系统包括哪些模块?

课后实践

在了解餐饮电子商务特点、发展优势及餐饮信息系统基本情况及发展前景的前提下对餐饮企业的信息化程度进行调查了解,可以更好地掌握所学到地知识,也可以把自己所学知识运用到实际工作中,使餐饮信息系统能更好发挥其作用,试设计一种电子商务模式可以有效地使用于旅游餐饮过程中。

第四节　餐饮电子商务典型案例

一、首家在线订餐网错失移动互联机遇:饭统网"不开饭"了?

曾经辉煌一时,作为国内率先涉足餐饮预订服务的网站,饭统网与大众点评网并列为该领域的两大领跑者。但近日,这家经营了 10 年的"饭馆"突然闹失踪,4月初网站服务器关停,商家订单也忽然消失,它似乎想以"失联"的方式宣告倒闭。

与此同时,在餐饮 O2O 东风的吹拂下,BAT(百度、阿里、腾讯)正在大规模地跑马圈地中。

电商业内人士龚文祥表示,他是接到爆料,饭统网的供应商去收欠款,结果人去楼空了。

饭统网早些年曾是在线餐饮公司第一梯队的阵营,并一度覆盖中国 80 个城市、提供超过 50 万家餐厅的信息。其运营模式是与商家建立协议,消费者需要订餐时拨打饭统网的免费订餐电话或是在网上订餐,随后网站给顾客发送折扣短信,顾客凭借该短信可到相应餐馆享受优惠。在这一块上的收入来源主要有会员年费(会员为餐厅)、佣金(会员餐厅返还 5%的消费佣金给饭统网)和广告费等。具体如下:

1. 会员费

饭统网上推荐的餐厅都是饭统网的会员,而要成为会员餐厅需要缴纳一年 1 000元的会费。收取会费是饭统网最初唯一的盈利点,也是其运作和发展的基础。曾经,与饭统网合作的餐厅超过 50 万家,遍布全国 60 余个主要城市。以一个餐厅合作年限为 1 年,每年收取 1 000 元会费计,饭统网在会员费上的收入超过 5 亿人民币。

2. 佣金

预订来自饭统网的消费,会员餐厅将以消费额的 5% 作为佣金返给饭统网。据 2008 年 10 月的统计,饭统网为中国餐饮行业累计贡献消费额曾高达 10 亿元,从餐厅取得的有 500 万人民币的佣金。

3. 客户集年服务费

针对团体用户的服务,是饭统网的盈利模式。其专门承办如公司年会,商务宴,会议培训等各种大型、专业的特色餐饮服务。此业务开始之初就得到了 GE、INTEL、OLYMPUS,雀巢、联想等诸多知名企业的青睐。

4. 广告费

饭桶网曾借其在领域内的领头羊地位,拥有广泛的知名度,广告收入也是有过一段时间的黄金期。除页面广告形式外,"独立专题"和"饭统导吃"饭统网独特的广告形式。在餐饮行业稳定性差和饭统网一枝独秀的大背景下,广告收入曾是其最稳定和来得最容易的收益。

但就是从 4 月开始,网站订餐电话无法打通,官网已无法访问。在其北京总部紧闭的大门上仅留下两份员工讨薪民事诉讼状,有的员工已经近一年没有领到工资了。

对于这家曾经的明星网站的"倒闭",有业内人士认为,近年餐饮行业正在加速移动互联网化,用手机 App 直接团购、下载优惠券、用手机地图找附近的团购店家等早已代替了电话预订。由于其转型摇摆不定,错失 O2O 的机遇,饭统网在这场竞争中被淘汰。

经营了 10 年的饭统网"不开饭"了,而其实对它造成冲击的团购行业这几年也一直在经历着残酷的洗牌。据中国电子商务研究中心发布统计数据显示,截至 2013 年底,全国共诞生团购网站 6 246 家,目前尚在运营中的有 870 家。团购网站关闭数量累计达 5 376 家,倒闭率高达 86%。

（案例来源:中国电子商务研究中心 2014 年 5 月 1 日）

二、天财商龙与大众点评"携手"开启"云餐厅":深拓餐饮 O2O

最近时日,中国领先的城市生活消费平台大众点评动作频频,在战略入股石川科技之后,2014 年 9 月 23 日再次联手天财商龙共同宣布,双方已达成战略合作。记者了解到,石川科技 14 年专注于餐饮信息化领域深耕,为餐饮企业提供完整的信息化管理解决方案。天财商龙则是国内餐饮娱乐服务行业信息化领跑者,是最早投身于餐饮管理软件开发与服务的供应商。

通过此次合作,天财商龙将与大众点评在商户数据及商户管理系统等方面展开合作,双方将打通贴合餐饮企业流程的闭环"云餐厅"模式,帮助餐饮企业把餐厅信息互联网化,同时通过大数据指导企业的经营和顾客的精准营销,给予消费者最佳的用餐体验。

同时,大众点评已战略入股天财商龙,此次投资后在天财商龙的持股占比将超过10%。据了解,天财商龙此前已获深圳创新投A轮投资,这次大众点评的投资是天财商龙获得的B轮融资。

此次合作后,大众点评将与天财商龙餐厅ERP系统打通,大众点评的O2O服务产品——在线订座、点餐、团购、外卖等将逐步与天财商龙餐厅ERP系统打通。如用户登录大众点评最新版本的移动客户端,按地区、人气、评价、口味等需求选择餐厅,在点击带有"订"标识的餐厅,及输入用餐人数、时间及订座人的信息之后,订单将直接进入商家的天财商龙餐饮系统中,商家确定订单后,食客就会收到预订成功的信息,成功订座并到店消费后,可选择手机支付来在线买单。所有的消费信息及交易信息都会进入到商家的天财商龙餐饮系统中,通过大数据分析,对食客进行后续的精准营销,将新顾客转化成忠实顾客。这不仅有利于商家提升运营效率,也便于商家为顾客提供更好的服务,让商家和顾客之间联系得更紧密。

"与天财商龙的合作,使得大众点评能更好地连接线上用户与线下商家。用户在线下的消费体验会更好,商家的管理效率会更高。"大众点评副总裁姜跃平表示。

这不仅是大众点评在开放战略下又一个领域的涉足,也意味着大众点评向本地生活O2O全平台的目标更进了一步。"一直以来,大众点评致力于用互联网的力量改变中国消费者的本地生活。本地生活市场非常巨大,大众点评欢迎所有具有共同抱负的业界团队,大家一起抓住机会,共同协作。"姜跃平如是说。

另外,大众点评将布局O2O生态,成功实现闭环。

天财商龙精耕线下餐饮ERP系统17年,核心业务是为餐饮娱乐行业提供管理软件及数字化整体解决方案,并提供相关咨询服务。经过十几年的发展,其业务覆盖全国29个省及直辖市,超过5万家商户在使用天财商龙的餐饮管理系统,其中餐饮百强企业超过40家。

一直以来,餐饮商铺的管理、口碑管理、会员经营和大数据挖掘是本土餐饮商户的诉求点,对O2O而言,互联网在用户端已普及,然而在线下却存在着巨大的缺口,这也是实现餐饮O2O的另一个难点。但O2O不是某一家公司能做成闭环的,需要打造线上线下的生态链,大众点评一直在努力寻找细分行业的优秀合作伙伴进行合作,布局O2O生态圈。此次天财商龙与大众点评的合作,成功实现了这一闭环。天财商龙充分发挥线下系统的优势,和线上对接,让数据在互联网平台上,真正流动起来,这将对O2O领域起到非常关键的作用。

天财商龙董事长丁晖表示,在移动互联扑面来袭的当下,我希望通过我们的努力,能够帮助全国的餐饮企业寻找到一套适宜企业发展的"云餐厅"解决方案,把线下餐厅在互联网上呈现,同时通过大数据指导企业的内部经营管理和外部精准营销,进而帮助餐厅实现互联网化。

伴随着与大众点评战略合作的完成，天财商龙将与数百家渠道合作伙伴一起，借助点评的平台和商龙的ERP产品，为商龙几万家存量商户及未来更多的客户提供能够拉新、留客、提高效率、降低成本的先进工具和模式，且充分关注并不断提升用户体验，服务广大消费者。

（案例来源：信息早报2014年9月24日）

三、餐饮O2O"弄潮儿"

目前网上订餐行业格外火热，大玩家的布局，和创业者们的不断涌入，都加剧了这块市场的竞争。不少业内人士表示订餐o2o市场已经进入了2.0时代，这个时代就是抢占市场、快速发展的时代。

（一）网上订餐市场火爆，订餐网站圈地扩张

夏天过去了，上海不少写字楼里一到中午外出吃饭的白领还是很少，大部分白领仍然选择在网上订餐，餐厅中午的座位都很紧张，而网上订餐可以不用出门不用排队就能吃到热乎乎的饭菜。

网上订餐不仅得到了用户们的青睐，更是餐馆们创收的绝佳选择。餐饮企业普遍面临竞争压力加剧、人力成本、租金成本上涨等问题，而网上订餐平台正好解决这些餐饮企业的烦恼。

相关数据显示预计到2015年中国餐饮O2O市场规模将达到1 200亿元左右，如此巨大的市场，自然引得各家订餐网站疯狂抢夺。抢夺方式最明显的就是圈地扩张，近期饿了么加速其扩张的步伐，由原先的16个覆盖城市扩充到150多个。美团外卖的业务也已经覆盖全国百余城市，年内完成全国主要城市覆盖。深耕白领市场的"黑马"外卖超人扩张速度也毫不逊色，预计2015年初，外卖超人团队规模将扩张到300人，将在中国20个主要城市开展外卖订餐业务。

（二）订餐市场大如海，"惊涛巨浪"涌不断

订餐市场巨大，比作汪洋大海亦很恰当。网上订餐平台为抢夺市场拼资金，拼实力，拼耐力，不惜一切所作出的努力就好比是在大海上掀起的阵阵惊涛和巨浪。现在我们就行业中领军人物饿了么、美团外卖、外卖超人这三家来谈谈"惊涛"和"巨浪"。

1. 饿了么"烧钱"式惊涛巨浪

8月中旬起，饿了么联合分众传媒，通过覆盖上海写字楼的互动广告屏送出20万份免费午餐，活动还将延续到北京和广州。如以每份20元计算，本次饿了么将耗资400万元。自饿了么获得大众点评投资后，"腰包一鼓"便开始了"烧钱"模式。

饿了么网站各地打着"减免""打折""特价"的优惠活动，"新用户减5元"、"满10减3"、"满10减5"、"满20减8"层出不穷，还有"5元管饱"、"7元管饱"等特价优惠，另外"1元下午茶"、"10元星巴克"等意想不到的低价实在赚足不少眼球。在低价吸引用

户的同时也掀起不小的"价格战"。

2. 美团外卖"闷声"式惊涛巨浪

美团外卖是美团旗下的业务,财力自然不用说,但很少采取投入大量资金打广告来赚眼球的方式,而是常规性的使用"减免""特价"等优惠活动,优惠政策也并无异处,"新用户立减5元、7元"、"满1减1"、"满15减5"、"5元、6元、9元特价"。

美团外卖近期最大的"惊涛巨浪"体现在城市开拓和功能更新上。8月初由几十个覆盖城市到现在的163个城市,不经意间便翻了两倍多。另外,美团外卖在功能优化上似乎不断在努力,细节性的功能优化更能提高用户体验,如地址定位优化、PC和app端优惠信息栏优化。

3. 外卖超人"温柔"式惊涛巨浪

外卖超人一直被业内称为"黑马",谁知这匹黑马竟也有"温柔"的一面。外卖超人近期掀起的"狂风巨浪"便是服务,用心服务好用户,尽心服务好商户。

据知情人士透露,外卖超人内部每月会根据大数据做一次《用户体验数据分析报告》,8月份的数据显示98%的用户对外卖超人表示满意,2%的用户希望送餐时间在60分钟之内,而配送时间有时受天气影响,会比较难及时送达。另外通过系统改进,给餐馆开发接单系统、app阶段系统、GPRS无线打印机接单系统,餐馆的平均接单时间降到了3分钟,餐馆能更快接到外卖订单,极大地提升了服务质量。

外卖超人平台中有不少新开业的餐馆,这些餐馆上线不久后都可以很大程度上增加订单量,提高营业额,而且带动堂吃生意越来越好。用户真正挣到钱了,自然认为平台的服务就做到位了。

三、"绊脚石"愈见突出,服务成致胜关键

伴随着订餐网站的火爆,平台的发展速度也愈发迅速,而发展道路中总会遇到一些"绊脚石",这些"绊脚石"大都是发展本身所带来的。

(一)盲目扩张,忘却本质

近几个月来,订餐网站明显加快扩张速度,饿了么和美团外卖仅仅几个月就覆盖了100多家城市,模式是可复制的,然而跟人有关的很多东西是难以复制的,人有太多的不定性。平台一旦将主要精力放于扩张圈地,后续的动作很难跟上飞速前进的步伐。摊子大,问题就多。很多网站就会遇到人力不足的问题,人手不够,事情难做好,服务跟不上,也会影响整个平台的品质。

"扩张圈地"毕竟不是打游击,打一枪换一个地方,做网上订餐,圈到哪个地区,就要用心经营好和服务好那个地区。所有平台刚开始做订餐这件事情时,大家初心都是一样的,就是第三方服务,那么本质就很明了。而当大家深入做下去之后,对本质的理解就越来越模糊。

(二)"烧钱补贴"或引火上身

订餐平台擅长使用各种优惠政策和补贴来笼络用户,然而这种策略跟"团购"很相似,商家只能接受短期的活动式促销;订餐网站想通过这种策略扩大市场份额,可以取得一定的效果,但是并不长久,烧钱类公司自身没有无底洞的钱可烧。用户一旦习惯了便宜的餐价,很难接受高出很多的价格购买相同的餐点,尤其对学生而言,当力度大的优惠政策下架,订单会明显下降。

"烧钱补贴"本身是为了发展来进行的,但凡事有利必有弊,这种策略虽说可以迅速激化市场的淘汰步伐,对网上订餐的整体市场是弊大于利的。

（三）速度与品质成就未来

大部分订餐网站用户都可以参与餐厅评论,从评论中了解到用户的差评大都是关于送餐速度的,尽管也有不少订餐网站系统约定了45分钟、1小时的送餐时间,但面临着用餐高峰期等待时间长、交通状况难预测、送餐地点分散路线难优化等诸多不确定因素,导致快速送达实现起来困难重重。

品质对订餐平台的重要程度更不必多说,一个拥有高品质、优秀品质的平台自然会得到更多用户的长久青睐。餐厅的质量、菜品的质量直接影响品质的好坏,近日不断爆出的黑餐厅、无牌无证餐厅给平台们带来不小的负面压力。

提高送餐速度、加强餐厅监管、提高品质都是订餐平台迫切需要解决的事情,这也是服务质量的一种体现。网上订餐的市场之争终究是用户之争,谁能为用户带来最满意的服务,谁就拥有了开启胜利之门的钥匙。

（案例来源:北方网 2014 年 10 月 11 日）

思考与练习

1. 思考饭统网关闭的原因。
2. 通过已有和扩充资料,谈一谈如果你来挽救饭统网,将会采用哪些手段?
3. 大众点评网新增的功能将会为其带来哪些优势?
4. 团购网站在今后的发展模式上有哪些是值得推广或应当杜绝的?

课后实践

以小组形式,调研本市使用率较高的三个团购网站,比较其优劣并提出解决方案。以 PPT 形式进行汇报。

第八章　移动旅游电子商务

开篇案例

旅游电商"1元门票"推动智慧旅游

暑期旅游旺季过半,国内各大景区门票促销力度加大。日前,携程与同里景区联合推出"七夕夜游同里古镇"活动,原价50元的门票,通过携程移动客户端预订只需1元。无独有偶,同程旅游也在上周宣布追投2.5亿元,加推2 000场"1元门票"活动,并针对上海、杭州、南京、无锡、苏州等城市开卖20家水上世界的"1元"门票。同时,驴妈妈旅游网也推出"1元景区",其中包含了价值200多元的环球恐龙城大剧场等。值得注意的是,"1元门票"的支付渠道基本都在移动客户端。"门票经济"趋热的背后,是旅游电商重金争夺移动市场,而景区也借机"搭车"加速智慧景区建设。

旅游电商普遍认为,景点门票是移动端抢占国内休闲旅游市场的"入口"。同程首席执行官吴志祥表示,将"不惜用20亿元资金"来冲无线市场。驴妈妈首席执行官王小松日前称,一定要抢占"门票第一名"的位子。

携程网公布的数据显示,近四成游客将在2014年使用移动客户端预订旅游产品,相比一年前增长10倍。目前,与携程合作的景区数超过5 000家,单日预订票量最高超过10万,50%以上的订单来自移动端。同程旅游日前也公布了其在移动客户端举行的暑期大促首日的战绩,截至当晚11点,共完成销售额4.13亿元,订单突破100万单。

旅游电商贴钱卖门票,各大景区不但收获了客流,同时也为信息化管理提供了契机。同里旅游公司相关负责人告诉记者,通过旅游网站和网络销售,景区提前掌握了客流,促进淡旺季平衡。据了解,去年同里古镇收客580多万人次,但是通过旅游网站和旅游类APP预订的客户仅占一成。同里希望通过与携程的合作,提高散客网络订票的比例。

(案例来源:新浪江苏2014年8月1日)

案例思考

1. 你怎么看众多旅游网站争抢移动旅游市场客源?

2. 通过旅游网站销售门票,给旅游景区带来的变化是什么?

第一节　移动旅游电子商务概述

根据中国互联网络信息中心(CNNIC)数据显示,截至 2012 年底,我国手机网民规模达到 3.88 亿,同比 2011 年同期增长 22%。来自艾瑞咨询的数据显示,2012 年中国移动互联网市场规模达到 976 亿元,同比 2011 年增长 148.3%,中国移动互联网发展迅速且潜力巨大。旅游,是移动进行的活动,手机是现今旅行过程中必不可少的信息交流工具,手机的便捷性和可定位性更是为旅游带来了特色附加价值。移动与旅游的无缝链接,便产生了移动旅游电子商务。

一、移动电子商务的概念

移动电子商务,是电子商务的一个新的分支,是由电子商务的概念衍生出来的。它是移动通信网、互联网、IT 技术和手持终端设备技术发展的必然产物,突破了互联网的局限,更加高效、直接地进行信息互动。

所谓移动电子商务是指利用手机、个人数字助理(PDA)及掌上电脑等无线终端进行的 B2B、B2C 或 C2C 的电子商务。它将因特网、移动通信技术、短距离通信技术及其他信息处理技术完美地结合,使人们可以在任何时间、任何地点进行各种商贸活动,实现随时随地、线上线下的购物与交易、在线电子支付以及各种交易活动、商务活动等。

二、移动旅游电子商务的概念

随着当今世界移动通信和互联网技术的迅猛发展,凭借其能随时随地提供个性化服务的优势,移动电子商务已逐步成为当前电子商务研究领域的热点。移动旅游电子商务是指旅游服务产品消费者利用移动终端设备,通过无线有线相结合的网络,采用某种支付手段来完成和移动旅游提供者的交易活动。综观移动旅游市场,移动旅游电子商务呈现出以下特点:

(一)信息整合是移动旅游的基础

伴随科技的高速发展和信息的迅速膨胀,互联网上每天都产生海量旅行信息,信息的梳理和整合是用户的基本需求。手机受自身特点的限制,操作及呈现都不如 PC 灵活,当用户需要用手机查找适合的航班和酒店信息,在各网站或 APP 间切换远不如在一个 APP 上搜索方便,这时候,信息整合的意义更为凸显。

除了旅游信息的检索以外,随着旅游 APP 应用数量的爆发式增长,大量旅游 APP 不为人所知,其中不乏极富创意和实用性的产品,如何在庞大的 APP 应用库中找到真正适合自己的产品也是用户想要得到的另一个需求。

(二)移动客户端渗透旅行全程

在线旅游有查询、预订、支付和分享四个典型环节,对移动用户而言,最理想的方式是通过移动设备解决全流程需求。举例来说,用户在旅行过程中需要预订酒店,他使用手机查询附近的酒店,在查看其他用户推荐和评论后锁定了其中几家,经由客户端搜索到其中一家有便宜的团购,于是下单抢购,通过手机支付成功,入住以后,该用户通过手机把酒店照片和入住心得分享到网上,供其他游客参考。如果其中任意一个环节用手机不能实现,则会导致体验链条的断裂,使得交易不顺畅甚至中止。因此,实现在线旅游全流程覆盖是无线产品竞争力的体现。

(三)用户需求趋于多元化

随着用户对在线旅游客户端的使用日益深入和成熟,其需求变得更加多元化,航班、酒店、度假产品、攻略、图片分享等各个环节都孕育着巨大的使用需求。同时,用户也希望通过相关的 APP 能更加快捷、精准地找到信息,获取服务。因此,移动旅行平台将重点关注多点式应用分别来满足不同用户群不同特征的需求,最终形成庞大的用户生态群。

三、移动旅游电子商务的模式

现阶段,由于各类旅游企业电子商务应用水平、企业的规模各不相同,应用模式也会千差万别。总体而言,移动旅游电子商务模式主要有以下三类:

(一)基于运营商的移动旅游电子商务

中国移动、中国联通等移动运营商具有强大的资金实力和技术基础,有覆盖面广的网络分布,能对移动电子商务提供较好的安全保障和认证支付体系,已经建立了一套成熟的客服系统,有完整的客户资料治理,适宜于移动电子商务的开展。大型旅游企业可以利用自身专业经验,向移动运营商申请成为服务提供商,成为移动运营商的合作伙伴,建立基于移动运营商的移动旅游电子商务平台,开展移动旅游服务。在这种类型中,移动运营商的主要工作在于移动网络建设和维护,为移动信息的发送提供传输载体。

(二)基于 PDA 的移动旅游电子商务

基于 PDA 的移动旅游电子商务是指 PDA 设备事先通过无线网络下载景区旅游信息,游客在景区游玩过程中随时通过 PDA 运行相关 APP 软件获取所需信息;并且在无线网络覆盖的范围内,快捷地享受相关旅游服务。例如,旅游服务提供商可以通过文字、图片及音视频手段,把景区地理位置、文化背景、自然景观、特色旅游商品等相关旅游信息实时传送给游客,并基于移动导航服务系统,满足游客个性化服务需求,增强旅游效果,树立良好的景区形象。同时,旅游服务提供商为游客提供查找旅游线路、订餐、租车、订房等增值服务。

(三)基于短信平台的移动旅游电子商务

短信服务成为了手机用户之间信息交流的主要方式之一,也是目前最为成功、应用最为广泛的无线移动通信业务,在我国具有广泛的用户基础。因此,对于资金、技术力量不足的中小旅游企业而言,可以通过构建基于短信的移动旅游电子商务平台开展业务。基于短信的旅游移动电子商务平台具体实现功能包括:移动信息服务、基于行程的位置服务、安全救援服务、移动营销管理、移动客户关系管理等。

四、移动旅游电子商务应用现状

移动旅游电子商务,不仅为旅游企业和旅游管理者降低成本、提高了管理效率,而且为游客提供了个性化的服务,这些应用大致可以分为以下几类:

(一)信息查询服务

提供的信息一般涉及航班、列车、景点、饭店、交通旅游线路等方面的介绍和查询,旅游常识、旅游注意事项、旅游新闻、货币兑换、旅游目的地天气、环境、人文等信息介绍。旅游信息的另外一种获取方式就是通过短消息服务,由旅游服务提供商向游客发送其定制的内容。

(二)票务预订服务

游客利用无线互联网预订票务已经成为移动电子商务的一项主要业务。移动电子商务使游客能在票价优惠或航班取消时立即得到通知,也可支付票费或在旅行途中临时更改航班或车次。

(三)基于位置的服务(LBS)

通过对移动终端的定位,网络运营商可以为用户提供基于位置的服务。例如,导航服务为游客和外地车辆提供基于地图的导航信息,当游客在城市观光游览时,为其提供到达目的地的最佳路径指示,对其提供基于位置的信息发布和基于位置的移动黄页等。

五、移动旅游电子商务发展趋势

(一)移动旅游电子商务的大众化

随着互联网的普及、社会富裕程度的提高和闲暇时间的增多,网络降低技术门槛,操作简便化,移动旅游正提供与旅游产业有关的全方位、多层次的服务,提供个性化的自主型旅游散客消费模式,这给旅游者的吃、住、行、游、购、娱等带来种种便捷,这会全方位激发移动用户的自助旅游意识,使得移动旅游电子商务进入大众化、自助化的消费阶段。

(二)移动旅游电子商务的专业化

传统旅游行业发展电子商务需要有强大的产业资源作后盾,同时品牌、资本投入和支付方式的解决也需要一个渐进的过程,在网站设计风格、网络报价、网络预订处理、网络客源分析、游客接待等方面,尚有大量工作要准备。未来,国内旅游电商平台会从以往"大而全"的网站模式转向专业细分的移动平台模式,将增值内容和移动旅游平台紧密集成,充分发挥移动网络在信息服务方面的优势,使移动旅游电子商务进入到"以用户需求为中心"的实用阶段。

思考与练习

1. 简述移动电子商务的概念。
2. 简述移动旅游电子商务的概念。

3. 分析移动旅游电子商务的发展模式。

4. 阐述基于位置的服务(LBS)。

5. 分析移动旅游电子商务有哪些基本应用。

课后实践

国庆节后,去哪儿网无线事业部发布了 2014 年国庆期间移动用户旅游白皮书。这个白皮书是基于国庆期间,使用"去哪儿旅行"APP 的 1 000 万消费者而产生的。从国庆期间的整体情况来看,2014 年去哪儿无线端的机票出票量和去年同期对比增长了214%;酒店预订订单总量和去年同期对比增长了 315%;说明在出游期间使用去哪儿APP 的消费者越来越多了。从酒店的提前预订时间上看,用户提前预订的天数有所缩短。客户端的方便性,使得人们不需要提前很多天就把酒店订好。在 10 月 1 日当天,酒店预订量达到最高峰,整个节日期间的预订占比达 52%。据此,完成以下练习:

搜索并访问去哪儿网,浏览网站并下载使用网站推出的"去哪儿旅行"APP 应用程序,总结该程序提供的移动旅游服务有哪些,思考这些服务能为游客带来哪些方面的价值。

第二节　移动旅游电子商务技术

一、移动旅游电子商务技术简介

移动旅游电子商务的发展,离不开现代信息技术的支撑。现代信息技术的特性是移动旅游电子商务发展的决定因素,决定了移动旅游电子商务的应用方向。

(一) 无线应用协议 WAP

无线通讯协议 WAP 是在数字移动电话、互联网或其他个人数字助理机(PDA)、计算机应用乃至未来的信息家电之间进行通讯的全球性开放标准。它把 Internet 网上HTML 的信息转换成用 WML(Wireless Markup Language)描述的信息,显示在移动电话的显示屏上。WAP 只要求移动电话和 WAP 代理服务器的支持,而不要求现有的移动通信网络协议做任何的改动。WAP 支持绝大多数无线网络,包括 GSM、CDMA、3G 等。通过 WAP 这种技术,就可以将旅游行业中的大量信息引入到移动电话、PALM 等无线终端之中,只要打开 WAP 手机,就可以随时随地获取各类景区信息和资源。

(二) 蓝牙技术

所谓蓝牙(Bluetooth),实际上是一种短距离无线通信技术,蓝牙技术使得现代一些轻易携带的移动通信设备和电脑设备,不必借助电缆就能联网,并且能够实现无线上网。

蓝牙技术具有以下特点:支持用户在许多设备之间进行无线数据交换及文件同步,

使移动电话、便携式计算机以及各种便携式通信设备之间在近距离内资源共享；支持非可视范围内的通信与连接，且能在移动中进行无线连接和通信；支持无线设备到有线网络之间的无线连接。

（三）移动通信技术

移动通信泛指一切无线电通信、个人通信及卫星移动通信。移动通信技术自上世纪 80 年代出现以来，经历了四个发展阶段。

第一代移动通信系统（1G）是在 20 世纪 80 年代初提出的，它完成于 20 世纪 90 年代初，基于模拟传输，其特点是业务量小、质量差、交全性差、没有加密和速度低。第二代移动通信技术（2G）起源于 90 年代初期，采用更密集的频率复用、多复用、多重复用结构技术，引入智能天线技术、双频段等技术，有效地克服了随着业务量剧增所引发的 GSM 系统容量不足的缺陷；自适应语音编码（AMR）技术的应用，极大提高了系统通话质量。尽管 2G 技术在发展中不断得到完善，但随着用户规模和网络规模的不断扩大，频率资源已接近枯竭，语音质量不能达到用户满意的标准，数据通信速率太低，无法真正满足移动多媒体业务的需求。第三代移动通信系统（3G），其最基本的特征是智能信号处理技术，智能信号处理单元将成为基本功能模块，支持话音和多媒体数据通信，它可以提供前两代产品不能提供的各种宽带信息业务，例如高速数据、慢速图像与电视图像等。第四代移动通信系统（4G），是指达到以下几种技术标准的移动通信技术：① 数据速率从 2Mb/s 提高到 100Mb/s；② 支持高速数据和高分辨率多媒体服务的需要；③ 对全速移动用户能够提供 150Mb/s 的高质量影像等多媒体业务。

移动通信技术在旅游服务中的典型应用是移动支付。移动支付也称为手机支付，就是允许用户使用其移动终端（通常是手机）对所消费的商品或服务进行账务支付的一种服务方式。单位或个人通过移动设备、互联网或者近距离传感直接或间接向银行金融机构发送支付指令产生货币支付与资金转移行为，从而实现移动支付功能。移动支付将终端设备、互联网、应用提供商以及金融机构相融合，为用户提供货币支付、缴费等金融业务。游客使用移动支付，可以轻松实现门票、酒店、餐饮、购物等在线预定，满足旅游过程中吃、住、游、行、购的一条龙消费需求。例如：短信息服务——以低成本高效率的信息交流方式，随时随地把顾客、旅游中间商和旅游服务企业联系在一起，预订的结果、航班的延迟等信息皆可随时通知游客；"基于位置的服务"——这是专门针对流动的旅游者的服务：事先将个人的数据输入移动电话或 PDA，那么游客位于某一个点上的时候，它会告诉其附近哪里有电影院，什么电影是其可能感兴趣的，哪里有其喜欢的书，哪里有其喜欢吃的菜，游客会知道去机场是否晚点。移动支付技术的应用将使旅游电子商务服务功能更加完善，应用更加普及。

（四）移动定位技术

移动定位技术是指通过特定的定位技术来获取移动手机或终端用户的位置信息（经纬度坐标），在电子地图上标出被定位对象的位置的技术或服务。移动定位技术分为两种，一种是基于 GPS 的定位，一种是基于移动运营网的 LBS 基站定位。基于 GPS 的定位方式是利用手机上的 GPS 定位模块将自己的位置信号发送到定位后台来实现移动手机定位的;基站定位则是利用基站对手机的距离的测算距离来确定手机位置的。后者不需要手机具有 GPS 定位能力,但是精度很大程度依赖于基站的分布及覆盖范围的大小。目前,利用移动定位技术,游客可以随时随地搜索身边的景点信息、机票信息、酒店信息、目的地信息,使移动搜索更加个性化和人性化。

(五) GIS 技术

GIS(Geographic Information Systems,地理信息系统)是多种学科交叉的产物,它以地理空间为基础,采用地理模型分析方法,实时提供多种空间和动态的地理信息,是一种为地理研究和地理决策服务的计算机技术。其基本功能是将表格型数据转换为地理图形显示,然后对显示结果浏览,操作和分析。其显示范围可以从洲际地图到非常详细的街区地图,现实对象包括人口,销售情况,运输线路以及其他内容。利用该技术,可以制成一个三维的立体空间,使得各城市、景区、地图不再是一张平面化的信息。游客通过查询这种三维的电子地图,了解各类经营信息及景区信息,这些信息也不再是文字和简单的图片,而是引导游客进入网络空间观察实际环境,给予游客智能化的选择。

(六) 虚拟现实技术

虚拟现实技术是近年来出现的高新技术,也称灵境技术或人工环境。虚拟现实是利用电脑模拟产生一个三维空间的虚拟世界,提供使用者关于视觉、听觉、触觉等感官的模拟,让使用者如同身历其境一般,可以及时、没有限制地观察三度空间内的事物。虚拟现实技术是多种技术的综合,包括实时三维计算机图形技术,广角(宽视野)立体显示技术,对观察者头、眼和手的跟踪技术,以及触觉/力觉反馈、立体声、网络传输、语音输入输出技术等。虚拟现实技术同旅游服务相结合,便产生了新的旅游服务——虚拟旅游。虚拟旅游可以从广义和狭义两个角度理解。广义虚拟旅游是指任何以非身临其境的方式获得旅游景点相关知识和信息的过程;狭义虚拟旅游则源于虚拟现实,指以包括虚拟现实在内的多种可视化方式,形成逼真的虚拟现实景区,使游客获得感性、理性等多种有关旅游景点知识和信息的过程。

(七) 云计算技术

云计算概念是由 Google 提出的,这是一个网络应用模式,可以从狭义和广义两个方面理解。狭义云计算是指 IT 基础设施的交付和使用模式,指通过网络以按需、易扩展的方式获得所需的资源;广义云计算是指服务的交付和使用模式,指通过网络以按需、易扩展的方式获得所需的服务。这种服务可以是 IT 和软件、互联网相关的,也可以是任意其他的服务,它具有超大规模、虚拟化、可靠安全等独特功效。云计算的核心思想,是将大量用网络连接的计算资源统一管理和调度,构成一个计算资源池向用户按需服务。

移动旅游的云计算技术侧重于云计算应用,如研究如何将大量、甚至海量的旅游信息进行整合并存放于数据中心,如何构建可供游客、旅游组织(企业、公共管理与服务等)获取、存储、处理、交换、查询、分析、利用的各种旅游应用(信息查询、网上预订、支付等)。从某种程度上讲,云计算在移动旅游中体现的是旅游资源与社会资源的共享与充分利用以及一种资源优化的集约性智慧。

(八) 互联网技术

互联网是新一代信息技术,通过射频识别(RFID)、红外感应器、全球定位系统、激光扫描器等信息传感设备,按约定的协议,把任何物体与互联网相连接,进行信息交换和通信,以实现对物体的智能化识别、定位、跟踪、监控和管理的一种网络。这里可以从两个方面进行分析:第一,互联网的核心和基础仍然是互联网,是在互联网基础上的延伸和扩展的网络;第二,其用户端延伸和扩展到了任何物体与物体之间,进行信息交换和通信。随着互联网技术的发展,"电子导游"业务在旅游行业中得以开展。游客通过租用具有射频识别(RFID)技术的自动导览设备,靠近景点时,便能享受到景点的自动讲解服务。

二、移动电子支付

(一) 移动电子支付的概念

移动电子支付,指通过手机发出数字化支付指令,实现货币支付的行为。移动电子支付允许用户使用其移动终端(通常是手机)对所消费的商品或服务进行账务支付的一种服务方式。整个移动支付价值链包括移动运营商、支付服务商(比如银行,银联等)、应用提供商(公交、校园、公共事业等)、设备提供商(终端厂商、卡供应商、芯片提供商等)、系统集成商、商家和终端用户。

(二) 移动电子支付的特点

移动电子支付的最大特色就是它在操作上的便捷。这一支付方式不仅大大方便了消费者,而且引起了商业领域的深层变革。

移动电子支付作为一种崭新的支付方式,具有方便、快捷、安全、低廉等优点,将会有非常大的商业前景,而且将会引领移动电子商务和无线金融的发展。手机付费是移动电子商务发展的一种趋势,包括手机小额支付和手机钱包两大内容。手机钱包就像银行卡,可以满足大额支付,它是中国移动通信公司主打的数据业务品牌,通过把用户银行账户和手机号码进行绑定,用户就可以通过短信息、语音、GPRS等多种方式对自己的银行账户进行操作,实现查询、转账、缴费、消费等功能,并可以通过短信等方式得到交易结果通知和账户变化通知。

与传统支付手段相比,移动电子支付操作简单、方便快捷,只要用短信把数据传送到各发卡银行,就能很快收到处理结果。有了移动支付,用户不用到处去找ATM机,点击键盘即可轻松完成一笔交易。而且,凭借银行卡和手机SIM卡的技术关联,用户还可以用无线或有线POS打印消费单据,付出多少、结余多少,一目了然。

(三) 移动电子支付的实现

移动电子支付是由移动运营商、移动应用服务提供商(MASP)和金融机构共同推出的、构建在移动运营支撑系统上的一个移动数据增值业务应用。移动支付系统为每个移动用户建立一个与其手机号码关联的支付账户,其功能相当于电子钱包,为移动用户提供一个通过手机进行交易支付和身份认证的途径。用户通过拨打电话、发送短信或者使用WAP功能接入移动支付系统,移动支付系统将此次交易的要求传送给

MASP,由 MASP 确定此次交易的金额,并通过移动支付系统通知用户,用户确认后,付费方式可通过多种途径实现,如直接转入银行、用户电话账单或者实时在线专用预付账户上借记。目前,移动电子支付技术实现方案主要有三种：NFC、e—NFC 和 SIMpass——单芯片 NFC 移动支付解决方案。

三、移动旅游电子商务交易过程

移动旅游电子商务交易过程与一般在线交易过程相似,大致分为以下几个步骤。

(一) 用户登录

利用移动终端登录旅游电子商务平台,进行用户身份的确认。

(二) 信息查询

在旅游电子商务平台中,给定查询条件,例如需要查询机票信息是否单程还是往返、景区门票价格、酒店入住时间等条件,从而选择并确定需要购买的旅游产品或服务。

(三) 订单生成

确定产品和服务之后,加入购物车结算或者直接点击购买按钮,出现购买订单。

(四) 订单变更

在支付购买之前,游客可以重新返回页面,对订单进行变更,修改之前购买的产品或服务内容,然后重新生成新的订单。

(五) 订单确认并支付

对订单内容进行核实,若没有问题,进入到移动支付环节,一般启用第三方支付工具或者网上银行进行支付购买。

(六) 交易完成

支付完成后,游客会收到旅游服务提供商以某种电子化的形式发送的旅游产品或服务信息,游客需要及时保存这些信息,在实际使用的时候向旅游服务提供商提供这些电子化的信息,最终实现对所购旅游产品或服务的消费。

四、移动旅游电子商务交易安全

随着移动电子技术的发展,移动电子商务的安全技术也得到了进一步发展,GSM安全标准的提出、3G 安全体系的构建、移动身份认证的技术优势,使得移动电子商务具有广泛的安全性。但由于无线信道是一个开放性信道,不受地理环境和通信电缆的限制,它给无线用户带来便捷的同时,也带来了诸多安全问题。

(一) 移动电子商务安全因素

1. 网络安全威胁

无线网络的开放性造就了其本身的安全威胁。无线网络的所有通信内容都是通过无线信道开放传送的,任何拥有一定频率接收设备的人均可以获取在无线信道上传送的内容。因此通信内容容易被窃听和篡改,通信双方的身份容易被假冒。另一方面,无线网络中的攻击者甚至不需要寻找目标,其攻击目标可以在网络中漫游。

2. 移动平台管理漏洞的威胁

为适应 4G 业务的开展,移动运营商、设备商、系统集成商、软件开发商以及终端提供商等都加快了相应手机组件开发的步伐。但是,对于移动商务平台如何完善服务功能、如何监督管理操作以及如何确保安全运营,平台开发者与使用者之间缺少经验和交流,需要在技术安全控制、运营管理方面作整体思考和安全措施设计,并在运营实践中不断地修正和完善,以形成一个整合的、增值的移动商务安全运营平台,确保使用者免受安全威胁。

3. 职业道德风险的威胁

未经有效的训练和不具备良好职业道德的员工本身对系统的安全是一种威胁。工作人员素质和保密观念是一个不容忽视的问题,确保资料安全以及人员对资料存取合法与保密是安全保障工作的重中之重。

4. 信用体系不健全的威胁

不论是传统的电子商务还是移动电子商务,信用都是一个很大的问题,而且目前还很难用法律法规来进行很好的约束。移动电子商务主要涉及消费者、商家和移动通信网络运营商,三者都存在信用危机。最常见的信用危机就是交易抵赖,即交易双方中的一方在交易完成后否认其参与了交易,这也是常见的现象。

5. 相关法律保障不完善的威胁

目前,移动电子商务方面的法律法规还不完善,传统商务和电子商务的法律法规不能完全适用于移动电子商务,尽快完善相关的法律法规是移动电子商务发展的重要工作。移动电子商务还处于起步阶段,我国虽然已经制定了《电子商务签名法》等一系列法律规范,有效地规范了传统电子商务的发展,但是国内还没有一部针对移动电子商务的法律法规,因此一旦出现问题就很难合理地解决。

(二) 移动电子商务安全体系结构

移动电子商务的安全体系结构是保证移动电子商务安全的一个完整的逻辑结构。移动电子商务的安全体系结构由五个层次组成:移动承载层、加密技术层、安全认证层、安全协议层、应用系统层。如图 8-1 所示,下层是上层的基础,为上层提供技术支持;上层是下层的扩展与递进。各层次间相互依赖、相互关联构成统一整体,实现移动电子商务系统的安全。

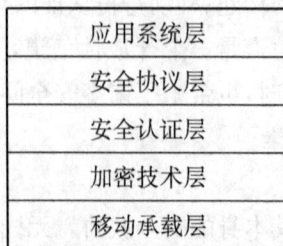

应用系统层
安全协议层
安全认证层
加密技术层
移动承载层

图 8-1 移动电子商务安全体系结构

思考与练习

1. 阐述虚拟现实技术和云计算技术。
2. 简述移动旅游电子商务的交易步骤。
3. 分析移动电子商务的威胁主要有哪些?
4. 简述移动电子支付的概念。
5. 简述什么是移动电子商务安全体系。

课后实践

2014年,随着苏州移动打造的"智慧旅游"平台的正式上线,阳澄湖景区正式步入移动旅游新时代。有了"智慧旅游"平台,阳澄湖度假区的游客可连接度假区免费的无线网络,登录度假区微网站或关注"阳澄湖度假区"微信公众号,即可实现度假区信息查询、景点票务在线购买并支付、景点GPS地图定位、渔家乐预订支付以及大闸蟹等产品在线购买。据此,完成以下练习:

下载并使用苏州移动推出的"智慧旅游"手机客户端,登录客户端,使用手机登录阳澄湖景区网站,查询景区各类信息,总结使用心得。

第三节　移动旅游电子商务典型案例

一、东部华侨城移动平台

1. 项目简介

深圳东部华侨城坐落于中国深圳大梅沙,占地近9平方公里,由华侨城集团斥资35亿元精心打造,是国内首个集休闲度假、观光旅游、户外运动、科普教育、生态探险等主题于一体的大型综合性国家生态旅游示范区,主要包括大侠谷生态公园、茶溪谷休闲公园、云海谷体育公园、华兴寺、主题酒店群落、天麓大宅等六大板块,体现了人与自然的和谐共处。

2. 客户需求

随着时代的变迁,更多的用户体验从PC端转移到手机等移动端。而把握时代步伐的东部华侨城也需要不断拓展与进取,越发注重手机移动市场的开发与维护,从而需要构建移动手机网站。东部华侨城的需求是需要立足品牌意识中让人感受到活泼与轻松的用户浏览体验,于是唐宋中国开始为东部华侨城创意新一轮的手机视觉盛宴。2014年,唐宋中国与东部华侨城连续三年深度服务合作,签署移动手机网站,部署智慧电子商务平台建设等合作。用户直接手机上输入网站地址访问:http://www.

octeast. com 即可访问。

3. 设计构思

基于对用户追求绚丽效果与萌文化的考虑,唐宋中国在设计中加入动漫插图的形式为首页增添新的光彩,同时会实时与景区结合设计出独特的 Banner 主题页,让用户紧跟景区的动态,增进营销效果!

图 8-2　移动平台首页

图 8-3　景点介绍页面

图 8-4　移动电子商务订票页面

4. 项目总结

根据东部华侨城的传播主张，从页面设计到页面展示都以轻松明快的风格进行渲染。特别因执行时间临近炎炎夏日，唐宋中国创意以蓝色等冷色系为主题颜色，让用户体验感受到丝丝凉意，特别在页面的设计上突破了以往移动手机端的死板，加入了更多的动态元素，让用户感受到绚丽的动画效果，增添浏览的趣味性。移动电商平台是此次服务的亮点，不仅以图片设计丰富用户的眼球，激发访问的欲望，而且增添了界面操作的灵活性，让人感觉到贴心的服务。

二、二维码电子门票应用

二维码门票是指景区、电影院、游乐场、体育馆等场所的门票上印刷二维码码图，或结合手机彩信，实现的手机二维码彩信门票。

1. 功能特点

（1）节约成本　节约与客户之间的快递费用、办公设备费用。

（2）客户感受度好　1分钟内收到电子票，24＊7不间断售票，随时随地登录系统出票。

（3）安全　出票记录，使用记录。

（4）持电子票据到各类目的商家消费无需浪费时间排队进场，通过设备验证电子票据即可，享受非凡消费体验。

（5）客票数据统计业务平台提供准确的业务统计数据，用客观数据帮助商家能够更加具体、准确地把握商业活动的整体情况，使商家随时掌握产品销售数据，及时做出迎合市场热点的策略转变，把握先机。

2. 使用方法

（1）游客通过网络订购门票，门票以二维码的形式发送至客户手机；

图8-5　拙政园二维条码电子门票

(2)使用时只要将电子门票上的二维条码对准"电子眼"扫描一下,便可顺利入园,平均两秒钟便可验一张门票,方便快捷。

3. 应用案例

2009年12月初,苏州市园林和绿化管理部门宣布:今年底明年初,拙政园、虎丘景区将率先试点"二维条码电子门票智能管理系统",入口处常设敞开状态的"验码门"与"指纹按钮",新式纸质票被系统"验明正身"后即放行,游客因特殊原因需出园然后再入园的只需验证一下自己的指纹即可。这是苏州市首先试行二维条码电子门票智能管理系统的旅游景区。据有关工作人员介绍,此举初步实现了景区门票业务管理的自动化和现代化,不仅可以从源头上杜绝假票现象,而且方便管理人员实时掌握入园游客情况,以及时调配人员,为游客做好服务。

对于园林景区的检票人员来说,假门票事件屡见不鲜,仅虎丘景区2009年就查出四五十张假票。如今有了二维码电子门票,制假者便无机可乘。据负责安装电子门票管理系统的工程师何建介绍,由税务部门统一监制的电子门票具有强大的加密防伪功能,一票一码,使用过后就作废了,仿制无用。最重要的,景点当天出售的所有门票都要先激活,即只有从售票处售出的门票才能"通关"入园。而且激活是有时效的,举个例子来说,如果当天激活的电子门票一共有1 000张,卖掉800张,剩余的200张其条码就会被冻结,第二天需要重新激活才能使用,否则便是废票。

电子门票的使用使苏州景区信息化管理成为现实。准确到每天的几点几分,实时入园游客有多少都可在操作平台上一目了然,尤其在游客高峰期间,可以方便管理人员控制流量,适时调配服务人员。而且,电子门票还可以同时统计许多附加信息,例如关于客源市场的统计,可以精确到游客来源于哪个国家、哪个城市,主要集中什么时间段来玩,每年的游客量,这样景点在市场营销上便可有的放矢。

苏州二维条码电子门票还扩展出了第三个功能,即网上订票,游客在网上支付之后,便可下载相应的二维条码到手机上,到时可以持手机直接扫描入园,无需再排队购票。

(案例来源:姑苏晚报2009年12月4日)

三、厦门市移动旅游项目

1. 项目背景

随着社会发展和人们生活水平的提高,我国旅游业已经越来越大众化,旅游者对信息服务的依赖程度越来越高。旅游者的一次旅游决策过程,实际上是一个旅游信息的获取、处理过程。厦门移动旅游项目是厦门市旅游局与厦门移动公司共同合作打造的移动旅游平台,该平台充分利用了厦门移动12580平台、移动WAP网站、二维码、掌上GIS应用、短信彩信、移动视频等方式,为游客提供掌上旅游的服务。

2. 项目功能

(1) 短信应用系统

1) 短信查询：游客通过发送景点的关键字，系统就会自动回复若干选项给游客（如，回复 1 获得景点的历史介绍，回复 2 获得景点的位置及乘车信息，回复 3 获得天气预报等）。该应用可以实现的功能包括企业名片功能（将景点的位置及乘车路线通过短信下发到游客的手机上），景点介绍功能（获得景点的历史介绍、人文事件等），天气预报功能（发布隔天或者未来一周的天气预报及穿衣指南）。2) 信息发布：提供景区介绍、酒店介绍、风俗介绍、旅游须知、餐饮信息发布、路线安排、时间安排、天气预报、旅游产品介绍等功能。3) 短信互动：可以向游客调查服务满意度，为游客提供便捷的投诉渠道，并以此为依据提升管理水平。

(2) WAP 网站服务系统

建立统一的旅游资源 WAP 门户网站，里面包含旅行社信息、景区信息，甚至每一个重要的景点都会有自己专门的 WAP 网页进行介绍。用户只需要通过发送短信，或者拍摄二维码，就可以轻松登录该 WAP 门户网站，浏览相关信息。

旅游景区 WAP：在网站上提供景区介绍、门票价格、地理位置、景区特色等相关的信息。

旅行社 WAP：提供旅行社介绍、优惠信息发布、旅游线路选择、旅游计划预约、路线价格查询等功能。

著名景点 WAP：包括历史典故以及人文和相关信息的介绍。

(3) 二维码应用系统

为各景点制作二维码名片，游客通过手机扫码上网，了解景点的人文、历史情况的详细介绍，同时可以将移动现有的成熟产品进行整合。例如，通过将二维码、移动进销存等系统的整合，实现售票的电子化和无纸化，提高检票效率和检票智能化程度。电子票务系统可以实现以下功能。1) 预约售票：游客可以通过手机购买电子门票。系统在接收到购票信息后将二维码门票以彩信的方式发送到客户手机上。2) 快速检票：通过读码器可以快速识读游客手机上的电子门票，迅速完成检票，并自动将检票信息通过无线的方式实时同步到后台数据库系统中。3) 票务分析：系统通过后台数据库进行分析，掌握各景区景点的售票情况、票价情况，掌握第一手的票务信息，对宏观的票价调控管理提供依据，同时可以掌握各景区在不同时段的客流情况，以此为依据提出应对策略，达到保护旅游资源、发挥地区旅游优势的目的。

(4) 彩信应用系统

彩信应用系统可以自动将电脑上的图片、文字制作成彩信专用的文件，批量下发给目标客户。通过该系统，旅行社可以将特色小吃、特色工艺品、著名旅游景观等信息通过彩信这种图文并茂的方式发送到游客手机上，这样旅客就可以在最短的时间内，尽可能多地了解厦门本地的旅游信息。

（5）视频应用系统

通过移动网络,实现对重要区域、著名景观的视频监控。

1）安全监控:监管部门可以通过该系统,实现对重要景区、著名景观的安全监控功能,满足治安、防火需求。2）手机流媒体:游客通过手机观看著名景观的流媒体视频,并将此作为厦门旅游的一个重要补充,以弥补不能游览所有景点的遗憾。

（案例来源:中国旅游新闻网 2008 年 1 月 31 日）

四、实用旅游 APP 推荐

1. 旅游 APP 的概念

旅游 APP 是指可以在移动设备上使用,满足人们旅行中一切需求的应用程序。

2. 常用旅游 APP 简介

（1）去哪儿旅游搜索

热爱旅行的人都知道,吃不是最重要的,交通和住宿才是重头戏,去哪儿应用是居家出游必备软件。去哪儿旅行客户端满足旅行者的机票、酒店等查询预订需求,完成旅行前的查询需求。移动端的机票查询预订支持搜索比价、特价机票、机票价格趋势查询等功能,并在业内率先推出移动支付解决方案,支持 59 家银行的移动支付功能。航班动态、机场信息则是广受用户好评的两个实用性功能。

机票搜索、起降动态、特价机票并列出现在屏幕下方的,只需点击即可实现页面内切换,不影响正在进行的机票查询。值得注意的是,在去哪儿客户端上可以查询 12 000 条国内、国际航线,不仅覆盖范围很广,在低价选择上也有不可比拟的优势,另外还可以根据定位查询身边 10 公里以内的所有酒店,按照区域,为用户提供更多其他选择。

图 8-6　去哪儿订购界面

（2）急救手册

急救手册是驴友们的好帮手，它汇总了各种紧急情况下的数百项急救知识，如高原反应、旅行迷路、皮肤晒伤等。用户可以通过简便的分类和检索界面，快速找到所需信息，如病因、症状、救治方法和注意事项等详情。检索记录还可以帮助用户随时查看最为常用的一些资料，让你快速获得急救信息，还可以通过邮件将急救资料发送给远方需要的朋友。

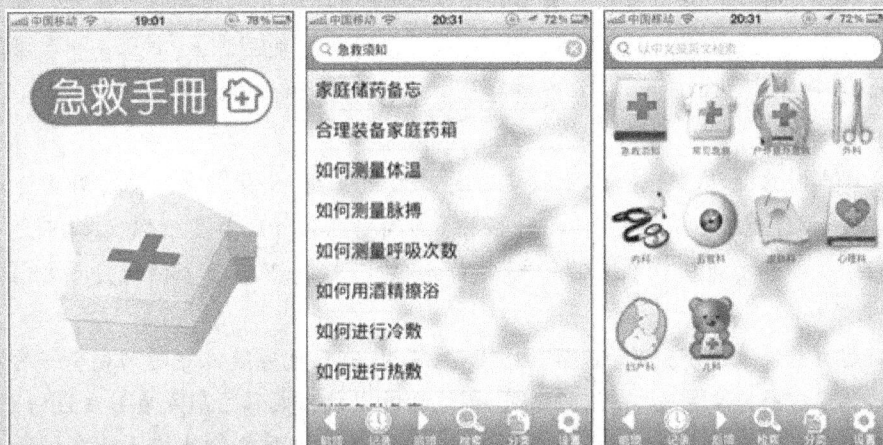

图 8-7　急救手册界面

（3）百度手机地图

百度地图手机客户端，支持全国 2 800 多个县市地图浏览，快速定位、搜索地点、公交、驾车和步行路线，支持离线地图下载。

图 8-8　百度手机地图界面

百度手机地图的功能包括三个方面：

1）搜索功能

除了支持一般地点、类别检索外，还支持对商铺、公交、地铁站点的检索。输入公交站点或路线名称，手机地图即可直接显示该站点或路线的详细信息，包括站点的途径线路和相应的首末车时间，而查询线路的话，可以看到线路轨迹以及沿途各个站点的首末车时间。路线规划方面，手机地图除了支持基本的路线规划之外，更可以支持各位用户根据"时间、距离以及是否乘坐地铁"的不同方案来进行排序和重新规划。附近搜索方面，支持以任意地点为中心，查找周边的设施或具体地点，并给出距离中心点的距离，方便用户规划行程；配合定位和路线规划，利于用户出行导航。

2）定位功能

支持实时路况和路况预测，支持实时更新用户位置，且当用户运动时给出运动方向，为下一步行为给出清晰指引，同时如果手机自身的硬件配备了陀螺仪，那百度手机地图的手机罗盘功能相当于给了用户一个贴身的指南针；用户可以随时查看方向。

3）保存和分享

保留当前屏幕截屏到手机，贴心省流量，不用联网，也可随时查看预先查好的地点和线路。发送给好友：任意查询的结果，都能随时以短信或彩信形式直接发送给好友，而好友除了可以在彩信上、文字上查看之外，更可以通过附带的链接地址直接访问地图看到所发送的位置。收藏线路：遇到心仪或常用的地点和线路，可以直接收藏，随时调出查看。

（4）今夜酒店特价

今夜酒店特价是一个典型的移动互联网的应用 APP，但又不是普通的移动应用，准确的定义应该是 O2O 应用 APP。软件的两头分别联接着酒店和普通的旅客，酒店

图8-9　今夜酒店特价软件界面

把当天晚上六点钟还没预订掉的便宜房间卖给今夜特价酒店,今夜酒店特价平台再以正常预订价格4—7折的实惠价格卖给消费者。酒店盘活了本来会浪费掉的库存,消费者能轻松找到附近评价最好的酒店,得到了高性价比的房间,而今夜特价酒店则从中赚取差价或佣金,最终实现三方共赢。

与传统酒店预订服务中越提前可能获得越高的折扣不同,"今夜酒店特价"推出的服务颇有颠覆性,每天晚上六点后,合作的星级酒店就会将空房信息发布到"今夜特价酒店"的平台上,而且都是经济房价格,用户只要注册登录,就能查看周边的房源信息,选择自己中意的酒店入住。同时,酒店列表中也会出现酒店名、星级、价格、地址等信息,点击进入可以查看酒店更详细的信息和地图导航。

(5)大众点评

大众点评移动客户端通过移动互联网,结合地理位置以及网友的个性化消费需求,为网友随时随地提供餐饮、购物、休闲娱乐及生活服务等领域的商户信息、消费优惠以及发布消费评价的互动平台,大众点评移动客户端已成为人们本地生活必备工具。

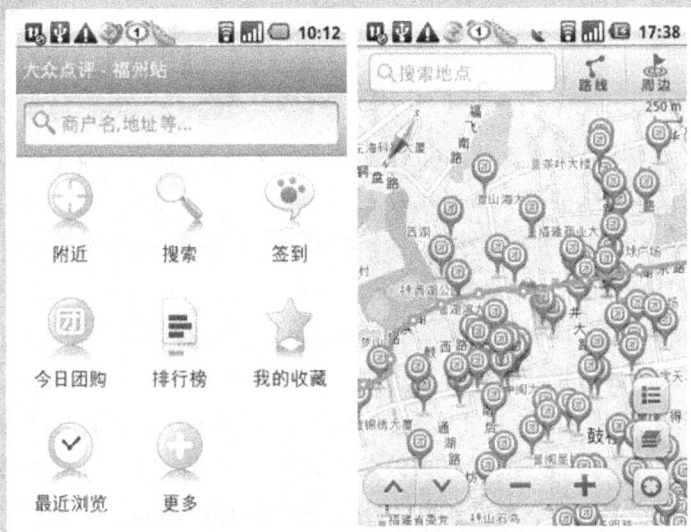

图8-10　大众点评界面

大众点评客户端主要功能包括:1)搜索浏览　搜索或浏览商户信息(地址、简介、人均、推荐菜、消费点评等)。2)附近查找　通过GPS定位,搜索附近的美食、休闲娱乐等。3)提供优惠券　免费下载北京、上海、广州等多个城市的优惠券,覆盖餐饮、休闲娱乐等多个本地生活消费行业 4)团购　随时随地抢购超值团购券,还可以按距离找到身边团购。5)签到服务　记录足迹,分享体验,享受签到优惠。6)地图信息地图上显示商户位置,并可自动查找商户的交通路线

(6) 玩伴智能导游

玩伴智能导游一款手机端的辅助导游工具,提供真人语音导游服务。利用该软件,可以实现自动,精准,专业,真人语音导游服务。

图 8-11　玩伴智能导游界面

主要功能包括:1) 精确定位　GPS 卫星定位系统,精确感知游客所处的位置。2) 自动播放　根据游客位置变化自动播放真人语音导游词。3) 自动讲解　对游客眼前的景观、景物,采用语言、图片等手段进行多语种的详细讲解。4) 景区导航　在手机界面显示景区手绘景区图,并以颜色线条标注方式为您推荐最佳路线。如果安装了谷歌地图,进行城市导航,配合此导游软件,则旅行无忧。

该软件还为游客提供特色旅游服务:1) 提供城市特色旅游资源,推荐旅游线路,例如人文景观游。2) 提供城市特色美食,包括地址、价格、电话等。3) 推荐本地特色购物,包括地址、价格、电话等。4) 提供交通指引。5) 微博分享:随时随地将游客的新鲜事情和照片分享给亲人朋友。6) 玩伴内拍照:边玩边拍照,导游拍照两不误。

思考与练习

1. 评价一下东部华侨城发展移动电子商务的亮点。
2. 简述二维码的概念。
3. 论述苏州园林景区二维条码是如何应用于票务管理的?
4. 厦门市移动旅游项目包含了哪些具体功能?
5. 简述 APP 的概念。
6. 除了以上列出的旅游 APP,请你再举出 2—3 个常用旅游 APP 及其功能。

课后实践

随着居民收入增长,旅游产品从奢侈品转变为必需品,国内在线旅游电商巨头途牛、携程、去哪儿网纷纷推出 APP 抢占移动市场。传统旅游巨头海外旅业集团旗下连锁品牌超市"旅游百事通"推出 O2O 应用"旅游百事通·掌旅通",旅游电商的玩法越来越新颖了。对于旅游行业来说,市场更新换代日新月异,无论是传统的旅游企业,还是旅游电商巨头、新秀,都在尝试新模式,借力电商发展。据此,完成以下练习:

1. 尝试使用手机扫描二维码的方式检索景区信息。

2. 选择1—2个实用的旅游 APP,下载到自己的手机中,使用并记录心得,总结移动旅游电子商务的优势。

参考文献

[1] 巫宁,杨路明.旅游电子商务[M].北京:旅游教育出版社,2004.

[2] 杜文才.实用旅游电子商务[M].北京:对外经济贸易大学出版社,2009.

[3] 白琳.酒店电子商务[M].广州:暨南大学出版社,2010.

[4] 陆均良.旅游电子商务[M].北京:清华大学出版社,2012.

[5] 赵立群,梁露,李伟.旅游电子商务[M].北京:清华大学出版社,2013.

[6] 范智军.旅游电子商务[M].北京:清华大学出版社,2013.

[7] 周春林.旅游电子商务教程[M].北京:旅游教育出版社,2014.

[8] 奚骏,崔久玉.旅游电子商务[M].北京:北京理工大学出版社,2011.

[9] 彭媛,唐建军,涂传清.电子商务概论[M].北京:北京理工大学出版社,2011.

[10] 姜成辰.中国旅游电子商务分析[D].北京:对外经济贸易大学,2004.

[11] 李泽群.旅游电子商务网站评价体系研究[D].海口:海南大学,2013.

[12] 张定方.中国旅游电子商务发展研究[D].南昌:江西财经大学,2003.

[13] 姜成辰.中国旅游电子商务分析[D].对外经济贸易大学,2006.

[14] 阿布都热合曼·阿布都艾尼.旅游电子商务对传统旅游的影响[J].科技视窗,
     2010(2).

[15] 李汉荆.电子商务对旅游企业经营的影响[J].时代商贸,2011(6).

[16] 曹志华.论旅游信息化研究进展[J].现代商贸工业,2009(22).

[17] 李林,刘毅.旅游信息化综述[J].中国经贸导刊,2009(13).

[18] 吴高莉,邓书基.旅游业与电子商务的融合——旅游电子商务[J].中国商界,2008
     (7).

[19] 袁剑君,陈志辉.我国旅游信息化发展状况、问题与对策[J].长沙铁道学院学报,
     2009(3).

[20] 林德荣,郭晓琳.旅游电子商务研究述评[J].旅游学刊,2008(12).

[21] 唐若磷.我国旅游电子商务现存问题及对策研究[J].商场现代化.2013(5).

[22] 王乐鹏,章恰雯.SNS网站与旅游电子商务融合的模式研究[J].商业经济.2012
     (8).

[23] 中国互联网络中心.第29次中国互联网络发展状况统计报告[R].北京:中国互联
     网络中心,2012.

[24] 中国旅游研究院.中国旅游电子商务发展报告,http://travel.sohu.com/
     20110916/n319596638.Shtml

[25] 中国电子商务协会数字服务中心,http://www.szfw.org/